高等职业教育"十二五"规划教材

Gonglu Suidao Gongcheng Yusuan Bianzhi

公路隧道工程预算编制

周荣英　王正芬　主　编
陈桂珍　副主编
罗杏春[昆明理工大学]　主　审

人民交通出版社股份有限公司
China Communications Press Co.,Ltd.

内 容 提 要

本书按照工学结合人才培养模式的要求进行编写，采用国家现行的规范、规程、标准，以公路隧道工程预算的编制工作流程为主线，根据造价工作职业岗位能力要求，结合知识目标和能力目标，把公路隧道工程预算的编制分为5个工作任务，包括：公路工程造价认知、公路隧道工程的认知与工程量计算、公路工程预算定额的认知与公路隧道工程定额的应用、概预算费用组成的认知和计算、公路隧道工程预算文件的编制。

编者根据多年的工程实践经验和教学经验，运用由理论向实践过渡、逐步深入的编写方法，把公路隧道工程预算的理论知识、计量方法、定额应用、费用计算和预算编制结合在一起，同时融入大量的工程案例，增加了本书的科学性和实用性。

本书既可作为高职高专院校地下工程与隧道工程技术专业的教材，也可作为相关技术人员的参考用书。

图书在版编目(CIP)数据

公路隧道工程预算编制 / 周荣英，王正芬主编. —北京：人民交通出版社股份有限公司，2016.1

高等职业教育“十二五”规划教材

ISBN 978-7-114-12722-9

Ⅰ.①公… Ⅱ.①周… ②王… Ⅲ.①公路隧道—隧道工程—预算编制—高等职业教育—教材 Ⅳ.①U459.2

中国版本图书馆CIP数据核字(2016)第001839号

高等职业教育“十二五”规划教材

书　　名：公路隧道工程预算编制
著 作 者：周荣英　王正芬
责任编辑：刘　倩　薛　民
出版发行：人民交通出版社股份有限公司
地　　址：(100011)北京市朝阳区安定门外外馆斜街3号
网　　址：http://www.ccpress.com.cn
销售电话：(010)59757973
总 经 销：人民交通出版社股份有限公司发行部
经　　销：各地新华书店
印　　刷：北京鑫正大印刷有限公司
开　　本：787×1092　1/16
印　　张：12.25
字　　数：280千
版　　次：2016年1月第1版
印　　次：2016年1月第1次印刷
书　　号：ISBN 978-7-114-12722-9
定　　价：36.00元

前　　言

本书以交通运输部颁发的现行计价文件为依据，按照教育部对高等职业教育人才培养的要求，贯彻以工作过程为导向的教材建设理念，围绕公路隧道工程预算编制的具体工作，全面阐述了理论知识、实践技能和拓展性知识，内容突出了职业性、实用性和适用性。

本书引用了实际工程项目，结合课程标准的需要和教学特点，从造价岗位人员的认知规律出发，由浅入深地构建内容框架，分别介绍了公路工程造价认知，公路隧道工程的认知和工程量计算，预算定额的认知与公路隧道工程定额的应用，概、预算费用组成的认知和计算，公路隧道工程预算文件的编制等内容，体现了以行动为导向的教学原则，让学生在编制具体公路隧道工程项目预算文件的同时，掌握相关的知识和技能。全书采用"以例释理"的编写风格，通过大量实例阐明知识点，将基础知识融入大量的例题中，循序渐进，使学生不间断地完成知识和技能的转换。

本书由云南交通职业技术学院周荣英、王正芬、陈桂珍、南爱强共同编写，具体分工如下：工作任务一、工作任务二由周荣英编写，工作任务三、工作任务四中的4.1、4.2由王正芬编写，工作任务四中的4.3、4.4、4.5和工作任务五中的5.1、5.2、5.3由陈桂珍编写，工作任务五中的5.4由南爱强编写。全书由周荣英统稿，昆明理工大学罗杏春主审。

书中引用了其他作者的一些资料、数据，在此一并向原作者致谢。由于编者水平有限，书中难免存在疏漏或不妥之处，敬请读者批评指正。

编　者

2015年11月

目　　录

工作任务一　公路工程造价认知 ………………………………………… 1

1.1　公路基本建设认知 ………………………………………… 1

1.2　公路工程造价认知 ………………………………………… 2

1.3　造价工程师职业资格制度 ………………………………………… 7

思考题 ………………………………………… 11

工作任务二　公路隧道工程的认知与工程量计算 ………………………………………… 12

2.1　公路隧道工程的认知 ………………………………………… 12

2.2　公路隧道工程的施工 ………………………………………… 17

2.3　公路隧道工程的工程量计算 ………………………………………… 30

思考题 ………………………………………… 34

工作任务三　预算定额的认知与公路隧道工程定额的应用 ………………………………………… 35

3.1　公路工程定额的认知 ………………………………………… 35

3.2　公路隧道工程定额的应用 ………………………………………… 41

思考题 ………………………………………… 66

工作任务四　概、预算费用组成的认知和计算 ………………………………………… 67

4.1　公路工程概、预算认知 ………………………………………… 67

4.2　概、预算费用组成认知 ………………………………………… 72

4.3　建筑安装工程费用计算 ………………………………………… 74

4.4　设备、工具、器具及家具购置费、工程建设其他费用计算 ………………………………………… 93

4.5　预备费、回收金额及相关的一些费用、指标 ………………………………………… 102

思考题 ………………………………………… 105

工作任务五　公路隧道工程预算文件的编制 ………………………………………… 106

5.1　概、预算文件组成的认知 ………………………………………… 106

5.2　概、预算编制的基本要求 ………………………………………… 108

5.3　概、预算的编制步骤 ………………………………………… 114

5.4　公路隧道工程预算的编制示例 ………………………………………… 118

思考题 ………………………………………… 167

附录一　封面、目录及概(预)算表格样式 ………………………………………… 168

附录二　冬雨季及夜间施工增工百分率、临时设施用工指标 ………………………………………… 178

附录三　全国冬季施工气温区划分表 ………………………………………… 179

附录四　全国雨季施工雨量区及雨季期划分表 ………………………………………… 183

附录五　全国风沙地区公路施工区划表 ………………………………………… 188

参考文献 ………………………………………… 189

工作任务一　公路工程造价认知

知识目标：

(1)熟悉公路基本建设的概念和公路基本建设程序；

(2)了解工程造价的含义、公路隧道工程造价组成、计价模式；

(3)掌握公路基本建设各阶段应编制的造价文件；

(4)了解造价工程师执业资格制度。

能力目标：

(1)能够编制公路基本建设程序示意图；

(2)能够编制公路工程造价多次性计价过程图。

1.1　公路基本建设认知

1.1.1　基本建设概念及其分类

基本建设是增添固定资产的投资活动,包括固定资产的新建、扩建和改建等,是国民经济各部门为了扩大再生产和部分简单再生产而进行的增加或改造固定资产的建设工作。具体来讲,就是把一定的建筑材料、设备等,通过购置、建造和安装等活动,转化为固定资产的过程,诸如房屋、电站、公路、铁路、港口、学校、医院等工程的建设,以及机具、各种设备等的添置和安装。

公路建设项目属于基本建设项目的一种,按投资的再生产性质划分,可分为基本建设项目和更新改造项目。属于基本建设项目的有新建、扩建、改建、迁建和重建等;属于更新改造项目的有技术改造项目、技术引进项目和设备技术更新项目等。按建设规模(设计规模或投资规模)划分为大、中、小型项目。按投资建设的用途划分为生产性建设项目和非生产性建设项目。按公路技术等级划分为高速公路、一级公路、二级公路、三级公路、四级公路5个等级。按公路的行政隶属关系划分为国道、省道、县道、乡道和专用公路5个行政等级。按公路的经济性质划分为经营性公路和非经营性公路。

公路基本建设活动的内容主要包括以下3个部分。

(1)建筑安装工程:建筑安装工程包括建筑工程和设备安装工程,前者包括路基、路面、桥梁、隧道、防护、交通安全设施、机电、房建工程等工程构造物的建设,后者包括高速公路、大型桥梁所需各种机械、设备、仪器的安装和调试等。

(2)设备、工具、器具的购置:为满足公路的营运、管理及养护要求,必须购置一些设备、工具和器具,如通信、照明、养护设备的购置等。

(3)其他基本建设工作,如设计、招标、征地、质检与监理等。

1.1.2 公路基本建设程序

基本建设程序是建设项目从设想、选择、评估、决策、设计、施工到竣工验收、投入使用整个过程中，各项工作必须遵守的先后次序的法则。它是基本建设全过程及其客观规律的反映，是建设项目科学决策和顺利实施的重要保证。在进行基本建设活动时，必须严格按照规定的程序进行，不可人为地忽略其中的某个阶段或改变其顺序。

公路建设应当按照国家规定的建设程序和有关规定进行。政府投资公路建设项目实行审批制，企业投资公路建设项目实行核准制。县级以上人民政府交通主管部门应当按照职责权限审批或核准公路建设项目，不得越权审批、核准项目或擅自简化建设程序（国务院另有简化规定的除外）。

《公路建设监督管理办法》（原交通部令 2006 年第 6 号）对政府投资的公路建设程序和企业投资的建设程序作了明确规定。

（1）政府投资公路建设项目的实施，应当按照下列程序进行：

①根据规划，编制项目建议书；

②根据批准的项目建议书，进行工程可行性研究，编制可行性研究报告；

③根据批准的可行性研究报告，编制初步设计文件；

④根据批准的初步设计文件，编制施工图设计文件；

⑤根据批准的施工图设计文件，组织项目招标；

⑥根据国家有关规定，进行征地拆迁等施工前的准备工作，并向交通主管部门申报施工许可；

⑦根据批准的项目施工许可，组织项目实施；

⑧项目完工后，编制竣工图表、工程决算和竣工财务决算，办理项目交、竣工验收和财产移交手续；

⑨竣工验收合格后，组织项目后评估。

（2）企业投资公路建设项目的实施，应当按照下列程序进行：

①根据规划，编制工程可行性研究报告；

②组织投资人招标工作，依法确定投资人；

③投资人编制项目申请报告，按规定报项目审批部门核准；

④根据核准的项目申请报告，编制初步设计文件，其中涉及公共利益、公众安全、工程建设强制性标准的内容，应当按项目隶属关系报交通主管部门审查；

⑤根据初步设计文件编制施工图设计文件；

⑥根据批准的施工图设计文件组织项目招标；

⑦根据国家有关规定，进行征地拆迁等施工前准备工作，并向交通主管部门申报施工许可；

⑧根据批准的项目施工许可，组织项目实施；

⑨项目完工后，编制竣工图表、工程决算和竣工财务决算，办理项目交、竣工验收；

⑩竣工验收合格后，组织项目后评价。

1.2 公路工程造价认知

1.2.1 工程造价的定义及其构成

工程造价通常是指工程的建造价格，根据所站角度的不同，工程造价有不同含义。

第一种含义:工程造价是指一个建设项目从立项开始到建成交付使用预期花费或实际花费的全部费用。根据我国现行的制度规定,建设工程造价由建筑安装工程费、设备和工器具购置费、工程建设其他费及预备费等组成。

第二种含义:工程造价是指工程价格,即为建成一项工程,预计或实际在土地市场、设备材料市场、技术劳务市场以及承包市场等交易活动中所形成的建筑安装工程的价格和建设工程总价格。工程造价的第二种含义是以社会主义市场经济为前提的,它以工程这种特定的商品形式作为交易对象,通过招投标、承发包或其他交易方式,在进行多次预估的基础上,最终由市场确定的价格。在这里,工程的范围和内涵,既可以是涵盖范围很大的一个建设项目,也可以是一个单项工程,甚至也可以是某个分部工程。

通常把工程造价的第二种含义,只认定为工程承发包价格。承发包价格是工程造价中一种重要的价格形式,也是最典型的价格形式。它是在建设市场通过招投标,由需求主体(投资者)和供给主体(建筑商)共同认可的价格。鉴于建筑安装工程价格在项目固定资产中占有50% ~70%的份额,是工程建设中最主要的部分,而且建筑企业是建设工程的实施者,占有重要的市场主体地位,因此,工程承发包价格被界定为工程价格的第二种含义很有现实意义,但是这样界定对工程造价的含义理解比较狭窄。

工程造价的两种含义是从不同角度把握同一事物的本质。对建设工程的投资者来说,面对市场经济条件下的工程造价就是项目投资,是"购买"项目要付出的价格,同时也是投资者在作为市场供给主体"出售"项目时定价的基础。对于承包人、供应商和规划、设计等单位来说,工程造价是他们作为市场供给主体"出售"商品和劳务的价格总和,或特定范围的工程造价,如建筑安装工程造价。

区别工程造价的两种含义的理论意义在于:为投资者和以承包人为代表的供应商在工程建设领域的市场行为提供理论依据。政府提出降低工程造价,是站在投资者的角度,充当着市场需求主体的角色;承包人提出提高工程造价、提高利润率并获得更多的实际利润,是要实现一个市场供给主体的管理目标。这是市场运行机制的必然,不同的利益主体绝不能混为一谈。同时,两种含义也是对单一计划经济理论的一个否定和反思。区别两种含义的现实意义在于:为实现不同的管理目标,不断充实工程造价的管理内容,完善管理方法,更好地为实现各自的目标服务,从而有利于推动经济增长。

1.2.2 公路工程造价的定义及其构成

公路工程造价是指建设一条公路或一座独立大桥或隧道,使其达到设计要求所花费的全部费用。公路工程属于建设工程,其造价同样由建筑安装工程费、设备及工器具及家具购置费、工程建设其他费目及预备费组成。

1)建筑安装工程费

建筑安装工程费由建筑工程费和设备安装工程费两部分组成,即是指建筑物或构筑物的建造费用、需要安装设备的安置和装配费用,以及相关的辅助工程的费用(包括临时设施、施工措施和施工管理所发生的全部费用),也就是支付给施工企业的全部费用。

在公路建设项目中,建筑工程费,一般包括临时工程、路基工程、路面工程、隧道工程、桥涵工程、交叉工程、其他工程及沿线设施以及管理、养护、服务房屋工程的费用。公路建设项目中,设备安装工程主要指高等级公路中的管理设施的安装,如收费站的收费设施安装、通信设施安装、监控设施安装、供电设备安装,以及某些隧道的通风设备、供电设备的安装等。但桥涵工程及其他混凝土工程中的预制构件的安装不属于设备安装工程,而是建筑工程中混凝土工程施工的一种方法。

2)设备、工器具及家具购置费

设备、工器具及家具购置费,包括设备购置费、工器具购置费、办公和生活用家具购置费。设备购置费是指为满足公路的运营、管理、养护需要,购置的达到固定资产标准的设备和虽然低于固定资产标准但属于设计明确列入设备清单的设备的费用。工器具购置费是指建设项目交付使用后,为满足初期正常营运需要必须购置的第一套不构成固定资产的设备、仪器、仪表、工卡模具、器具、工作台(框、架、柜)等的费用。办公和生活用家具购置费是指为保证新建、改建项目初期正常生产、使用和管理所必须购置的办公和生活用家具、用具的费用。

3)工程建设其他费用

工程建设其他费用,是指除建筑安装工程费用和设备、工器具及家具购置费用以外的一些费用,根据国家有关规定应在基本建设投资中支付,并构成工程造价的一个组成部分。它包括土地征用及拆迁补偿费、建设项目管理费、研究试验费、前期工作费、专项评(估)费、施工机构迁移费、联合试运转费、生产人员培训费、建设期贷款利息等。

4)预备费

为了对一些在工程开工之前不可能预见而必须增加的工程和费用,以及建设期间可能发生的由于自然灾害、物价变动及国家政策调整对工程造价的影响做准备,在上述3部分费用之外,列有一项费用称为预备费。预备费由价差预备费及基本预备费两部分组成。在公路工程建设期限内,凡需动用预备费时,属于公路交通部门投资的项目,需由建设单位提出,按建设项目隶属关系,报交通运输部或省交通运输厅(局、委)基建主管部门核定批准;属于其他部门投资的建设项目,按其隶属关系报有关部门核定批准。该项费用在公路工程施工招标文件的工程量清单中称为暂列金额。

此项费用与前述的3项费用有所不同,其在工程建设过程中并不一定完全使用,而且动用时有其严格的审批程序。

1.2.3 工程造价的特点

1)大额性

建筑产品实物形体庞大,造价昂贵,一个工程项目的造价少则数十万、数百万元,多则数千万、数亿、数十亿元,特大工程项目造价可达百亿、千亿元,不管是投资者还是建设者都无法承担由于项目的失败而造成的巨大损失。工程造价的这种大额性,不仅关系到有关各方面的重大经济利益,同时也会对宏观经济产生重大影响。这就决定了工程造价的特殊地位,也说明了造价管理的重要性。

2)个别性、差异性

每一项工程都有其特定的用途、功能和规模,所以也就有不同的结构、造型、空间分割、设备配置,以及不同的体积和面积。建筑时,应根据实际特点,采用不同的工艺设备和材料,还要考虑适应工程所在地气候、地质、水文等自然条件。各工程之间存在的个别性、差异性,决定了工程造价的个别性、差异性。

3)动态性

任何一项工程从决策到竣工交付使用,都有一个较长的建设周期,存在许多影响工程造价的不确定因素,如工程变更,设备材料价格、工资标准以及费率、利率、汇率等发生变化,这种变化必然会导致造价的变动。所以,工程造价在整个建设期中处于不确定状态,直至竣工决算后才能最终确定工程的实际造价。

4)层次性

造价的层次性取决于工程项目的层次性。一个建设项目往往含有多个单项工程,一个单项工程又是由多个单位工程组成的,单位工程可进一步细分为分部工程,分部工程又可划分为分项工程。相应地,工程造价也有多个层次:建设项目总造价→单项工程造价→单位工程造价→分部工程造价→分项工程造价。从造价的计算和工程管理的角度来看,工程造价的层次性是非常突出的。

5)兼容性

工程造价的兼容性表现在它不但具有两种含义,而且造价构成因素具有广泛性和复杂性的特点。首先,构成工程造价的成本因素非常复杂;其次,为获得建设工程用地支出的费用、项目可行性研究和规划设计费用、与政府一定时期政策(特别是产业政策和税收政策)相关的费用占有相当的份额;再次,盈利的构成也较为复杂,资金成本较大。

1.2.4 工程造价计价的特点

工程造价计价除具有与其他一切商品价格计价的共同特点外,同时还有其自身的技术经济特点,这些特点就是单件性计价、多次性计价、组合性计价、计价方法的多样性、计价依据的复杂性。

1)单件性计价

产品的个体差别决定了每项工程都必须单独计价。建设工程都有其指定的专门用途,因此就有不同的形态和结构,如厂房、住宅、公路、港口等。就公路而言,其用途是供汽车行驶,但构成公路整体的路基、路面、桥梁、涵洞及沿线设施等,各有不同的形态和结构。建设工程都是固定在一定地点的,其结构、造型必须适应工程所在地的气候、地质、水文等自然客观条件,因而形成在实物形态上的千差万别。在建设这些不同的实物形态的工程时,必须采取不同的工艺、设备和建筑材料,因而所消耗物化劳动和活劳动也必定不同;再加上不同地区的社会发展不同,致使构成价格和费用的各种价值要素的差异,最终导致工程造价各不相同。任何两个公路建设项目,其工程造价不可能是完全相同的,因此,对公路建设工程只能是单件性计价。也就是说,只能根据各个建设工程项目的具体设计资料和当地的实际情况,单独计算工程造价。

2)多次性计价

建设工程一般规模大、建设周期长、技术复杂、受建设所在地的自然条件影响大,消耗的人力、物力和财力巨大,并要考虑投入使用后的经济效益等因素,一旦决策失误,将造成不可挽回的巨大损失。为了适应造价控制和管理的要求,满足建设各阶段的不同需要,必须在建设全过程进行多次计价。建设工程多次性计价过程,见图1-1。

(1)在项目建议书阶段编制投资估算,是对项目建议书进行经济评价的依据。项目建议书经批准后可进入可行性研究报告阶段。

(2)在可行性研究阶段编制投资估算,是对可行性研究进行经济评价的依据。可行性研究报告经批准后,其投资估算是决策、筹资和控制造价的主要依据。

(3)按两阶段设计的建设项目,在初步设计阶段编制设计概算,设计概算经批准后是确定建设项目投资的最高限额,是签订建设项目总承包合同的依据。

(4)按三阶段设计的建设项目,在技术设计阶段编制修正概算,修正概算经批准后是确定建设项目投资的最高限额,是签订建设项目总承包合同的依据。

(5)在施工图设计阶段编制施工图预算,施工图预算经批准后,是签订建筑安装工程承包合同、办理工程价款结算的依据,也是实行建筑安装工程造价包干的依据。实行招标的工程,其建筑安装工程费用是编制标底的基础。

(6)实行建筑安装工程及设备采购招标的建设项目,一般都要编制标底或招标控制价,编制标底或招标控制价也是一次计价。

(7)施工单位为参加投标,首先要根据招标文件和现场情况编制施工预算,作为本企业控制成本的依据,然后再根据市场情况编制有竞争性的投标报价。

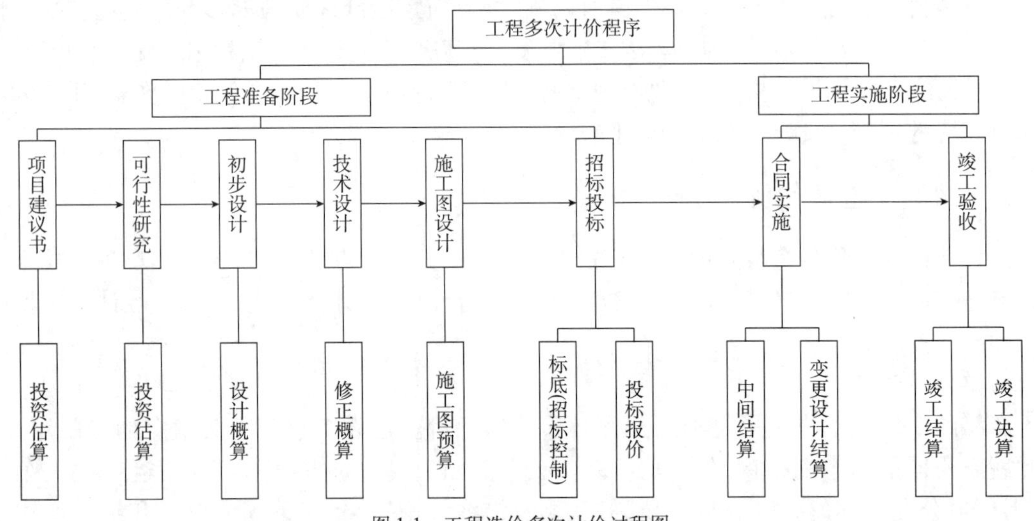

图1-1　工程造价多次计价过程图

以上是建设单位、施工单位在不同阶段对建设项目做出的预期工程造价计算,确定中标单位后,按照合同条款的约定签订合同价,在施工过程中根据工程变更和市场物价变动情况确定工程结算价,结算价才是建设项目各分部分项工程的实际造价。工程竣工并通过验收合格后,建设单位根据各分部分项工程的结算价所编制的竣工决算才是整个建设项目的实际造价。

一个建设项目各个阶段的计价是相互衔接、由粗到细、由浅到深、由预期到实际的发展过程。前一个阶段的计价是后续一个阶段计价的依据,后一个阶段的计价是前一个阶段计价的完善。

3)组合性计价

当建设工程规模大,工程结构复杂时,根据建设工程单件性计价的特点,不可能简单直接地计算出整个建设工程的造价,必须将整个建设工程分解,分解到合理的最小工程结构部位,直至对计量和计价都相对准确的程度。如将公路建设工程分解为路基工程、路面工程、桥梁工程等;对路基工程再分解为土方工程、石方工程等;对土方工程再分解为挖方工程、填方工程等;对挖方工程再分解为机械开挖、人工开挖等;机械开挖再分解为挖掘机开挖或推土机推开挖等。如确定采用推土机推开挖,就可以通过推土机推挖土方的工程定额,得到推挖 $1m^3$ 土方所需推土机机械台班消耗量,再按推土机的每台班单价计算出所需的费用。各项工程都可以这样分解,然后再将各部位的费用按设计确定的数量加以组合,就可确定全部工程所需要的费用。任何规模庞大、技术复杂的工程,都可以采用这种方法计算其全部造价。

工程定额就是根据这一原理编制的,为了适应不同设计阶段编制工程造价的需要,编制了施工定额、预算定额、概算定额、估算指标，这几种定额是相互衔接的，其单项定额所综合的工程内容是逐级扩大的。

4）计价方法的多样性

由于多次计价的计价依据各不相同，且对多次计价的精确度要求不同，因而计价方法有多样性特征。计算和确定概（预）算造价有两种基本方法，即单价法和实物量法。公路项目预算造价采用实物量法，建设项目投资估算的方法有设备系数法、生产能力指数估算法等。不同的方法各有利弊，适应条件也不同，计价时要加以选择。

5）计价依据的复杂性

影响造价的因素多，计价依据复杂、种类繁多，主要可分为以下7类：

（1）确定设备和工程数量依据，包括项目建议书、可行性研究报告、设计文件等。

（2）计算人工、材料、机械等实物消耗量依据，包括投资估算指标、概算定额、预算定额等。

（3）计算工程单价的价格依据，包括人工单价、材料价格、材料运杂费、机械台班单价等。

（4）计算设备购置费的依据，包括设备原价、设备运杂费、进口设备关税等。

（5）计算其他工程费、间接费和工程建设其他费用依据，主要是相关的费用定额和指标及当地的征地拆迁补偿政策。

（6）政府规定的税收和有关收费标准。

（7）物价指数和工程造价指数。

计价依据的复杂性，不仅导致计算过程复杂，而且要求计价人员必须熟悉项目建设相关的法律法规及造价编制的各类依据，并加以正确运用。

1.3 造价工程师职业资格制度

1.3.1 国外注册造价工程师制度

以英国为例，造价工程师称为预算师。预算师、高级预算师资格，由皇家测量师学会授予，工料测量专业本科毕业生可以豁免英国皇家测量师学会组织的专业知识考试而直接取得申请预算师专业工作能力培养和考核的资格。而对于一般具有高中毕业水平的人，或学习其他专业的大学毕业生，或从事预算专业15年以上的人，则要通过自学，参加皇家测量师学会每年组织的专业考试。其中，高中毕业生需要经过3次考试，其他专业大学毕业生需经过2次考试，有15年本专业工作实践经验的只需考试1次。经专业知识考试合格者，由皇家测量师学会发给专业知识考试合格证书，即相当于本专业大学同等学力毕业水准，取得申请预算师专业工作能力培养和考核的资格。

英国皇家测量师学会组织的专业知识考试，要求考生具有建筑技术、建筑管理与经济、工程量和造价计算、法律四方面的知识。

对工料测量专业本科毕业生（硕士生、博士生）以及经过专业知识考试合格的人员，还要通过皇家测量师学会组织的专业工作能力的考核，即通过3年以上的工作实践，在学会规定的各项专业能力考核科目范围内，获得某几项较丰富的工作经验，经考核合格后，即由皇家测量师学会发给合格证书并吸收为学会会员（ARIcs），取得预算师职称。

在取得预算师（工料估价师）职称以后，就可签署有关估算、概算、预算、结算、决算文件，也可独立开业，承揽有关业务。再从事12年本专业工作，或者在预算公司等单位中承担重要职务(如董事)5年以上者,经学会批准,即可被吸收为资深会员(FRIcs),相当于获得高级预算师职称。

在英国,预算师被认为是工程建设经济师,在工程建设全过程中,按照既定工程项目确定投资,在项目实施的各阶段、各项活动中控制造价,使最终造价不超过规定投资。

1.3.2 我国造价工程师执业资格制度

1)我国造价工程师执业资格制度的建立

造价工程师执业资格制度是工程造价管理的一项基本制度。人事部(现更名为人力资源和社会保障部,后同)、建设部(现更名为住房和城乡建设部,后同)人发[1996]77号文《造价工程师执业资格制度暂行规定》的颁发,是建立这项制度的标志。造价工程师的执业资格,是履行工程造价管理岗位职责与业务的准入资格。制度规定,凡从事工程建设活动的建设、设计、施工、工程造价咨询、工程造价管理等单位和部门,必须在计价、评估、审查(核)、控制及管理等岗位配备有造价工程师执业资格的专业技术人员。注册造价工程师是指通过全国造价工程师职业资格统一考试合格或者资格认定,取得造价工程师执业资格证书,并按有关规定注册,取得中华人民共和国造价工程师注册证书和职业印章,从事建设工程造价业务活动的专业技术人员。

1996年人事部和建设部颁发了《造价工程师执业资格认定办法》,1997年人事部和建设部组织了在全国部分省区造价工程师考试试点,并在总结试点经验的基础上,于1998年在全国组织了造价工程师统一考试。

2)我国造价工程师考核制度

为加强对建设工程造价的管理,提高工程造价专业人员的素质,确保建设工程造价管理工作的质量,人事部、建设部1996年颁布的《造价工程师执业资格制度暂行规定》中相关要求如下。

(1)申请报考条件。《造价工程师执业资格制度暂行规定》规定,凡中华人民共和国公民,遵纪守法并具备以下条件之一者,均可申请参加造价工程师执业资格考试:

①工程造价专业大专毕业后,从事工程造价业务工作满5年;工程或工程经济类大专毕业后,从事工程造价业务工作满6年。

②工程造价专业本科毕业后,从事工程造价业务工作满4年;工程或工程经济类本科毕业后,从事工程造价业务工作满5年。

③获上述专业第二学士学位或研究生毕业获硕士学位后,从事工程造价业务工作满3年。

④获上述专业博士学位后,从事工程造价业务工作满2年。

(2)考试内容。按照建设部、人事部的设想,造价工程师应该是既懂工程技术又懂经济、管理和法律,并具有实践经验和良好职业道德的复合型人才。因此考试内容主要包括:

①工程造价的相关知识。如投资融资理论、经济法与合同管理、项目管理等知识。

②工程造价的确定与控制。除掌握基本概念外,主要了解和掌握造价确定与控制的理论与方法。

③工程技术与工程计量。这一部分分建筑工程与安装工程两个专业考试,要求考生主要掌握两专业基本技术知识与计量方法。

④案例分析。考查考生解决实际问题的能力,含计量或审查单位工程量,编制或审查专业工程投资估算、概算、预算、标底、结(决)算,投标报价,编制补充定额等技能。

3)我国造价工程师执业资格注册制度

造价工程师执业资格实行注册登记制度,以加强对造价工程师的注册管理,规范造价工程师的执业行为,维护国家和社会公共利益。2007 年 3 月 1 日起施行的《注册造价工程师管理办法》的注册登记制度规定,取得执业资格的人员,需经过注册方能以注册造价工程师的名义执业。

(1)注册造价工程师的注册条件为:

①取得执业资格;

②受聘于一个工程造价咨询企业或者工程建设领域的建设、勘察设计、施工、招标代理、工程监理、工程造价管理等单位;

③无《注册造价工程师管理办法》不予注册的情形。

(2)取得执业资格的人员申请注册的,应当向聘用单位工商注册所在地的省、自治区、直辖市人民政府建设主管部门(以下简称省级注册初审机关)或者国务院有关部门(以下简称部门注册初审机关)提出注册申请。注册造价工程师的初始、变更、延续注册,逐步实行网上申报、受理和审批。

(3)取得资格证书的人员,可自资格证书签发之日起 1 年内申请初始注册。逾期未申请者,须符合继续教育的要求后方可申请初始注册。初始注册的有效期为 4 年。

(4)注册造价工程师注册有效期满需继续执业的,应当在注册有效期满 30 日前,按照本办法第八条规定的程序申请延续注册。延续注册的有效期为 4 年。

(5)在注册有效期内,注册造价工程师变更执业单位的,应当与原聘用单位解除劳动合同,并按照规定的程序办理变更注册手续。变更注册后延续原注册有效期。

注册证书和执业印章是注册造价工程师的执业凭证,应当由注册造价工程师本人保管、使用。造价工程师注册证书由注册机关统一印制。注册造价工程师遗失注册证书、执业印章,应当在公众媒体上声明作废后,按照规定的程序申请补发。

1.3.3 造价工程师应具备的素质

造价工程师的工作关系到国家和社会公众利益,对其专业素质、身体素质和职业道德素质的要求如下。

1)专业素质

根据造价工程师的专业特点和能力要求,其专业素质体现在以下 4 个方面。

(1)造价工程师应是复合型的专业管理人才。作为建设领域工程造价的管理者,造价工程师应是具备工程、经济和管理知识与实践经验的高素质复合型专业人才。

(2)造价工程师应具备技术技能。技术技能是指能运用经验、知识、方法、技能及设备,达到特定任务的能力。造价工程师,应掌握与建筑经济管理相关的金融投资、法律、法规和政策;工程造价管理理论及相关计价依据的应用;工业与建筑施工技术知识;信息化管理的知识等。同时,在实际工作中,应能运用以上知识与技能,解决诸如方案的经济比选,编制投资估算、设计概算和施工图预算,编制招投标标底和投标报价,编制补充定额和造价指数,进行合同价结算和竣工决算,并对项目造价变动规律和趋势进行分析和预测能力。

(3)造价工程师应具备人文技能。人文技能是指与人共事的能力和判断力。造价工程师应具有高度的责任心与协作精神,善于与业务有关的各方面人员沟通、协作,共同完成对项目造价目标的控制与管理。

(4)造价工程师应具备观念技能。观念技能是指了解整个组织及自己在组织中地位的能力,使自己不仅能按本身所属的群体目标行事,而且能按整个组织的目标行事。造价工程师应有一定的组织管理能力,同时应具有面对各种机遇与挑战时积极进取、勇于开拓的精神。

2)身体素质

造价工程师要有健康的身体和宽广的胸怀,以适应紧张、繁忙和错综复杂的管理和技术工作。

3)职业道德素质

为了规范造价工程师的职业道德行为,提高行业声誉,根据中国建设工程造价管理协会在2002年颁布的《造价工程师职业道德行为准则》,造价工程师在执业中应信守以下职业道德行为准则。

(1)遵守国家法律、法规和政策,执行行业自律性规定,珍惜职业声誉,自觉维护国家和社会公共利益。

(2)遵守"诚信、公正、精业、进取"的原则,以高质量的服务和优秀的业绩,赢得社会和客户对造价工程师职业的尊重。

(3)勤奋工作,独立、客观、公正、正确地出具工程造价成果文件,使客户满意。

(4)诚实守信,尽职尽责,不得有欺诈、伪造、作假等行为。

(5)尊重同行,公平竞争,搞好同行之间的关系,不得采取不正当的手段,损害、侵犯同行的权益。

(6)廉洁自律,不得索取、收受委托合同约定以外的礼金和其他财物,不得利用职务之便谋取其他不正当的利益。

(7)造价工程师与委托方有利害关系的应当回避,委托方有权要求其回避。

(8)知悉客户的技术和商务秘密,负有保密义务。

(9)接受国家和行业自律性组织对其职业道德行为的监督检查。

1.3.4 注册造价工程师的业务范围

(1)建设项目建议书、可行性研究投资估算的编制和审核,项目经济评价,工程概算、预算、结算,竣工结(决)算的编制和审核。

(2)工程量清单、标底(或者控制价)、投标报价的编制和审核,工程合同价款的签订及变更、调整,工程款支付与工程索赔费用的计算。

(3)建设项目管理过程中设计方案优化、限额设计等工程造价分析与控制,工程保险理赔的核查。

(4)工程造价经济纠纷的司法鉴定和仲裁的咨询。

1.3.5 注册造价工程师的权利与义务

1)注册造价工程师享有的权利

(1)使用注册造价工程师名称。

(2)依法独立执行工程造价业务。

(3)在本人执业活动中形成的工程造价成果文件上签字并加盖执业印章。

(4)发起设立工程造价咨询企业。

(5)保管和使用本人的注册证书和执业印章。

(6)参加继续教育。

2)注册造价工程师应当履行的义务

(1)遵守法律、法规、有关管理规定,恪守职业道德。

(2)保证执业活动成果的质量。

(3)接受继续教育,提高执业水平。

(4)执行工程造价计价标准和计价方法。

(5)与当事人有利害关系的,应当主动回避。

(6)保守在执业中知悉的国家秘密和他人的商业、技术秘密。

思考题

1. 公路基本建设有哪些分类?
2. 公路基本建设程序是怎样的?
3. 工程造价的含义是什么?
4. 什么是公路工程造价?
5. 公路基本建设程序的各阶段有哪些相应要编制的造价文件?
6. 举例说明公路工程造价有哪些特征。
7. 举例说明公路工程造价的计价有哪些特征。
8. 什么是注册造价工程师? 其权利和义务各是什么?

工作任务二　公路隧道工程的认知与工程量计算

知识目标：

(1)能够了解隧道的分类、组成及其构造；

(2)能够掌握公路隧道施工的基本要求、方法及工艺流程；

(3)能够掌握公路隧道工程的工程量计算方法；

(4)能够掌握公路隧道工程预算项目的划分内容。

能力目标：

(1)能够认知隧道工程的分类、公路隧道工程的组成；

(2)能够正确划分公路隧道工程预算项目；

(3)能够依据施工图纸，正确择取和计算工程量。

2.1　公路隧道工程的认知

2.1.1　隧道及其分类

位于地表以下，起连通交通功能的人工建筑称为隧道。

隧道按其所处的位置不同可分为山岭隧道、水下隧道(河底和海底)以及城市隧道等。

隧道按其横断面形状不同可分为圆形、椭圆形、马蹄形、连拱形等，如图2-1、图2-2所示。

图2-1　分离式隧道

图2-2　连拱隧道

隧道按其用途可分为交通隧道(包括公路隧道、铁路隧道、城市地铁、人行隧道等)和运输隧道(包括输水隧道、输气隧道、输液隧道等)。

公路隧道，一般指的是山岭隧道。为了克服地形和高程上的障碍(如山梁、山脊、垭口等)，以改善和提高拟建公路的平面线形和纵坡，缩短公路里程，或为避免山区公路的各种病害(如滑坡、崩坍、岩堆、泥石流等),以保护生态环境,必须修建公路隧道。尤其是在高等级公路建设中,为了符合各等级公路的有关技术标准,必须修建隧道。

公路隧道按其长度不同又分为4类,如表2-1所示。这种分类的目的,主要是为了以各种隧道的长度确定有关的设计和施工的技术要求和规定,以及不同的设计深度,从而达到简化的目的。

公路隧道分类 表2-1

隧道分类	特长隧道	长隧道	中隧道	短隧道
隧道长度 L(m)	$L>3\,000$	$3\,000 \geqslant L>1\,000$	$1\,000 \geqslant L>500$	$L \leqslant 500$

隧道长度是指进出口洞门端墙之间的水平距离,即两端端墙面与路面的交线同路线中线交点间的距离,并以此作为计量支付的依据。

尽管隧道有各种用途、不同长度及横断面形状,但其构造组成大体相同,均由主体建筑物和附属建筑物两大部分组成。

2.1.2 隧道主体建筑物

隧道主体建筑物,包括洞口和洞身。

1)洞口

洞口是隧道出入口部分的建筑物,包括:洞门、洞口通风及排水设施、边坡、仰坡支挡构造物和引道等,如图2-3所示。

隧道洞口位置的选择,是隧道位置的平纵横断面的最终确定。洞口位置,应根据地形、地质、水文条件,并考虑边坡及仰坡的稳定,从保证施工和营运的安全出发,通过技术经济比较综合分析确定。洞口应修建洞门,并应尽量与隧道轴线正交。

洞门是为了保证边坡和仰坡稳定,并将仰坡流下的水引离隧道,而在洞口修建的建筑物。它是隧道外露的唯一部分,起着保护洞口、保证边坡和仰坡稳定、美化和诱导作用。

隧道洞门有翼墙式、端墙式、柱式、环框式、遮光或遮阳式、削竹式等不同形式,公路隧道一般采用翼墙式,如图2-4所示。

图2-3 隧道洞口

图2-4 翼墙式洞门

隧道应积极推广"零开挖"进洞理论,遵循"早进洞、晚出洞"施工原则。洞口一般设有明洞,当洞口地质情况相对较好时,可先进暗洞,由内向外施作洞口明洞模筑衬砌,再进行洞身段开挖、初期支护、二次衬砌施工;当洞口围岩条件较差时,应在完成套拱和超前大管棚后,立即进行明洞主体模筑衬砌施工,然后再进行暗洞浅埋段施工。原则上隧道二次衬砌施工完成50m(含明洞)后,立即进行洞门及边坡、仰坡绿化工程施工。洞口边、仰坡开挖应尽量保护原生态植被,其排水系统应及时完成,防止地表水渗入开挖面。进洞超前管棚施工推荐采用履带式潜孔钻机。

洞门正面端墙是洞门的主要组成部分,其作用是承受山体的纵向推力以及支撑仰坡。端墙面有垂直式和仰斜式两种,就其与路线中心线的关系分为正交和斜交。端墙顶端构筑女儿墙,墙背后根部设有排水沟,端墙应嵌入路堑边坡内0.3~0.5m。

侧面翼墙的作用有以下两种:

(1)加强端墙抵抗山体纵向推力,从而减少端墙的厚度;

(2)可减小洞口、明堑的开挖坡度,从而减少土石方数量。

洞口仰坡坡脚至洞门墙背的水平距离不应小于1.5m,洞门端墙与仰坡之间水沟的沟底至衬砌拱顶外缘的高度不应小于1.0m,洞门墙顶应高出仰坡坡脚0.5m以上。

洞门墙,应根据实际需要设置伸缩缝、沉降缝和泄水孔。洞门墙的基础必须置于稳固的地基上,应视地形及地质条件、冰冻深度,埋置足够的深度,保证洞门的稳定性。

构筑洞门常用的材料有混凝土、钢筋混凝土、浆砌片石、镶面块石等。

2)洞身

洞身是隧道工程的主要组成部分,按其所处地形、地质条件及施工方法的不同,分为隧道洞身、明洞洞身和棚洞洞身。

(1)隧道洞身。根据路线设计高程与地形地质情况,当有足够厚的覆盖层时,应设计成隧道,隧道洞身由暗挖的岩土空间经衬砌而成。

图2-5　隧道衬砌

衬砌,即随洞内壁承受围岩压力的镶护结构,如图2-5所示。其作用是支护隧道、防止岩石碎落、风化、保证净空、防水排水。根据地质条件的不同,隧道衬砌按功能分为承载衬砌、构造衬砌和装饰衬砌,按组成可分为整体式衬砌和复合式衬砌。就使用材料而言,有喷射混凝土加锚杆、型钢支撑、钢筋格栅支撑、挂钢筋网和混凝土预制块衬砌等。

承载衬砌的作用是承受围岩垂直与水平方向的压力,一般由拱顶、边墙和仰拱(无仰拱时做铺底)组成。边墙根据水平压力的大小可做成直墙式或曲墙式。承载衬砌需进行荷载计算和衬砌设计,一般都做成整体式,常用的材料有混凝土、钢筋混凝土或浆砌片石。

构造衬砌是指当围岩压力很小时,为了防止岩石局部松动塌落和岩石风化而建造的衬砌,无须进行受力计算。

装饰衬砌是指在山体岩石整体性很好,且围岩等级在Ⅳ级及以下(Ⅰ~Ⅲ级)时,为防止表面岩石风化而做的衬砌。

在衬砌段之间,应根据实际情况设置变形缝,在Ⅲ级及以上(Ⅳ~Ⅵ级)等级围岩地段,应设置仰拱。所谓仰拱,是指在两相对的边墙基础之间设置的曲线形的水平支撑结构。一般通过不良地质和特殊围岩的隧道衬砌,如软弱和膨胀性围岩的隧道,应采用曲墙带仰拱的混凝土或钢筋混凝土衬砌结构,必要时还应设置钢拱支撑混凝土衬砌结构。设置仰拱的隧道,路面下应以浆砌片石或贫混凝土密实回填。

复合式衬砌,也称二次衬砌,它由内外两层复合而成。其外层(即与围岩面接触的部分)

常为初次（或初期）柔性支护，有喷射混凝土、锚杆、钢筋网或铁丝网、临时或永久性钢拱支撑等支护形式，可以设置为单一或多项的合理组合；内层常称为二次衬砌，一般采用现浇混凝土，又称为模筑混凝土。两次衬砌之间应采用防水夹层措施。隧道开挖后，首先用喷锚作为初期支护，承受围岩的初期变形，待初期变形基本稳定后，再做内层现浇混凝土衬砌。外层喷锚支护与内层现浇混凝土衬砌相互支撑，共同承受围岩的变形和压力。复合式衬砌通常适用于Ⅳ级及以下的软弱破碎围岩。

（2）明洞洞身。明洞是指采用明挖的方法施工的隧道，如图2-6所示。在修建洞口工程时，往往需要修筑一定长度的明洞。在路基或隧道洞口受不良地质、边坡塌方、岩堆、落石、泥石流等危害又不宜避开清理的地段，以及为了保证洞口的自然环境而需延伸隧道洞口时，需设置明洞。明洞除常用于洞口内，当隧道位置处于下列情况时，一般都设置明洞：

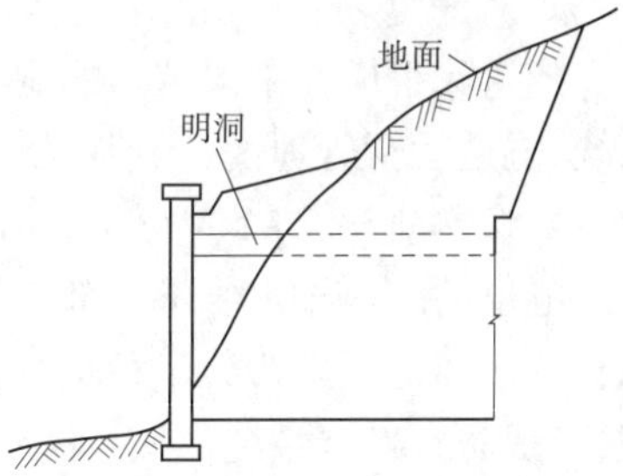

图2-6　明洞

①洞顶覆盖层薄，不宜大开挖修建路堑而又难于采用暗挖法修建隧道的地段；

②可能受到塌方、落石或泥石流威胁的洞口或路堑；

③铁路、公路、水渠和其他人工构造物必须在拟建公路的上方通过，又不宜采用隧道或立交桥或涵渠跨越的地点。

明洞的结构形式有拱形明洞和箱形明洞两种。拱形明洞整体性好，可承受较大的垂直压力与水平压力。当边坡塌方量较大、落石较多或基础设施条件较好时，一般宜采用拱形明洞。当净高、建筑高度受到限制或在地基软弱地段，宜采用箱形明洞。

明洞衬砌一般采用对称变截面拱圈、直线或曲线墙，类型与洞身一致。明洞为防渗水、积水及冰冻危害，一般做外贴式防水层和隔水层。明洞拱圈外模拆除、拱圈混凝土达到设计强度的50%后，应及时按设计规范要求施做防水层及拱脚纵向排水沟、环向盲沟，防水板应向隧道内延伸不小于0.5m，并与暗洞防水板良好连接。明洞混凝土达到设计强度，拱背防水设施完成后，方可回填拱背土方。明洞顶部回填土方应对称分层夯实，每层厚度不得大于0.3m，两侧回填的土面高差不得大于0.5m，底部应铺填0.5～1.0m厚碎石并夯实；使用机械回填时，拱圈混凝土应达到设计强度，且需先用人工夯填至拱顶以上1.0m后，方可使用机械施工。

明洞基础的埋置深度，一般应符合上述洞门的有关规定和要求。当埋置深度超过路面以下3m时，在路面以下设置钢筋混凝土横向水平拉杆，锚固于内层边墙或岩体中，用锚杆锚固于稳定的岩体中。基岩埋置较浅时，基础可设置于基岩上。当基础位于软弱地基上时，基础可采用仰拱、整体式钢筋混凝土底板等结构。

（3）棚洞洞身。棚洞是指明挖路堑后，构筑简支的顶棚架，并回填而成的洞身，属于明洞范畴的隧道。采用棚洞的条件与明洞大致相似，其结构整体性比明洞差，但由于顶棚与内外墙简支，故对地基的要求相对较低。其适用条件为：

①有少量塌方和落石的地段；

②内外墙底基础软硬差别较大，不适宜修建拱形明洞的地段；

③半路堑外侧地形狭窄或基岩埋深大并有条件设计为桩基的地段。

棚洞随地形、地质条件的不同有多种类型，但其基本构造均有内墙、外侧支撑结构（悬臂式棚洞无此结构)以及顶板3部分组成。内墙一般用浆砌片石砌筑,截面厚度不小于50cm,内墙顶设顶帽以承托和嵌固顶板。外侧支撑结构根据地形、地质情况的不同,可做成刚架式、柱式和墙式。顶板可采用T形梁、I形梁或空心板截面构件。

当棚洞立柱的基础置于路面3m以下时,立柱可在路基平面处加设纵撑和横撑,以与相邻立柱及内边墙相连接,以增强其稳定性。

2.1.3 隧道附属建筑物

隧道除组成其主体结构的洞口、洞门及洞身外,一般还有防水排水系统,通风、照明与供电系统,隧道运营管理设施,辅助坑道等附属建筑物。

1)防水排水系统

隧道的防水排水要求拱部不滴水,边墙不漏水,路面不冒水、不积水,设备箱洞处不渗水,冻害地区隧道衬砌背后不积水、排水沟不冻结。为达到上述要求,应采取防、截、排、堵综合治理,形成防水排水系统。该系统包括洞顶防水排水(图2-7)、洞门排水、洞内排水和洞内防水4个方面。

2)通风、照明与供电系统

隧道内保持良好的空气是安全行车的必要条件,因此隧道应具备良好的通风条件,以排出污浊空气,补充新鲜空气或吹入新鲜空气,稀释污浊空气。隧道的通风方式有机械通风和自然通风两种。交通量小的中、短隧道可采用自然通风,交通量大的长隧道应采用机械通风。采用机械通风时,常采用纵向通风形式,配以射流风机,并按正常通风量的50%配置备用通风机。

为了保证车辆的正常行驶和交通安全,隧道应设电光照明。隧道的照明要考虑洞内有合理的光过渡,尤其是在白天,要避免“黑洞”效应,使之由亮到暗(洞外到洞内)或由暗到亮(洞内到洞外)有个很好地适应过程。对于能通视、交通量较小和行人密度不大的短隧道,可以不设白天照明设施,对于长度超过100m的高速公路以及一、二级公路的隧道,仍应设置白天照明设施。照明的光源,一般选用在烟雾中有较好的透视性的低压钠灯或显色性较好的荧光灯,而在隧道的出入口处,则选用小型、大光通量的高压钠灯或高压荧光灯。结合公路隧道营运的特点,宜选用具有耐腐蚀性、不易老化、防潮和防喷性的灯具,达到节约维修和保养费用的目的。

图2-7 隧道防水层的铺设

隧道内供电分动力供电和照明供电。供电系统的设计必须执行国家技术经济政策,做到保证安全、供电可靠、技术经济合理。一般采用三相四线供电,供电系统宜采用380V/220V交流电和中性接地变压器。

3)隧道运营管理设施

隧道的运营管理设施,包括动力网路使用的电缆与电缆槽,通信、信号及标志,消防及救援设施以及装饰、消声、收费设施等。救援设施,包括避人洞及行人横洞和行车横洞。隧道内不设人行道时,除短隧道外,均应设置避车洞,避车洞在洞内应两侧交叉布置。相邻双孔隧道之间按规定间距设置供巡查、维修、救援及车辆转换方向用的行人横洞和行车横洞。

长隧道必要时应设置报警、消防及其他应急设施。

4)辅助坑道

在隧道建设中,为了增加工作面、加快施工进度、缩短工期以及改善施工条件,可适当增设辅助坑道。辅助坑道有横洞、斜井、竖井和平行导坑4种形式。

(1)横洞多用于傍山线路靠河的一侧,其纵坡向外下坡,出口有河槽或谷地便于排水和堆渣,且有利于正洞的施工通风。横洞既增加了工作面,又便于施工管理,是优选方案。

(2)斜井适用于隧道覆盖层较薄或虽厚但在适宜处旁侧有低洼地形时。利用斜井出渣需要有相应的提升设备。为使机具材料运输与人员上下互不干扰,有时按主、副斜井分建,但因造价高、工期长,多数情况下宜建混合井。斜井底部设停车场,提升设备应有可靠的安全装置。

(3)当隧道较长且无设置横洞和斜井的条件时,在洞顶某些地段覆盖层较薄,且地质条件允许时,可设竖井。通常竖井都设在主隧道的一侧。竖井横断面有矩形和圆形,由井颈、井身、井窝和马头门组成。

(4)主隧道较长且覆盖层较厚,不宜采用其他形式辅助坑道时,尤其是在远期规划需增建第二线平行隧道时,采用平行导坑方案具有良好的经济效益。平行导坑可在主隧道一侧或两侧设置,一般都是独头导坑。平行导坑应先于主洞开工,根据工期和施工方法确定由平行导坑开向主洞的横向通道数量。平行导坑在施工期间作为增加工作面的进出口和施工通风道,在涌水量大的主隧道运营期间,可作为排水通道,起排水沟的作用。

2.1.4 洞内线路构筑物

对于不同种类的隧道,有不同的洞内线路构筑物。例如,铁路隧道的洞内线路构筑物为道床,公路隧道的洞内线路构筑物为路基和路面。

2.2 公路隧道工程的施工

2.2.1 隧道施工方法

隧道施工是修建隧道及地下洞室的施工方法、施工技术和施工管理的总称。

隧道施工方法的选择,主要依据地质、地形、环境条件及埋置深度,并结合隧道断面尺寸、长度、衬砌类型、隧道的使用功能和施工技术水平等因素综合考虑确定。根据隧道穿越地层的不同情况和目前隧道施工技术的发展,隧道施工方法可按以下方式分类。

(1)山岭隧道的施工方法有:矿山法、新奥法、掘进机法,如图2-8所示。

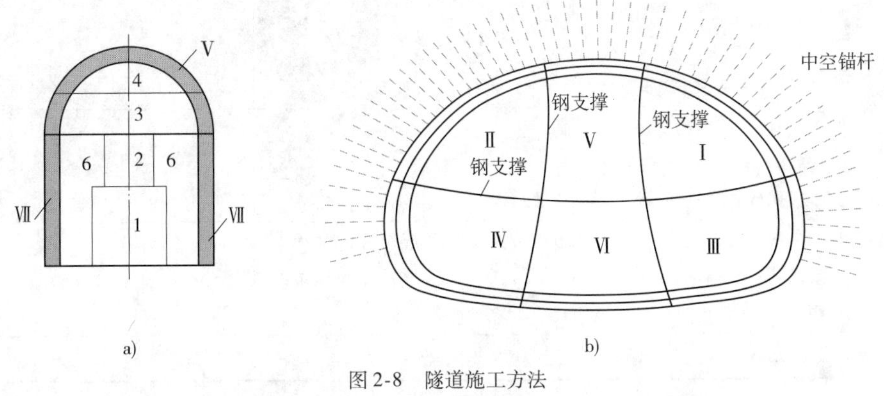

图2-8 隧道施工方法

a)矿山法;b)新奥法

(2)浅埋及软土隧道的施工方法有:明挖法、地下连续墙法、浅埋暗挖法、盾构法。

(3)水底隧道的施工方法有:沉埋法、盾构法。

隧道施工有以下特点:

①受工程地质和水文地质条件的影响较大;

②工作条件差,工作面小而狭窄,工作环境差;

③暗挖法施工对地面影响较小,但埋置较浅时,可能导致地面沉陷;

④有大量废渣,需妥善处理。

埋置较浅的隧道工程,施工时先从地面挖基坑或堑壕,修筑衬砌后再回填,这种施工方法称为明挖法。当埋置深度超过一定限度后,明挖法不再适用,而要改用暗挖法,即不开挖地面,采用在地下挖洞的方式施工。

暗挖法施工,最初是采用矿山开拓巷道的方法,故称为矿山法。隧道开挖后由于受爆破影响,造成岩体破裂形成松弛状态,随时都有可能坍落,因此,施工中按分部顺序采取分割式一块一块地开挖,边挖边撑以求安全,所以支撑复杂,木料耗用多。暗挖法现在应用越来越少。

随着岩体力学的发展,在结合现场经验的基础上,20 世纪中叶创建了新奥法。

2.2.2 公路隧道围岩分类及施工要点

隧道周围土质岩石统称为围岩,围岩有不同的分类方法和标准,公路隧道的围岩分级见表 2-2。

公路隧道围岩分级　　表 2-2

围岩级别	围岩或土体主要定性特征	围岩基本质量指标 BQ 或修正的围岩基本质量指标[BQ]
Ⅰ	坚硬岩,岩体完整,巨整体状或巨厚层状结构	>550
Ⅱ	坚硬岩,岩体完整,巨整体状或巨厚层状结构;较坚硬岩,岩体完整,块状整体结构	550~451
Ⅲ	坚硬岩,岩体较破碎,巨块(石)碎(石)状镶嵌结构;较软硬岩或较软硬岩层,岩体较完整,块体状或中厚层结构	450~351
Ⅳ	坚硬岩,岩体破碎,碎裂结构;较坚硬岩,岩体较破碎~破碎,镶嵌碎裂结构;较软岩或软硬岩层互层,且以软岩为主,岩体较完整、较破碎,中薄层状结构	350~251
	土体: (1)压实或成岩作用的黏性土及砂性土; (2)黄土(Q_1、Q_2); (3)一般钙质、铁质胶结的碎石土、卵石土、大块石土	
Ⅴ	较软岩,岩体破碎; 软岩,岩体较破碎~破碎; 极破碎各类岩体,碎、裂状,松散结构	≤250
	一般第四系的半干硬至硬塑的黏性土及稍湿至潮湿的碎石土、卵石土、圆砾、角砾土及黄土(Q_3、Q_4)。非黏性土呈松散结构,黏性土及黄土呈松软结构	
Ⅵ	软塑状黏性土及潮湿、饱和粉细砂层、软土等	

注:本表不适用于特殊条件(如膨胀性围岩、多年冻土等)的围岩分级。

修建公路隧道时，除要进行开挖外，还要进行衬砌，要修建洞门、路面、防排水结构、交通工程及管理设施等。而在隧道修建中，开挖和衬砌是两个主要的工作环节。此外施工前应做好供电、气、水，以保证开挖和衬砌工作。

1)供电

隧道的供电，必须满足动力和照明的需要，并确保施工的安全。施工作业地段每平方米供电应不小于15W，已开挖成洞至弃渣处的运输地段都应设照明电灯，要求灯光充足均匀，不得闪耀。

若采用工业电力时，应修建由高压输电线路至工地变电站的电力线路。

2)供气

隧道的供气，一是为风动工具提供原动力，二是为洞内施工人员送入新鲜空气和吸出污浊空气，常称为通风。除短隧道可采用自然通风外，其余各类隧道一般都采用管道通风，根据实践经验资料，每人约需新鲜空气 $3m^3/min$。

空气压缩机站的生产能力，应能满足施工需要的风量，同时应使开挖面的风压不小于0.5MPa。机组宜选用固定式的电动空压机，若采用机动空压机，则配合的风量应比电机增加20%。除按必需的风量选配机型外，一般还应考虑适当的备用量。

3)供水

隧道的供水主要用于以下4个方面：①凿岩机钻孔用水；②喷雾防尘；③冲洗围岩石渣；④衬砌用水。

供水的水压应满足用水点的要求，尽量利用高山水源筑池蓄水。水池应有一定的储水量和高程，以保证隧道工作面水压不小于0.3MPa。严寒地区要注意保温。

2.2.3 新奥法

新奥法，即奥地利隧道施工新方法(New Austrian Tunneling Method)，是奥地利学者腊布希维兹首先提出的。它是以喷射混凝土和锚杆作为主要支护手段，通过监测控制围岩的变形，便于充分发挥围岩的自承能力的施工方法。

锚喷支护技术与传统的钢木构件支撑技术相比，不仅仅是手段上的不同，更重要的是工程概念的不同，是人们对隧道及地下工程问题的进一步认识和理解。随着锚喷支护技术的应用和发展，隧道及地下洞室工程理论步入到现代化理论的新领域，也使隧道及地下洞室工程的设计和施工更符合地下工程实际，即设计理论—施工方法—结构(体系)工作状态(结果)的一致。因此，新奥法作为一种施工方法，已在世界范围内得到了广泛的应用。

1)理论依据

新奥法的基本理论依据，就是利用围岩本身所具有的承载效能，采用毫秒爆破和光面爆破技术，进行全断面开挖施工，并以复合式内外两层衬砌形式来修建隧道的洞身。以喷混凝土、锚杆、钢筋网、钢支撑等为其外层支护形式，称为初次柔性支护，系在洞身开挖之后必须立即进行的支护工作，如图2-9所示。

图2-9 隧道施工

2)设计特点

公路隧道的设计与其他结构设计相比，具有两个难点：

①难以求得其真实的围岩体的物理参数和初始地应力。由于地质构造的离散性和不可见性，地质钻探难以全面、准确地获得地质信息。

②难以确定荷载系统。作用在隧道上的荷载有两种，即作用在隧道围岩上的荷载和作用在支护结构上的荷载。前者是随隧道开挖产生再分配而引起的，而这种应力再分配的特性，则受隧道的断面形式、开挖程序、支护方法和围岩形变特性所支配，很难用一个模式将其确定；后者主要是由围岩体的变形引起的，它同样也受上面几种因素的影响而难以确定。

因此，采用新奥法施工时，一个完整的隧道工程设计，由初始设计和修正设计两部分组成。初始设计难以反映围岩体和支护结构的真实受力状况，故新奥法要求在开挖过程中，认真做好量测工作，并不断地反馈到初始设计中，以利于及时修改支护参数和施工方案，使其更经济、合理。

(1)基于围岩的分级设计。这种方法是根据勘测钻探所提供的围岩分析信息资料，预先确定出对于各级围岩的设计开挖断面和设计支护形式，然后据以计算出每米的开挖工程量、锚杆的质量等。

新奥法的横断面形式，一般设计为弧形。对于隧道开挖断面的设计尺寸及其面积的计算方法，现以Ⅳ级围岩为例介绍如下。

Ⅳ级围岩(软石)的横断面设计开挖尺寸，如图2-10所示。

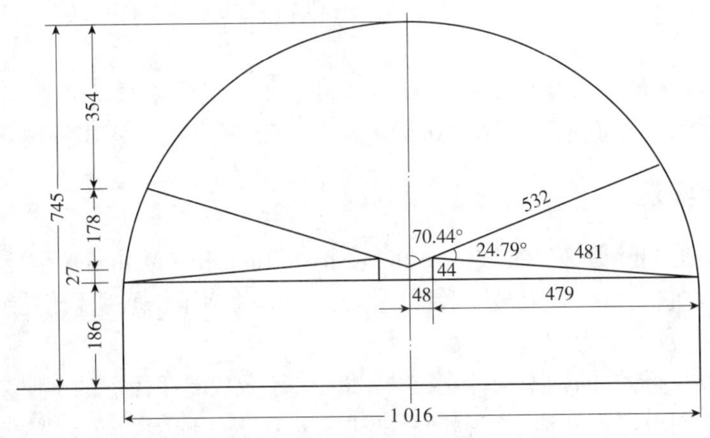

图2-10　Ⅳ级类围岩(软石)的横断面设计(尺寸单位:cm)

有关横断面面积的计算方法：

①拱部弧长：

$L_1 = 2 \times 5.32 \times \pi \times 70.44° \div 180° = 13.08(m)$

②边墙弧长：

$L_2 = 2 \times 4.81 \times \pi \times 24.79° \div 180° = 4.16(m)$

③全部面积：

$$\sum A = 13.08 \times 5.32 \div 2 + [4.81 \times 2.08 \div 2 + (0.27 + 0.44) \div 2 \times 0.48 + 4.79 \times 0.44 \div 2 + (5.27 + 5.08) \div 2 \times 1.86] \times 2 = 66.5(m^2)$$

④上半部面积：

$A = 13.08 \times 5.32 \div 2 - 5.32 \times \sin 70.44° \times 5.32 \times \cos 70.44° \times 2 \div 2 = 25.86(m^2)$

(2)基于以往经验和工程类比的设计。这种方法是根据以往工程的实际施工经验资料，即参照当地已建成的隧道的地质情况和断面形状，以及支护形式等，与拟建设计项目类比进行设计。

由于影响隧道设计的因素很多,故很难从已建成的隧道工程中找到地质情况和支护形式等完全与拟建设计项目相一致的情况,所以实际工作中较少采用。

(3)基于理论分析和数值解析的设计。当地质情况特别复杂,尤其是埋置很浅的隧道,以及所经路线附近又有其他人工构造物,或有其他特殊要求时,一般可考虑采用解析的方法解析设计。如用有限元法分析隧道开挖时(间)空(间)效应的三维问题等。

因此,新奥法的设计特点主要体现在两个方面。一是不必进行严格计算,围岩分级与工程类比是其设计的重要依据;二是结构设计与施工设计紧密结合,在根据初始设计进行开挖的过程中,应认真量测围岩,监控施工,修改设计。

3)施工

新奥法的施工程序如图2-11所示。

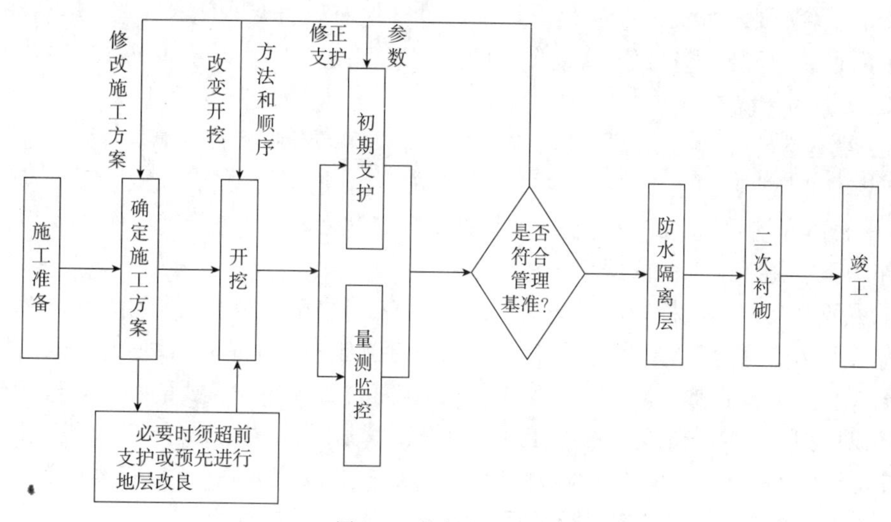

图2-11 新奥法施工程序

根据新奥法的施工技术要求和施工顺序,可划分为:开挖、喷锚(初期支护)、模筑混凝土(二次衬砌)和装饰4个过程。其施工过程主要是开挖、喷锚、模筑混凝土三大工序循环式流水作业。装饰是整个隧道贯通之后才进行的。

(1)开挖或称掘进,是先导工作,是龙头,在整个隧道的施工过程中至关重要,故专业分工比较细,通常设有量测画线组、钻孔组、爆破组和清渣等班组。在一般情况下,一个循环的工作时间约为20h,生产人员约53人,施工机械配有空压机、风动凿岩机、大吨位自卸汽车、轮式装载机,以及配有通风和照明等设备,每一个工作循环的进尺在2m左右。

若围岩条件好,隧道开挖一般有全断面法和台阶法两种不同的方法,其台阶的长度以4~8m为宜。隧道开挖必须与支护、衬砌施工相协调。两车道土质围岩和Ⅳ~Ⅴ类围岩、含水率高、承载力低的隧道宜采用中隔壁法(CD法)或交叉中隔壁法(CRD法)施工;三车道土质围岩和石夹土的松散石质围岩、地下水丰富的隧道应按中隔壁法、交叉中隔壁法或双侧壁导坑法施工。采用上下台阶法施工的隧道,台阶分界线不得超过起拱线;上台阶长度不得过长,应不大于30m,下台阶马口落底长度不大于2榀钢拱架的间距,应一次落底,尽快封闭成环。严格控制欠挖,拱、墙脚以上1m内断面严禁欠挖。

此外,对围岩条件较差的隧道开挖方法还有环形开挖留核心土法、连拱隧道的中导洞开挖法等。

新奥法对隧道洞身的开挖爆破,采用的是毫秒爆破和光面爆破技术,必要时采用预裂爆破,辅以装载机装渣和大吨位的自卸汽车运渣。

双向开挖隧道的贯通宜选择在围岩较好的地段;当两端开挖面间的距离为 15 ~ 30m 时,应改为单向开挖。双洞开挖时,应根据两洞的轴线间距,确定好两洞的开挖时间差和距离差,防止后行洞开挖对先行洞周壁产生不良影响。

围岩横断面的各部设计开挖尺寸,它是按照高速公路隧道建筑限界标准加上复合衬砌厚度等确定。设计开挖线,边沟、电缆沟及边墙基础应同时开挖,这也就是进行编制工程造价和计量支付的计价线。超挖量的问题是隧道工程施工过程中不可避免的,采用新奥法爆破施工的超挖量一般在 15cm 以内。因公路工程隧道的概、预算定额已将清除这部分超挖量工作的工料消耗综合在工程定额内,故不能再将其作为编制工程造价和计量支付的依据。

从算出的各类围岩横断面的面积来看,其设计开挖面积的大小是不一样,以致衬砌的厚度必须有所不同。根据统计资料分析,新奥法的开挖断面比矿山法少 4.7% ~ 10.0%,其回填量约减少 50%,因为传统施工方法的超挖在 30cm 以上,而且往往还难以控制。

新奥法最基本的特点是,要求在施工过程中,每一循环开挖工序完成之后,在对下一循环中的炮位设计和支护工作之前,注意做好洞内的观察、测量研究分析工作,常简称为"量测"。然后综合围岩体开挖后的实际情况和所取得的各项科研数据,对初始设计作进一步完善和改进,作为组织下一循环施工的依据。

量测,并不是仅仅用花杆和皮尺去丈量或检验一下现场。因隧道地质的复杂性和不可预见性,初始设计未必完全符合客观实际情况,所以,在施工过程中应边开挖边监测、对地质情况做出预报,据以调整支护形式和施工方案,是隧道施工过程中极为重要的一个工作环节。

(2)初期支护。洞身开挖前,首先在进洞口设置管棚(先钻孔,再放导管,后注浆),加固围岩(一般长度为 10 ~ 45m),再根据围岩情况进行开挖,并决定开挖长度,接着喷浆,设置各种锚杆以及钢拱支撑、钢丝网、联结钢筋,最后喷射混凝土,完成初期支护。

软弱围岩地段施工,必须坚持"先支护(强支护)、后开挖(短进尺、弱爆破)、快封闭、勤量测"的施工原则,初期支护紧跟掌子面。

喷锚支护指初期柔性支护,一般在开挖后的渣堆上即开始进行,在开挖后围岩自稳时间的 1/2 时间内完成。喷锚施工,一般设有喷射混凝土和锚杆两个班组。这项工作常分两次进行,一次是在爆破后,经找顶,进行初步清渣和喷锚支护,然后在清渣工作全部结束后,按设计要求设置锚杆、挂钢筋网或铁丝网、喷射混凝土的全部工作。生产人员约 29 人,每一工作循环约需 8h,需要配备混凝土喷射机和凿岩机等设备。隧道开挖后应及时初喷,硬岩地段复喷作业距离掌子面不得大于 60m,软岩地段初期支护应紧跟掌子面。

现公路隧道衬砌已经普遍采用喷锚技术,即复合式中的外层衬砌工艺。"喷锚"是喷射混凝土、设置锚杆、挂钢筋网或铁丝网等支护或衬砌的总称。

喷射混凝土有干法喷射和湿法喷射两种。根据施工实践经验,在喷射过程中,其回弹量可高达 50% 左右,故应注意做好材料的回收利用,这是一个重要的问题。

喷射混凝土应分段、分片,按由下而上的顺序进行喷射,每段长度不应超过 6m。一次喷射的厚度,如不掺速凝剂,拱部为 3 ~ 4cm,边墙为 5 ~ 7cm。如掺速凝剂,拱部为 5 ~ 6cm,边墙为 7 ~ 10cm。当分多次喷射时,后一层喷射应在前层混凝土终凝后进行。喷射混凝土作业需紧跟开挖面时,下次爆破距喷射混凝土作业完成时间的间隔不小于 4h。喷射混凝土作业的温度不应低于5℃。

①当隧道处于下列情况时，不宜采用喷锚衬砌：

a. 大面积淋水地段。

b. 膨胀性地层、不良地质围岩，以及能造成衬砌腐蚀的地段。

c. 严寒和寒冷地区有冻害的地段。

②根据建设实践经验，喷锚衬砌，一般适用于下列情况：

a. 围岩良好、完整、稳定的地段，可以采用喷射混凝土衬砌。

b. 在层状围岩中，如硬软岩石互层、薄层或层间结合差，或其状态对稳定不利且可能掉块时，可以采用锚杆喷射混凝土衬砌。

c. 当围岩呈块(石)碎(石)状镶嵌结构，稳定性较差时，可以采用挂钢筋网或铁丝网的锚杆喷射混凝土衬砌。

锚杆，一般采用Ⅱ级钢筋，其类型和用途比较多，它与喷射混凝土等共同形成永久性支护。根据施工实践，按新奥法施工的隧道，爆破对围岩扰动的影响范围，最大不会超过1.5m，所以，锚杆的长度一般不应小于1.5m。钻孔深度，不应小于锚杆杆体有效长度，但深度超长值不应大于100mm；锚杆孔深允许偏差为±50mm；锚杆用的各种水泥砂浆不应低于M20。

(3)二次衬砌模筑混凝土。在初期支护之后，接着铺设防水层(防水层之外设置各种排水管)，之后开始二次衬砌。复合衬砌中的二次衬砌，大都采用现浇混凝土，为有别于喷射混凝土，故习惯称之为模筑混凝土。应采用定型装配式的活动钢模板组织施工，衬砌的内轮廓线应一致，这也是钢模板制造和美观的要求。隧道洞口段二次衬砌必须及时进行施工作业，掘进超过50m时，必须停止开挖并进行二衬施工。一般情况下，二衬施工距铺底作业面为30m，距矮边墙作业面为50m，距掌子面不得超过200m。

隧道衬砌工作中的另一个重要环节是回填。在开挖过程中因爆破造成超挖，一般约为设计开挖工程量的4%。因此，当按照设计要求在做初次喷锚支护时，拱部和边墙处存在不同程度的空隙，要求采用现浇混凝土或石砌圬工将空隙回填密实，使各部衬砌与围岩紧密地结合起来，共同承受荷载。

(4)新奥法施工的基本原则。新奥法施工的基本原则可以归纳为“少扰动、早支护、勤量测、紧封闭”。

①“少扰动”是指在进行隧道开挖时，尽量减少对围岩的扰动次数、扰动强度、扰动范围和持续时间。因此要求能用机械开挖的就不用钻爆法开挖；采用钻爆法开挖时，要严格地进行控制爆破；尽量采用大断面开挖；根据围岩级别、开挖方法、支护条件，选择合理的循环掘进进尺；对自稳性差的围岩，循环掘进进尺应短一些；支护要尽量紧跟开挖面，缩短围岩应力松弛时间。

②“早支护”是指开挖后及时施作初期喷锚支护，使围岩的变形进入受控状态。这样，一方面是为了使围岩不致因变形过度而产生坍塌失稳，另一方面是使围岩变形适度发展，以充分发挥围岩的自承能力。必要时可采取超前预支护措施。

③“勤量测”是指以直观、可靠的量测方法和量测数据来准确评价围岩(或围岩加支护)的稳定状态，或判断其动态发展趋势，以便及时调整支护形式、开挖方法，确保施工安全和顺利进行。按规范规定，量测主要指周边传移量测、拱顶下沉量测、锚杆内力及抗拔力量测、地表下沉量测。

④“紧封闭”一方面是指采用喷射混凝土等防护措施，避免围岩因长时间裸露而致使其强度和稳定性衰减，尤其是对于易风化的软弱围岩；另一方面更重要的是指要适时对围岩施作封闭形支护，这样做不仅可及时阻止围岩变形，而且可使支护和围岩进入良好的共同工作状态。

2.2.4 矿山法

矿山法是一种传统的施工方法，是人们在长期的施工实践中发展起来的。它是以木或钢件作为临时支撑，待隧道开挖成型后，逐步将临时支撑撤换下来，而代之以整体式厚衬砌作为永久性支护的施工方法。

木构件支撑，由于其耐久性差和对坑道形状的适应性差，支撑撤换工作既麻烦又不安全，且对围岩有所扰动，因此，目前已很少使用。

钢构件支撑，具有较好的耐久性和对坑道形状的适应性等优点，施工中可以不撤换，也更安全。日本隧道界将以钢构件作为临时支撑的矿山法称为"背板法"。

钢木构件支撑类似于地上的"荷载—结构"力学体系。它作为一种维持坑道稳定的措施，是很直观和奏效的，也容易被施工人员理解和掌握。

矿山法的基本理论依据是，隧道开挖后受爆破影响，造成围岩体破裂形成松弛状态，随时都有可能坍落。基于这种松弛荷载理论依据，其施工方法是采取分割式按分部顺序一块一块的开挖，并要求边挖边撑以策安全，所以支撑复杂，材料耗用多。由于这种施工方法，因其工作面小，不能使用大型的凿岩钻孔设备和装卸运输工具，故施工进度慢，建设周期长，机械化程度低，耗用劳力多，难以适应现代公路建设工期的需要。

1)施工程序及基本原则

矿山法施工程序如图 2-12 所示。

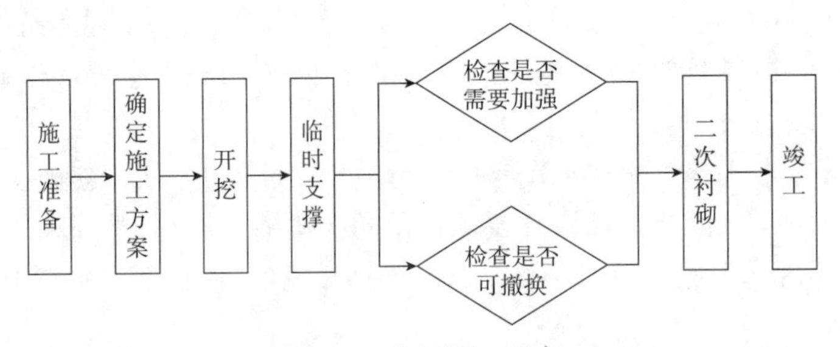

图 2-12 矿山法施工程序

矿山法施工的基本原则可以归纳为"少扰动、早支撑、慎撤换、快衬砌"。

(1)"少扰动"是指在进行隧道开挖时，尽量减少对围岩的扰动次数、扰动强度、扰动范围和扰动持续时间。这与新奥法施工的要求是一致的。采用钢支撑，可以增大一次开挖断面跨度，减少分部次数，从而减少对围岩的扰动次数。

(2)"早支撑"是指开挖后及时施作临时构件支撑，使围岩不致因变形松弛过度而产生坍塌失稳，并承受围岩松弛变形产生的压力—早期松弛荷载。

(3)"慎撤换"是指拆除临时支撑而代之以永久性模筑混凝土衬砌时要慎重，即要防止撤换过程中围岩坍塌失稳。使用钢支撑作为临时支撑，则可以避免拆除支撑的麻烦和危险。

(4)"快衬砌"是指拆除临时支撑后要及时修筑永久性混凝土衬砌，并使之尽早承载。若采用的是钢支撑可不必拆除，或无临时支撑时，亦应尽早施作永久性混凝土衬砌。

2)开挖方法

矿山法的开挖方法比较多，公路隧道常用上下导洞开挖法和下导洞扩大开挖法两种。它有施工安全、机具设备简单等优点，但施工干扰大，通风、排水、运输条件差。

(1)上下导洞开挖法，如图 2-13 所示，将设计开挖断面划分为 6 个部位，按编码由小到大的顺序进行开挖。它适用于各类围岩的隧道，现按顺序说明如下：

①开挖下导洞，并从工作面铺设轻便轨道至弃渣处，配以斗车，以人力推运出渣，或用手推车运输出渣。轻便轨道则随洞身的延伸陆续向前接长。

②当下导洞开挖到一定的深度之后，即开始进行上导洞的开挖工作。在上导洞开挖到适当的深度之后，在上下导洞之间挖一个 80cm × 80cm 的方形漏渣孔，以便出渣，将上导洞开挖出来的石渣通过漏渣孔落入下导洞内所敷设的轻便轨道上的斗车内，运弃于洞外。

③当上下导洞都开挖到适当的深度之后，就开始将拱部扩大部分挖除，其开挖长度宜控制 20 ~ 30m 内。经检查符合设计要求时，即可进行拱部衬砌。

④在拱部衬砌达到一定长度之后，才能分段(2 ~ 4m)间错将中槽和马口两部分挖掉，随之将边墙衬砌好，常称为先拱后墙法。

矿山法认为当围岩体呈松弛状态，要求上述每一部位在爆破并进行排烟、找顶工序作业之后，应立即做好各部位的临时支撑工作，以免发生岩石坍落。支撑材料以木料为主。

(2)上下导洞扩大开挖法，如图 2-14 所示，将设计横断面划分为 3 个部位，它适用于围岩条件较好的隧道。显然各个部位的开挖面积比上下导洞开挖法要大，因此开挖的效率要好。它的基本要求和施工程序，与上下导洞开挖法相似，不再赘述。

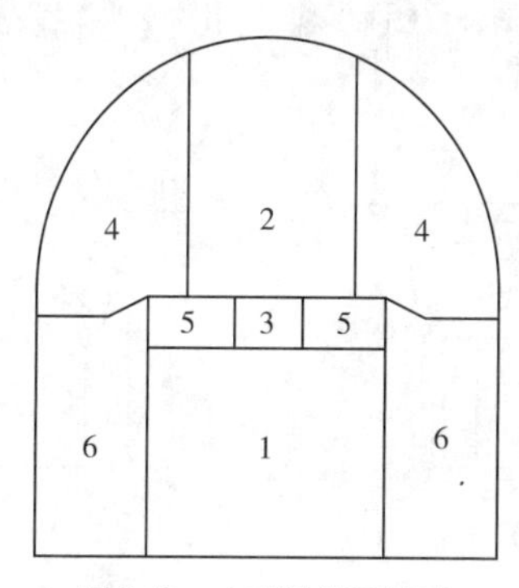

图 2-13　上下导洞开挖法

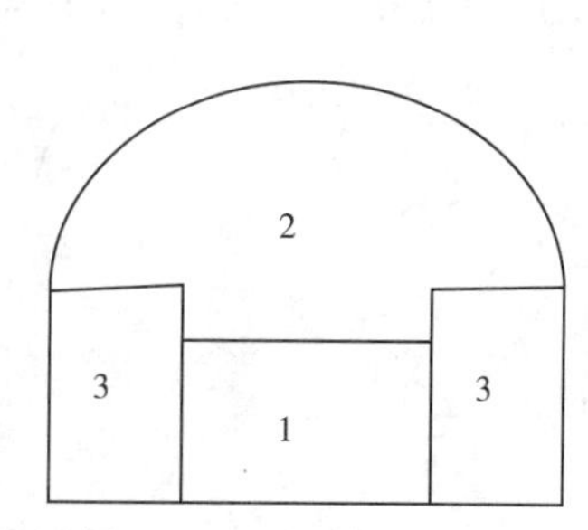

图 2-14　下导洞扩大开挖法

3)临时支撑的架设和加强

开挖轮廓要尽量平顺，开挖后要及时架设支撑。架设支撑前，应清除周边危石，防止落石伤人，称为找顶。

对所架的支撑，应经常检查，发现支撑变形严重、倾斜、沉降及楔块松脱时，必须立即予以加强或顶替。支撑的顶替应先顶后拆，以免引起围岩的进一步松弛甚至坍塌。

4)整体式衬砌的施工及回填压浆

按松弛荷载理论设计的隧道永久性模筑混凝土衬砌，其厚度较厚，刚度较大，故相对于复式衬砌称为整体式衬砌。整体式衬砌的施工应注意以下几点：

(1)模筑混凝土衬砌时，若需拆除临时支撑应慎重进行，以免围岩坍塌失稳。原则上只允许钢构件留在混凝土中。

(2)在整体式衬砌的设计中，一般并未计入钢支撑的承载作用。

(3)采用先拱后墙法施工时，应注意处理好墙顶和拱脚连接处的封口，以保证其整体刚度不严重降低。马口开挖应遵循马口开挖原则进行。

(4)矿山法施工，其衬砌背后空隙较多，尤其是拱部有较多背板未拆除时，这对于衬砌的受力状态是不利的。因此，应在衬砌混凝土达到一定强度后进行压浆处理。浆液材料多采用单液水泥浆。

(5)整体式衬砌混凝土的拆模时间,应根据衬砌的受力条件、自重大小及混凝土的强度增长情况,由现场试验确定,以保证不会因拆模而导致衬砌变形开裂,一般应符合下列要求。

①不承受外荷载的拱、墙,应在混凝土强度达到5.0MPa或拆模时混凝土表面和棱角不致被破坏,并能承受自重时方可拆模。

②承受围岩压力较大的拱、墙,应在封口和封顶混凝土强度达到设计强度的100%时,方可拆模。

③承受围岩压力较小的拱、墙,应在封口混凝土达到设计强度的70%时,方可拆模。

2.2.5 明挖法

明挖法是指挖开地面,由上向下开挖土石方至设计高程后,自基底由下向上顺序施工,完成隧道主体结构,最后回填基坑或恢复地面的施工方法。公路隧道施工中,明洞和棚洞都是采用明挖法施工的。现以明洞施工为例加以简要介绍。

明洞的施工方法,有先墙后拱法、先拱后墙法和拱墙交替法3种。

1)先墙后拱法

据围岩条件,其开挖方法有路堑式、拱部明挖边墙拉槽(或挖井)和侧壁导坑法先做内墙,如图2-15所示。它们分别适用于下列不同情况。

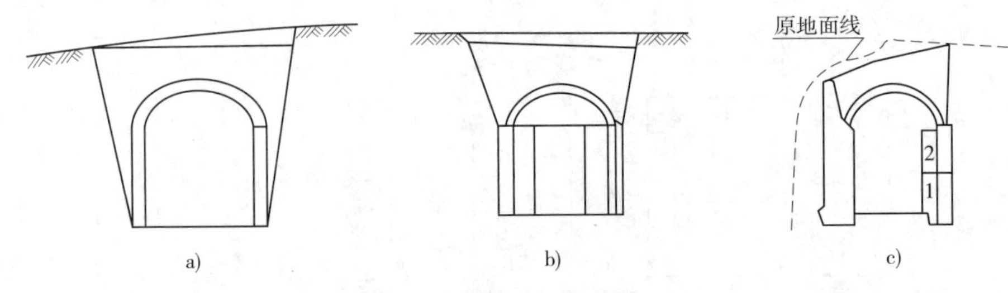

图2-15 明洞先墙后拱施工法

a)路堑式开挖;b)拱部明挖边墙拉槽;c)侧壁导坑

(1)在施工过程中,临时开挖的边坡能保持稳定时,宜采用路堑方法开挖,即明挖直至基底高程,按设计要求先做好边墙后,安设拱架,修建拱圈。

(2)在土质松软或岩石破碎的地层中施工,如临时边坡不大,开挖后又能保持稳定时,则可采用拱部明挖边墙拉槽的方法开挖。即开挖到拱脚后,从边墙顶到基础底挖成直立的基槽或竖井来修建边墙,待拱圈完成后,再挖洞内全部土石方。

(3)如果隧道的一侧覆盖层较薄,土质松散,侧压力较大,则宜采用侧壁导坑先做内墙的方法。即先开挖衬砌内边墙,为避免导洞过高,可分两次进行,然后明挖衬砌外边墙,最后修建拱圈。

2)先拱后墙法

此方法实际上仍属于上述路堑式的明洞施工方法,当边坡稳定性差,但拱脚地层又有一定的承能力,即可采用先拱后墙法施工。即将拱部明挖后,随之衬砌好拱圈,然后挖出洞内土石方修建边墙,如图2-16所示。为了安全起见,应分段并左右交错地进行边墙的衬砌。

3)拱墙交替法

当隧道所在位置原地面坡度很陡,一侧处悬空状态,因受地形限制而不能先砌拱圈,或遇地层松散等情况,先做拱圈可能产生较大沉陷时,则宜采用拱墙交替法进行施工。即先将悬空面的边墙做好，然后明挖修建拱圈，最后再修建另一侧的边墙，如图 2-17 所示。

明洞顶部的填土厚度，应根据实际确定。如为防护一般的落石、崩坍危害，填土的厚度不宜小于 2.0m；如为保护洞口的自然环境，则应按山坡的自然坡度填土。

在明洞施工过程中，要注意做好明洞拱背和墙背的回填工作，拱脚处应用贫混凝土，边墙背后超挖部分宜用片石混凝土或 M7.5 水泥砂浆浆砌片石紧密回填。

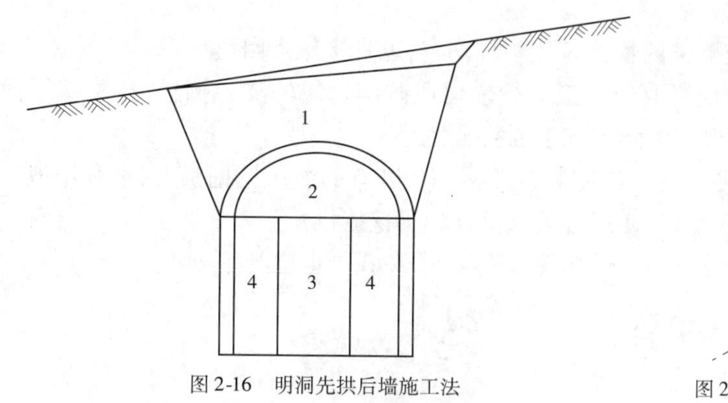

图 2-16　明洞先拱后墙施工法

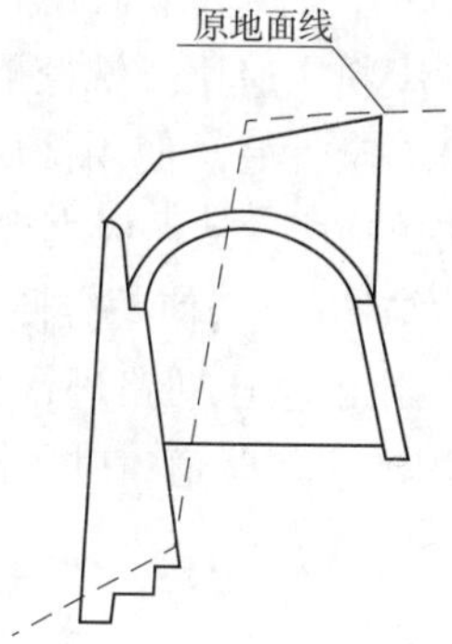

原地面线

图 2-17　明洞拱墙交替施工法

2.2.6　辅助坑道

隧道稍长时，应采取开挖平行导洞、横洞和竖井等辅助坑道来增加工作面，以便于施工出、进料，加快施工进度，达到缩短施工工期的目的，当然工程费用也会相应增多。辅助坑道开挖断面一般为 $4 \sim 6m^2$。

1）平行导洞

一般适用于深埋的山岭隧道，或不宜采用其他辅助坑道、地质条件比较复杂和有大量地下水的隧道。平行导洞能起到探测地层变化的作用，了解掌握围岩情况，遇到塌方和涌水等情况时，还可起安全通道和通风的作用。

2）横洞

一般适用于沿河隧道。横洞具有出渣、进料运距短等优点，但洞身应向洞外设置不少于 0.3% 的下坡，以利出渣运输和排水。

3）竖井

一般适用于埋置深度浅、地质条件好且无开挖横洞等辅助坑道条件的隧道。竖井宜设在隧道一侧的适当距离处。竖井虽能增加工作面，加快进料进度，但出渣受到限制，因要垂直吊运出渣，费工费时。

2.2.7　公路隧道施工新方法

铣挖机（图 2-18）的出现，给隧道施工提供了一种新的选择。铣挖机采用世界领先的尖端技术生产，可安装在任何类型的液压挖掘机上，高效替代挖斗、破碎锤、液压剪等通用配置，可用于露天煤矿、隧道掘进及轮廓修正，渠道沟槽铣掘，沥青混凝土路面铣刨，岩石冻土铣挖，树根铣削等多个领域，铣挖机为隧道开挖提供了一种崭新的施工方法。其优点如下：

（1）铣挖范围广。适用于中低硬度的岩石，如风化岩、凝灰岩，也可铣挖无钢筋或有少量钢筋的混凝土。

(2)生产效率高。铣挖中低硬度岩石生产效率可达到 25 ~ 40m³/h(随岩石的密度、破碎度不同而不同)。

(3)低振动、低噪声。可在有振动或噪声限制的地域,如古建筑、医院周围,有效地替代爆破施工,并能很好地保护环境。

(4)精确控制施工。可以快速准确地修整构造物轮廓,应用在隧道开挖中,不但可以解决欠挖问题,还可降低施工成本。

(5)废料再应用。铣挖下来的物质粒径小且均匀,可直接作为回填料。

(6)安全性好。使用铣挖机取代人工进行软岩或破碎岩层的隧道掘进,排除掌子面前方工人开挖的危险,从而极大提高了隧道施工的安全性。

(7)结构简单,使用方便。它可以安装在任何一台既有的液压挖掘机上,可利用液压破碎锤或液压钳的液压回路进行安装,使用方无须额外购买挖掘机。

铣挖法修建隧道,在国外有许多成功的工程实例,在我国也已开始应用。

图 2-18　铣挖机

2.2.8　公路隧道施工辅助稳定措施

随着开挖技术、喷锚支护技术、地层改良技术的研究应用和发展,出现了许多辅助稳定措施,从而使得现代隧道工程施工的开挖和支护变得更简捷、及时、有效、彻底,也更具有可预防性和安全性。隧道施工中常用的辅助稳定措施如图 2-19 所示。

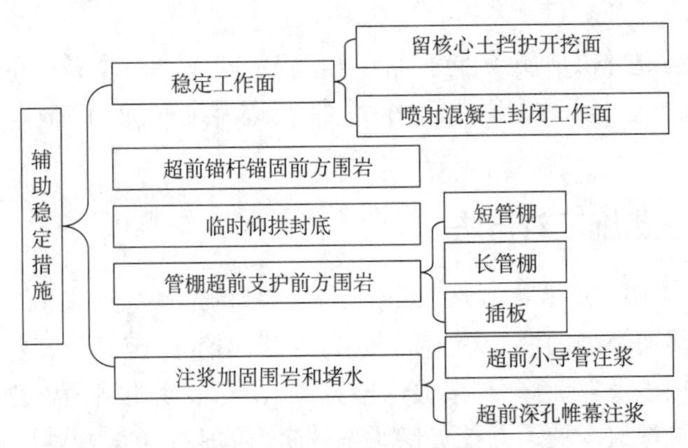

图 2-19　常用辅助稳定措施

上述辅助稳定措施的选用,应视围岩地质条件、地下水情况、施工方法、环境要求等具体情况而定,并尽量与常规施工方法相结合,进行充分的技术经济比较,选择一种或几种同时使用,下面就几种辅助措施作简要介绍。

1)超前锚杆

超前锚杆是沿开挖轮廓线,以稍大的外插角,向开挖面前方安装锚杆,形成前方围岩的预锚固,在提前形成的围岩锚固圈的保护下进行开挖等作业,如图 2-20 所示。

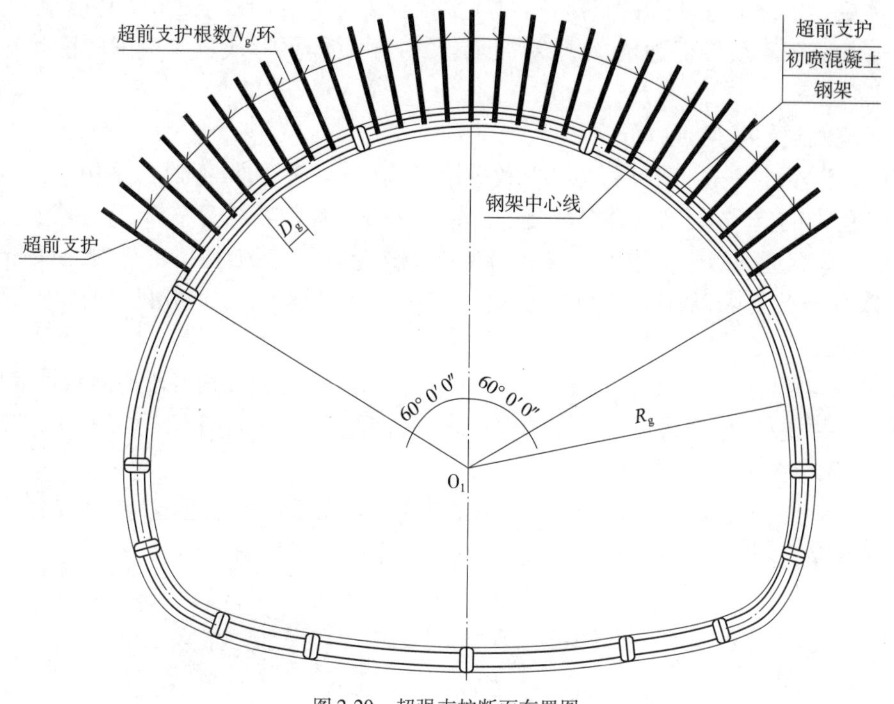

图 2-20　超强支护断面布置图

2)管棚

管棚是利用拱架与沿开挖轮廓线,以较小的外插角、向开挖面前方打入钢管或钢插板构成的管棚来形成对开挖面前方围岩的预支护。

采用长度小于 10m 的小钢管的称为短管棚;用长度为 10 ~ 45m 且较粗钢管的称为长管棚;采用钢插板(长度小于 10m)的称为板棚。棚的导管环向间距一般为 30 ~ 50cm,两组管间纵向应有不小于 3.0m 的水平搭接长度。导管外径 80 ~ 180mm,长度 10 ~ 45m 分段长 4 ~ 6m。注浆孔孔径 10 ~ 16mm,呈梅花形布置,间距 15 ~ 20cm。

3)超前小导管注浆

超前小导管注浆是在开挖前,先用喷射混凝土将开挖面和 5m 范围内的坑道封闭,然后沿坑道周边向前方围岩内打入带孔小导管,并通过小导管向围岩压注起胶结作用的浆液,待浆液硬化后,坑道周围岩体就形成了有一定厚度的加固圈。在此加固圈的保护下即可安全地进行开挖等作业。若小导管前端焊一个简易钻头,则可钻孔、插管一次完成,称为自进式注浆锚杆。主要工序及施工要点如下:

(1)小导管钻孔安装前,应对开挖面及 5m 范围内坑道喷射 5 ~ 10cm 厚的混凝土封闭。

(2)小导管一般采用 ϕ32mm 的焊接钢管或 ϕ40mm 的无缝钢管制作,长度宜为 3 ~ 6m,前端做成尖锥形,前端管壁上每隔 10 ~ 20cm 交错钻眼,眼孔直径宜为 6 ~ 8mm。

(3)钻孔直径应比管径大 20mm 以上。环向间距应按地层条件而定,渗透系数大的,间距应加大，一般采用20～50cm；外插角应控制在10°～30°。

(4)小导管插入后，应外露一定长度，以便连接注浆管，并用塑胶泥将导管周围孔隙封堵密实。

4)超前深孔围幕注浆

超前小导管注浆，对围岩加固的范围和加固处理的程度是有限的，作为软弱破碎围岩隧道施工的一项主要辅助措施，它占用时间和循环次数较多。因此，在不便采用其他施工方法时，深孔预注浆加固围岩就较好地解决了这些问题。注浆后即可形成较大范围的筒状封闭加固区，称为围幕注浆。

注浆机理及适用条件可以分为两种：

(1)对于破碎岩层，砂卵石层，中、细、粉砂层等，有一定渗透性的地层，采用中低压力将浆液压注到地层中的空穴、裂缝、孔隙里，凝固后将岩土或土颗粒胶结为整体，称为渗透注浆。

(2)对于颗粒更细的黏土质不透水(浆)地层，采用高压浆液强行挤压孔周，使黏土层劈裂成缝并充塞凝结于其中，从而对黏土层起到了挤压加固和增加高强夹层加固作用，称为劈裂注浆。

预注浆一般可超前开挖面30～50m，以形成有相当厚度的和较长区段的筒状加固区，从而使得堵水的效果更好，也使得注浆作业的次数减少，它更适用于有压地下水及地下水丰富的地层中，也更适用于采用大中型机械化施工。

如果隧道埋深较浅，则注浆作业可在地面进行；对于深埋长大隧道可利用辅助平行导坑对正洞进行预注浆，这样可以避免与正洞施工的干扰，缩短施工工期。

2.3 公路隧道工程的工程量计算

2.3.1 公路隧道工程图的阅读与熟悉

《隧道工程设计图》(中册)中包括设计总说明、隧道工程数量表、隧道设计图(含地质平面图、地质纵断面图、(横洞)净空横断面图、隧道一般设计图、隧道结构设计图等)、隧道附属设施图(含入口设施、安全信号、紧急救援、通风设施、监视控制报警、通信设施、供电、照明、消防等设计图)。在读图和熟悉的过程中，应对隧道工程有所了解。

1)设计说明的阅读

隧道工程的设计说明中，主要涉及有关工程地质、水文地质、衬砌类型、防水排水、抗震措施、特殊结构设计和监控、通信、标志、消防、救援、通风、照明、供电等设施，特别是设计中推荐采用的施工方法和注意事项等的说明，要认知阅读，以便更好地熟悉、理解设计图纸和设计意图。

2)隧道工程数量表及其阅读

隧道工程数量表列出有洞身工程的开挖、初期支护、二次衬砌，洞口工程的洞门、明洞、截水沟，防排水工程的洞身防水、洞身排水、路面排水，横洞、预留洞身、路面等的工程量及材料数量；当高速公路或一级公路的隧道为双洞时，则是按上、下行线分别列出其工程数量和材料用量的。

在阅读工程数量表时，应结合设计说明、隧道的平面、纵断面设计图，进出口、洞门、衬砌等结构设计图和附属结构、附属设施等设计图纸进行阅读和理解，并结合定额中工程量计算规则的规定，正确摘取造价编制需要的工程数量。

3）隧道（地质）平面图及其阅读

隧道（地质）平面图中，绘（标）出了地形、地物、导线点、坐标网格、隧道平面位置、路线线形、路线里程；设U形回车场、错车道、爬坡车道的，在图中示出了其位置和长度；图中还示出了隧道洞口、洞身、斜井、竖井、避车洞及钻孔、物探测线位置及编号等；高速公路、一级公路的隧道（地质）平面图中还示出了人行横洞、车行横洞、紧急停车带的位置等。

在阅读隧道（地质）平面图时，重点要读懂和弄清隧道的平面布置、路线里程、结构物及设施的设置、平面布置和规模等项内容。

4）隧道（地质）纵断面图及其阅读

隧道（地质）纵断面图中示出了地面线、钻孔柱状图、物探测线位置、岩脉、岩性及界面线，绘出了隧道进口位置及桩号、洞身、斜井、竖井、避车洞及消防等设施预留洞等；图的下部还示出了工程地质、水文地质、坡度及坡长、地面高程、设计高程、里程桩号、围岩类别、衬砌形式及长度等；高速公路、一级公路还示出了人行横洞、车行横洞、紧急电话洞室、电缆沟等在纵断面上的位置。

在阅读隧道（地质）纵断面图时，重点应读懂并弄清隧道的地质和水文状况、围岩类别、衬砌形式、设计高程、洞身及竖、斜井的布置、各种管沟、洞室的布置等内容。

5）隧道洞口、洞门设计图及其阅读

隧道洞口、洞门设计图主要表明洞口、洞门的形状、结构形式、尺寸、所用材料和洞顶截、排水设施等的设置以及洞口与路堑的衔接情况。洞门的类型有端墙式、翼墙式、柱式、台阶式、环框式等形式。

在阅读隧道洞口、洞门设计图时，重点应读懂并弄清洞口形式及其布置、洞门结构形式、所用材料、工程数量及与道路路堑的衔接情况等内容。

6）明洞设计图及其阅读

洞顶覆盖层薄、不宜大开挖修建路堑又难于用暗挖法修建隧道的地段，路基或隧道洞口受不良地质、边坡坍方、岩堆、落石、泥石流等危害又不宜避开、清理的地段，铁路、公路、沟渠和其他人工构造物必须在该公路上方通过而又不宜采用隧道或立交桥涵跨越时，通常设计为明洞；当明洞作为整治滑坡的措施时，则按支挡工程设计，并应采取综合治理措施，以确保滑坡体稳定和明洞安全。明洞的结构形式有拱形明洞、棚式明洞、箱形明洞。

在阅读明洞设计图时，重点应读懂并弄清明洞的结构形式、细部尺寸、所用材料、工程数量、施工方法等方面的内容。

7）隧道衬砌断面图及其阅读

隧道衬砌断面图表明了隧道衬砌的类型、形式、结构尺寸和所用的材料。通常，隧道衬砌所使用的材料主要有混凝土、钢筋混凝土、锚杆与锚喷支护、石料、装配式材料等；在断面形式上主要有直墙式衬砌、曲墙式衬砌、圆形断面衬砌、矩形断面衬砌以及喷混凝土衬砌、锚喷衬砌和复合式衬砌等。此外，在该图中还示出了防水层、开挖与回填、电缆沟、路面结构、排水管沟的设置等。

在阅读隧道衬砌断面图时，要重点读懂并弄清衬砌的结构形式、细部尺寸、所用材料、工程数量、施工方法等方面的内容。

8）隧道附属设施设计图及其阅读

隧道附属设施，包括通风、照明、供电设施及运营管理设施，其设计图有入口设施设计图、安全信号设计图、紧急救援设计图、通风设施设计图、监视监控报警设计图、通信设施设计图、供电设计图、照明设计图、消防设计图等。

在阅读隧道附属设施设计图时，要重点读懂并弄清各种附属设施的系统组成、结构布置、线路布设、设备配置等方面的内容。

9）洞内行车道路面设计图及其阅读

洞内行车道路面通常采用水泥混凝土路面，也有采用沥青混凝土路面的。其水泥混凝土路面或沥青混凝土路面与道路工程的水泥混凝土路面、沥青混凝土路面结构层相同；但是在洞内采用水泥混凝土路面时，墙部设置有变形缝，路面等处也相应设置有变形缝；有的隧道在洞内路面结构层以下还设置有反拱。

在阅读洞内行车道路面设计图时，要重点读懂并弄清路面结构、工程数量、材料用量等方面的内容。

2.3.2 公路隧道工程量的计算

1）工程量的概念

工程量是以物理计量单位或自然计量单位所表示的建筑安装工程各个分项工程或结构构件的实物数量。物理计量单位是指需要度量的具有物理性质的单位，如长度、面积、体积和质量的计量单位分别是米（m）、平方米（m^2）、立方米（m^3）、千克（kg）或吨（t）；自然计量单位是指不需要度量的具有自然属性的单位，如建筑成品或结构构件在自然状态下所表示的个、条、块、座等单位，但需要明确该成品或结构构件的结构尺寸。

2）设计工程量

设计工程量是在公路工程设计文件中列出的各分项工程的工程数量。各分项工程数量，一般由列在设计图纸前面的工程数量表和设计图纸中的文字说明共同定义。

3）概（预）算工程量

概（预）算工程量是概（预）算编制人员根据设计文件中的设计工程量、概（预）算计算规则、施工组织方案确定的施工措施工程量及临时工程量和概（预）算定额子目的划分要求，以概（预）算定额子目为编制单元所确定的工程量。因此，概（预）算工程量不仅包括设计的永久工程量（设计工程量），还包括因施工工艺不同、自然因素影响等原因导致的施工措施工程量（辅助工程量）和临时工程量。

4）概（预）算工程量的计算

概（预）算工程量计算是根据设计图纸、拟定的施工方案、概（预）算工程量计算规则、预算定额划分的项目，列出分部分项工程名称和工程量计算式，计算其结果的过程。

概（预算）工程量计算规则是确定（概）预算工程量的依据，其规则一般是推荐性的，而非强制性的。如房屋建筑工程的预算工程量是依据《全国统一建筑工程预算工程量计算规则》（土建工程部分）（GJDGZ-101—95）进行计算。公路工程没有专门的概（预）算工程量计算规则，计算规则分散在概（预）算定额手册的章节说明中，它是在套用定额时确定概（预）算工程量的依据。可以说，公路工程概（预）算定额中的工程量计算规则，是指分部分项工程界定的定额单位所包含的施工工艺内容，更确切地说，是从设计图表资料上摘取工程量（设计工程量）的规则。

公路工程不同设计阶段的设计图表中，已由设计人员计算出工程量（主要是设计工程量），并用表格的形式给出，在设计结构图中，也给出相应的工程数量。而施工措施工程量（辅助工程量)和临时工程量主要由施工组织设计或施工方案所确定。所以,深入熟悉设计文件中的设计图表和设计说明等设计图纸,对工程项目进行分项,并做好工程量(主要是设计工程量)的核对工作,是准、快、全地编制工程概、预算的必要前提。

摘取计价工程量实际上是根据定额规定的工程量计算规则,将设计图表中提供的工程量进行分类、统计、汇总后,得出定额表要求的计价工程量。隧道工程结构物一般具有较规则的几何形体,或者可以将其划分为简单的几何形体组成的实体,通过计算几何图形的面积、体积来确定该实体结构的工程数量。

(1)洞口土石方:

①平整场地、原土夯实(碾压)按设计图纸或施工组织设计确定,以平方米(m^2)计算。

②洞内土石方开挖按隧道内轮廓线加允许超挖值后计算土石方。另外,当采用复合衬砌时,除给出的允许超挖值外,还应考虑加上预留变形量。按上述要求计得的土石方工程量,不分围岩级别,以立方米(m^3)计量。开挖土石方的弃渣,其弃渣距离在图纸规定的弃渣场内为免费运距;弃渣超出规定弃渣场时(如图纸规定的弃渣场不足要另外增加弃土场,或经监理人同意变更的弃渣场),其超出部分另计超运距运费,若未经同意,承包人自选弃渣场时,则弃渣运距不论远近,均为免费运距。

③土石方开挖体积以天然密实体积(自然方)计算,回填按压实后的体积(压实方)计算,工程量根据设计图纸所示尺寸,按不同土质类别,以立方米(m^3)计算。土石方运距根据施工组织设计确定,并按填、挖方体积重心间距离计算。

④超过允许范围的超挖和由于超挖所引起增加的工程量,均不予计量。

⑤隧道开挖的钻孔爆破、弃渣的装渣作业,均为土石方开挖工程的附属工作,不另行计量。

⑥按技术规范中洞身开挖作业允许个别欠挖的侵入衬砌厚度的岩石体积,计算衬砌数量时不予扣除。

(2)洞门。洞门工程量,根据设计图纸按不同砌筑圬工类别及附属工程项目,以立方米(m^3)计算。洞门装饰则按设计图纸要求,以平方米(m^2)计算。

(3)洞身开挖。洞身开挖工程量,根据不同围岩类别,不同开挖方式和施工方法、不同的支护类型等,分别按设计断面及允许超挖回填数量,以立方米(m^3)计算。

(4)支护和衬砌:

①支护的喷射混凝土,按验收的受喷面积乘以厚度,以立方米(m^3)计量,钢筋以千克(kg)计量。

②洞身超前支护所需的材料:超前锚杆或小钢管、管棚、注浆小导管、锚杆以米计量;各种型钢、钢筋格栅以千克(kg)计量;连接钢板、螺栓、螺母、拉杆、垫圈等作为钢支护的附属构件,不另行计量。水泥砂浆、木材以立方米(m^3)计量。

③洞身衬砌的拱部(含边墙),按实际完成并经验收的工程量,分不同级别水泥混凝土和圬工,以立方米(m^3)计量。洞内衬砌用钢筋以千克(kg)计量。

④任何情况下,衬砌厚度超出图纸规定轮廓线的部分,均不予计量。

⑤仰拱、铺底混凝土以立方米(m^3)计量。

⑥按图纸规定施工的施工缝及沉降缝不另行计量。

(5)防排水:

①截水沟和排水沟等的土石方及砌筑工程量,按设计图纸计算。

②盲沟、止水带、防水板及喷涂,均按设计图纸,以平方米(m^2)计算。

③注浆按不同围岩类别，根据设计要求采用有关数据及计算公式进行计算。一般单液压浆的注浆量可根据扩散半径及岩石裂隙率，按下式估算：

$$Q = \pi r^2 H \eta \beta$$

式中：Q——注浆数量，m^3；

r——浆液扩散半径，m，见表2-3；

H——压浆深度，m；

η——围岩的裂隙率，见表2-4；

β——浆液在围岩裂隙内的有效填充系数，视围岩类别而定，一般为0.3~0.9。

浆液扩散半径　　表2-3

裂隙宽度（cm）	<0.5	0.5~3.0	>3.0
浆液扩散半径（m）	2	4	6

围岩的裂隙率（单位：%）　　表2-4

<table>
<tr><td colspan="2">围岩类别</td><td>Ⅴ</td><td>Ⅵ</td><td>Ⅲ</td><td>Ⅱ</td><td>Ⅰ</td></tr>
<tr><td rowspan="2">围岩裂隙率</td><td>硬岩</td><td rowspan="2">3~5</td><td>3~5</td><td>2~3</td><td rowspan="2">1~2</td><td rowspan="2">0~1</td></tr>
<tr><td>软岩</td><td>2~3</td><td>1~2</td></tr>
</table>

④隧道开挖过程，洞内采取的施工临时防排水措施，其工作量应含在开挖土石方工程的报价之中，不另行支付。

⑤洞内排水用的排水管按不同类型、规格，以米（m）计量。

⑥压浆堵水按所用原材料（如水泥浆液、水泥—水玻璃浆液）以吨（t）计量；压浆钻孔按钻孔孔径分类以钻孔长度以米（m）计量。

⑦防水层按所用材料（防水板、无纺布、涂料防水层等）以平方米（m^2）计量；止水带、止水条以米（m）计量。

⑧排水管、排水盲沟分管径、材质以长度米（m）计量，其上的土工布、包封等不另行计量，包含在其单价中；防排水用金属材料按质量以千克（kg）计量。

⑨为完成上述项目工程加工安装所有工料、机具等均不另行计量。

（6）监控量测与超前预报：

①监控量测是隧道安全施工必须采取的措施，监控量测除必测项目外，应根据具体情况确定选测项目，分别以总额报价及支付。

②隧道施工中遇到特殊地质地段时，承包人应采取的有关施工措施，不另行计量与支付。地质预报采用的方法手段应根据具体情况选用，不同的方法手段，分别以总额报价及支付。

思考题

1. 隧道按其横断面形状可以分为哪几类？
2. 隧道主体建筑物包括哪些？
3. 公路隧道工程的施工方法有哪些？
4. 简述新奥法和矿山法的施工工艺。
5. 隧道施工中常用的辅助稳定措施有哪些？
6. 设计工程量与概（预）算工程量有什么区别？
7. 隧道的监控量测与超前预报如何计价？

工作任务三　预算定额的认知与公路隧道工程定额的应用

知识目标：

(1)认识工程定额的概念,工程定额的作用及分类;

(2)了解公路隧道工程预算定额的内容、定额表的组成;

(3)掌握公路隧道工程预算定额、工程机械台班定额的应用方法。

能力目标：

(1)能进行公路隧道工程定额的合理运用及定额调整;

(2)能进行公路机械台班定额的合理运用及定额调整。

3.1　公路工程定额的认知

3.1.1　定额的基本概念

1)工程定额的概念

在现代社会经济生活中,定额几乎无处不在,它们存在于生产、流通、分配与消费领域,也存在于技术领域乃至日常的社会生活中。如生产和流通领域的工时定额、原材料消耗定额、流动资金定额等;分配和消费领域的工资标准、供给十分短缺情况下生活消费品的配给定额等。这些定额的存在和发展,从根本上说,是协调现代社会化大生产和现代社会生活的必需,是发展社会生产力和提高社会经济效益的必需。人们借助它去达到既定的目标。定额不论其表现形式如何,其基本性质是一种规定的额度,是一种对人、对事、对物、对资金、对时间、对空间在质和量上的规定。

所谓定额,即是规定在生产中各种社会必要劳动的消耗量的标准额度。定额就是标准,是在件正常施工条件下,完成规定计量单位的符合国家技术标准、技术规范(包括设计、施工、验收等技术规范)和计量评定标准,并反映一定时间施工技术和工艺水平所必需的人工、材料、施工机械台班(时)消耗量的额定标准。正常施工条件是指应该符合有关的技术规范,符合正确的施工组织和劳动组织条件,符合已经推广的先进施工方法、先进技术和操作。所以施工的正常条件是企业和施工队和施工组应该具备也能够具备的施工条件。在理解定额的概念时,应注意以下两点:

(1)定额中的人工、材料、施工机械消耗量是指在正常施工条件下的消耗量。

(2)定额中的人工、材料、施工机械消耗量是指在符合国家技术标准、技术规范、检验评定标准的质量要求下的工、料、机消耗量。即定额的规定,既有数量的要求,也有质量的要求。

定额属于计价依据的主要内容之一。所谓计价依据,系指用以计算工程造价的基础资料的总称,除包括定额、指标、费率、基础单价外,还包括工程数量及政府主管部门颁发的各种有关经济、政策、计价办法等资料。

按计价依据的作用不同,公路工程定额、指标一般分两部分:一是工程定额、指标;二是费用定额。公路工程定额、指标包括《公路工程施工定额》、《公路工程预算定额》、《公路工程概算定额》、《公路工程估算指标》;费用定额包括《公路工程机械台班费用定额》以及《公路基本建设工程投资估算编制办法》、《公路基本建设工程概、预算编制办法》中规定的各项费用定额(或费率)。

2)工程定额的特点

在社会主义市场经济条件下,工程建设定额具有以下5方面特点:

(1)科学性。工程定额的科学性是现代社会化大生产的客观要求决定的。工程定额的科学性,包括两重含义。一是指工程定额和生产力发展水平相适应,反映出工程建设中生产消费的客观规律,否则它难以作为国民经济中计划、调节、组织、预测、控制工程建设的可靠依据,难以实现它在管理中的作用;二是工程定额管理在理论、方法和手段上,适应现代科学技术和信息社会发展的需要。

工程建设定额的科学性,首先表现在用科学的态度制订定额,尊重客观实际,力排主观臆断,力求定额水平合理;其次表现在制订定额的技术方法上,利用现代科学管理的成就,形成一套系统的、完整的、在实践中行之有效的方法;再次,表现在定额制订和贯彻的一体化。制订是为了提供贯彻的依据,贯彻是为了实现管理的目标,也是对定额的信息反馈。

(2)系统性。工程建设定额是相对独立的系统,它是由多种定额结合而成的有机整体。它结构复杂,有鲜明的层次,有明确的目标。

工程建设定额的系统性是由工程建设的特点决定的。按照系统论的观点,工程建设本身就是一个庞大的实体系统,工程建设定额是为这个实体系统服务的,因而工程建设本身的多种类、多层次就决定了以它为服务对象的工程建设定额的多种类、多层次。工程建设有着严格的项目划分,如建设项目、单项工程、单位工程、分部分项工程,在计划和实施过程中有严密的逻辑阶段,如规划、可行性研究、设计、施工、竣工交付使用,以及投入使用后的维修。与其相适应,必然形成工程定额的多种类、多层次。

(3)统一性。工程定额的统一性,主要是由国家对经济发展的有计划的宏观调控职能决定的。为了使国民经济按照既定的目标发展,就需要借助于某些标准、定额、参数等,对工程建设进行规划、组织、调节、控制。

工程定额的统一性,按照其影响力和执行范围来看,有全国统一定额、地区统一定额和行业统一定额等;按照定额的制定、颁发和贯彻使用来看,有统一的程序、统一的原则、统一的要求和统一的用途。

我国工程定额的统一性和工程建设本身的巨大投入和巨大产出有关。它对国民经济的影响不仅表现在投资的总规模和全部建设项目的投资效益等方面,还表现在具体建设项目的投资数额及其投资效益方面。

(4)指导性。随着我国建设市场的不断成熟和规范,工程定额尤其是统一定额原来具备的指令性特点逐渐弱化,转而成为对整个建设市场和具体建设产品交易中的指导作用。

工程定额指导性的客观基础是定额的科学性。只有科学的定额才能正确指导客观的交易行为。工程定额的指导性体现在两个方面:一方面工程定额作为国家各个地区和行业颁布的指导性依据,可以规范建设市场的交易行为,在具体的建设产品定价过程中也可以起到相应的参考性作用,同时统一定额还可以作为政府投资项目定价以及造价控制的重要依据;另一方面,在现行的工程量清单计价方式下,体现交易双方自主定价的特点,投标人报价的主要依据是企业定额,但企业定额的编制和完善仍然离不开统一定额的指导。

(5)稳定性和时效性。工程定额中任何一种都是一定时期技术发展和管理水平的反映,因而在一段时间内都表现出稳定的状态。稳定的时间有长有短,一般在5~10年。保持定额的稳定性是维护定额的指导性所必需的,更是有效地贯彻定额所必要的。如果某种定额处于经常修改变动之中,那么必然造成执行中的困难和混乱,很容易导致定额指导作用的丧失。工程定额的不稳定也会给定额的编制工作带来极大的困难。

但是,工程定额的稳定性是相对的。任何一种工程定额都只能反映一定时期的生产力水平,当生产力向前发展了,定额就会与已经发展了的生产力不相适应。这样,它原有的作用就会逐渐减弱以致消失,甚至产生负效应。所以,工程建设定额在具有稳定性特点的同时,也具有显著的时效性。当定额不再能起到促进生产发展的作用时,工程建设定额就要重新编制或修订了。因此,从一段时期看,定额是稳定的;从长期看,定额是变动。

3)工程定额的作用

公路工程定额(简称定额)是公路工程概算定额、预算定额和施工定额的总称。在建设项目的整个设计、施工、管理过程中,都必须以定额为工作尺度。只有认真贯彻执行定额,才能有周密的计划和合理的施工,才能有真正的经济核算。所以,定额是现代科学管理的基础,其作用主要有以下几方面:

(1)定额是计划管理的基础。国家编制经济开发计划,企业编制施工进度计划和施工作业计划以及其他各类生产计划、劳动计划和财务计划,都直接或间接地以各种定额作为计算人工、物资、资金等资源需要量的依据。因此,通过制订和贯彻定额,可以不断提高企业的管理水平,由此可见,定额是计划管理的基础。

(2)定额是确定工程造价的依据。基本建设投资和工程造价的确定是根据工程的建设规模、工程数量以及相应定额中的各种资源消耗量来决定的。因此,定额是确定工程基本建设投资和工程造价的依据,是编制概算、预算、施工预算的依据。

(3)定额是企业经营核算、考核成本的依据。在施工过程中,定额起着严密的经济监督作用。执行定额,按定额规定签发任务单,就要求施工人员必须自觉遵守定额的人工、材料、机械台班、各种半成品以及行政管理费等各方面的规定,使其不超过规定的额度,并在保证工程质量的前提下力求节约。这样不仅控制了成本,而且为企业内部经济核算、考核成本提供了依据。

(4)定额是工资核算、实行经济承包责任制的依据。定额明确规定了工人在一定工作时间内应当完成的生产任务。企业通过定额,可以把具体而又合理的生产任务落实到每个工人或班组。工人为了完成或超额完成定额,就必须不断提高操作水平,改进劳动组织,提高劳动效率。因此,定额不仅是加强施工管理、提高劳动效率的重要手段,而且还是工资核算、实行经济承包责任制的依据。

(5)定额是总结推广先进生产方法的工具。由于定额是以先进的生产技术和合理的劳动组织为条件,对生产(施工)过程进行观察分析、综合制订而得,它反映一定时期生产技术和劳动组织的先进合理程度。以定额标定的方法为手段,对落后的生产(施工)方法必然起到了有效的限制作用;推广一套比较完整的、优良的生产方法,作为生产中的范例,并组织工人学习和掌握,从而使劳动生产率获得普遍提高。因此,定额是总结推广先进生产方法的有效工具。

3.1.2 公路工程定额的分类及作用

工程建设定额是一个综合概念，是工程建设中各类定额的总称，它包括多种定额，可按不同的原则和方法进行分类。现行公路工程定额的分类如图3-1所示。

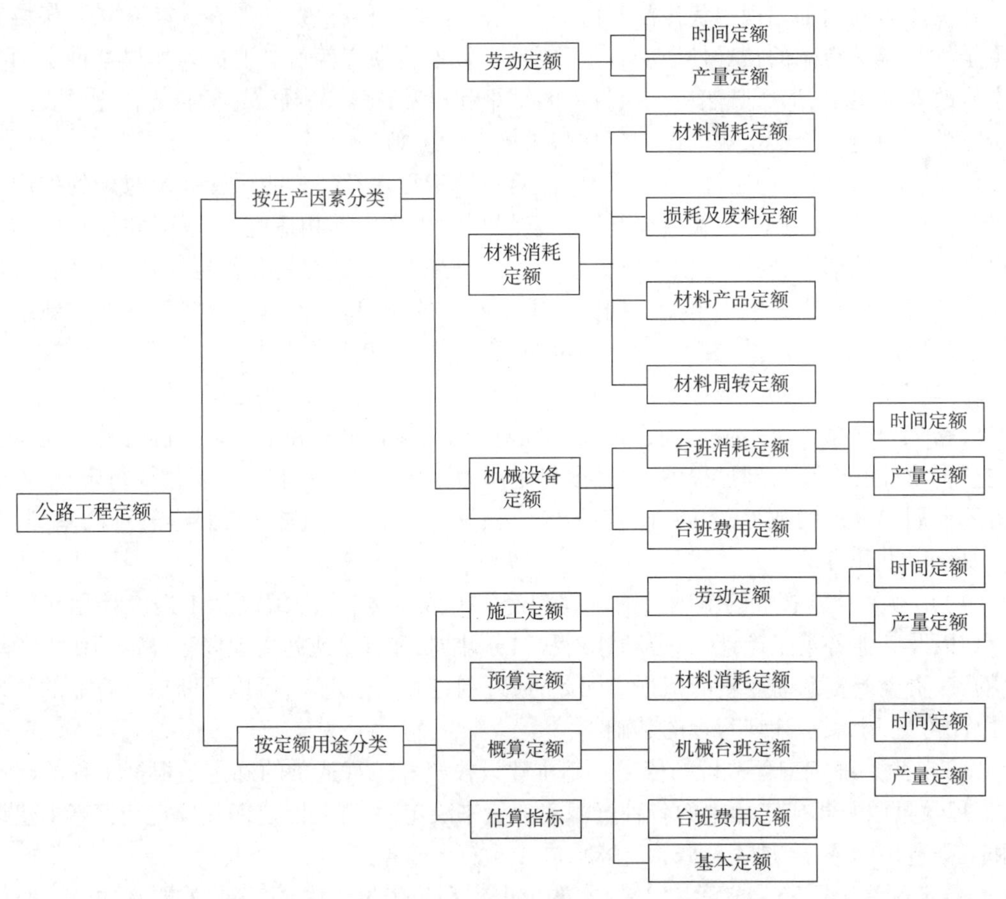

图3-1 公路工程定额分类

1）按定额反映的物质消耗内容分类

按定额反映的物质消耗内容分类，可分为：劳动消耗定额、机械消耗定额和材料消耗定额3种。

（1）劳动消耗定额。劳动消耗定额简称劳动定额，是指活劳动的消耗。在施工定额、预算定额、概算定额、估算指标等多种定额、指标中，劳动消耗定额都是其中重要的组成部分。劳动消耗定额是完成一定合格产品（工程实体或劳务）规定活劳动消耗的数量标准。为了便于综合和核算，劳动消耗定额大多采用工作时间消耗量来计算劳动消耗的数量，所以劳动消耗定额主要表现形式是时间定额，但同时也表现为产量定额。

劳动消耗定额表现形式：时间定额和产量定额。

①时间定额是指生产单位数量合格产品所消耗的劳动量标准。即

$$S=\frac{D}{Q} \tag{3-1}$$

式中：S——时间定额，劳动量单位/产品单位；

D——耗用劳动量数量，工日；

Q——完成合格产品数量,产品实物量。

②产量定额是指劳动者在单位劳动量内完成合格产品的数量。即

$$C = \frac{Q}{D} \tag{3-2}$$

式中:C——产量定额,产品单位/劳动量单位;

Q、D 意义同前。

由式(3-1)及式(3-2)可知,时间定额与产量定额具有互为倒数的关系,即 $S \times C = 1$。

(2)材料消耗定额。材料消耗定额是指在节约和合理使用材料的前提下,为生产单位数量合格产品所规定消耗的一定规格的建筑材料、半成品、配件、构件等的数量标准。它包括材料的净值消耗量和必要的工艺性损耗量。例如浇制混凝土构件,所需混凝土在拌制、运输及浇制中必然有损耗,所以规定浇制 $1m^3$ 构件需 $1.01 \sim 1.02m^3$ 混凝土。

材料消耗定额还有表现形式,即材料产品定额和材料周转定额。

①材料产品定额是指一定规格的原材料,在合理的操作前提下,规定完成合格产品的数量,这种定额形式在公路工程定额中应用较少。

②材料周转定额,即周转性材料(如模板、支架的木料)的周转定额,它规定了周转性材料在施工过程中合理使用的次数和用量标准。

(3)机械消耗定额。机械设备定额包括以下几种:

①机械台班消耗定额。它是指完成单位数量合格产品,所规定的机械台班消耗的数量指标。机械台班消耗定额也和劳动定额一样,具有两种表现形式:机械时间定额和机械产量定额。

②机械时间定额。它是指在一定的操作内容以及质量和安全要求的前提下,规定完成单位数量产品或任务所需要的作业量(如台时、台班等)标准。

③机械产量定额。它是指在一定的操作内容以及质量和安全要求的前提下,规定每单位作业量(如台时、台班等)完成的产品或任务的数量标准。

④机械台班费用定额。它是以机械的一个台班为单位,规定其所消耗的工时、燃料及费用等数量标准并可折算为货币形式表现的定额。工程预算中所需反映的施工机械使用费、机上驾驶人员数、燃料数等,均可按照机械台班费用定额并根据工程数量计算。

机械台班费用定额主要用途是:

a. 分析计算台班单价。即按预算定额总说明第十四条规定编制预算的台班单价,应按该定额分析计算。

b. 计算台班消耗人工、燃料等实物量。为了编制施工组织设计,需要统计人工、材料、机械的实物量,以确保劳动力和材料等的供应。有关机械所消耗的各种物资的实物量,要根据本定额分析计算确定。

c. 某些省(市、区)或地方,可按当地交通(运输)厅的规定,直接引用定额中的基价作为台班单价编制预算。

2)按照定额的编制程序和用途来分类

按定额编制程序和用途分类,可以把工程建设定额分为:施工定额、预算定额、概算定额和投资估算指标。

(1)施工定额。这是施工企业(建筑安装企业)组织生产和加强管理在企业内部使用的一种定额。其性质属于企业生产定额。它由劳动定额、机械定额和材料定额 3 个相对独立的部分组成。为了适应组织生产和管理的需要,施工定额的项目划分很细,是工程建设定额中分项

最细、定额子目最多的一种定额,也是工程建设定额中的基础性定额。在预算定额的编制过程中,施工定额劳动、机械、材料消耗的数量标准,是计算预算定额中劳动、机械、材料消耗数量标准的重要依据。

施工定额是施工企业进行施工组织、成本管理、经济核算和投标报价的重要依据。施工定额直接应用于施工项目的管理,用来编制施工作业计划、签发施工任务单、签发限额领料单,以及结算计件工资或计量奖励工资等。施工定额和施工生产结合紧密,施工定额的定额水平反映施工企业生产与组织的技术水平和管理水平。施工定额水平是采用平均先进定额。

知识链接

定额水平是指规定消耗在单位产品上的劳动、机械和材料的多少。定额水平的高低是一定时期生产力水平的反映,定额水平高反映生产力水平较高,生产单位合格产品所需要消耗的资源较少;反之,则生产力水平较低,生产单位合格产品所需要消耗的资源较多。所以定额水平不是一成不变的,而是随着生产力水平的变化而变化。一定时期的定额水平必须坚持平均先进或先进合理的原则。所谓平均先进水平,就是指在正常的施工条件下,大多数施工队、组和大多数生产者经过努力能够达到或超过的水平,一般说它应低于先进水平,而略高于平均水平。所谓先进合理水平,是指定额水平虽然也是先进的,但不一定是平均值,而一般取比平均值要略低的合理指标。

目前使用的统一《公路工程施工定额》是由交通运输公路工程定额站编制,于2009年由人民交通出版社出版发行。本定额根据公路工程的特点,除列有劳动定额外,还列有机械定额,有的项目还同时列有劳动定额和机械定额,均表示在一定的生产组织条件下,某种机械单独或班组工人与机械共同完成某一项工程项目的机械定额或劳动与机械定额。

因施工定额属于企业定额的性质,所以企业应该能根据本企业的具体条件和可能挖掘的潜力,根据市场的需求和竞争环境,根据国家有关政策、法律和规范、制度,自己编制定额。

(2)预算定额。预算定额属于计价定额,体现完成一个单位数量工程细目在正常条件下所需要消耗的工、料、机的数量标准。预算定额是以公路工程各个分项工程为对象编制的定额,是以施工定额为基础综合扩大编制的,采用的产品单位比施工定额大,如时间以工日、台班计,产品单位以10m、$10m^3$ 等计。同时也是编制概算定额的基础。预算定额中的人工、材料和机械台班的消耗水平根据施工定额综合取定,定额项目的综合程度大于施工定额。预算定额是编制施工图预算的主要依据,是确定工程造价、控制建设工程投资的基础和依据,与施工定额不同,预算定额是社会性的,而施工定额则是企业性的。

预算定额是规定消耗在单位分项工程和结构构件上的劳动力、材料和机械的数量标准,是在施工图设计阶段计算建筑安装产品价格的基础。预算定额是一种具有广泛用途的计价定额,其作用主要表现是:①编制施工图预算,确定建设项目工程造价,控制项目投资的基础;②对设计方案进行技术经济分析和比较的依据;③编制施工组织设计的依据;④工程结算的依据;⑤施工企业进行经济活动分析的依据;⑥编制概算定额和估算指标的基础;⑦合理编制标底和投标报价的基础。

(3)概算定额。概算定额是以扩大的分部分项工程为对象编制的定额,在预算定额的基础上加以综合扩大而成的。概算定额是编制设计概算、修正概算和确定建设项目投资额的依据;是进行设计方案经济比较和选择的必要依据,是主要材料申请计划的计算基础;也可作为编制估算指标的基础。

自2008年1月起实施的《公路工程预算定额》(JTG/T B06-02—2007)(以下简称《预算定

额》)和《公路工程概算定额》(JTG/T B06-02—2007)(以下简称《概算定额》)是交通运输部组织编制、审批并颁发执行的全国性公路专业统一定额,是具有威权性的一项指标。这两个定额的主要区别是在编制深度上与设计阶段深度相适应,概算定额用于公路工程基本建设的初步设计阶段,预算定额则用于施工图设计阶段。但是,它们在编制原则、定额内容、表现形式和使用方法上都有若干相似之处。

(4)估算指标。投资估算指标通常是以独立的单项工程或完整的工程项目为对象编制确定的生产要素消耗的数量标准或项目费用标准,是根据近几年全国公路建设项目的设计资料和竣工文件,经分析、归纳和整理编制而成的。

估算指标的作用主要是为公路基本建设项目建议书和可行性研究报告的投资估算,或为经济效益评价提供造价计算依据而编制的。现行的是交通运输部2011年颁布实施的《公路工程估算指标》(JTG/T M21—2011)(以下简称《估算指标》)。

3)按编制单位和适用范围分类

按编制单位和适用范围不同可分:国家定额、行业定额、地区定额和企业定额。

(1)国家定额。国家定额是指由国家建设行政主管部门组织,依据有关国家标准和规范,综合全国工程建设的技术和管理状况等编制和发布,在全国范围内使用的定额。

(2)行业定额。行业定额是指由行业建设行政主管部门组织,依据有行业标准和规范,考虑行业工程建设特点等情况所编制和发布的,在本行业范围内使用的定额。

(3)地区定额。地区定额是指由地区建设行政主管部门组织,考虑地区工程建设特点和情况制订发布的,在本地区内使用的定额。

(4)企业定额。企业定额是指由施工企业自行组织,主要根据企业的自身情况,包括人员、素质、机械装备程度、技术和管理水平等编制,在本企业内部使用的定额。

3.2 公路隧道工程定额的应用

3.2.1 概、预算定额的组成和定额表

1)定额基本组成

现行的《概算定额》和《预算定额》的组成部分均包括:颁发定额的文件、总目录、总说明、各种工程的章说明、节说明、定额表。《预算定额》还包括附录。

定额的颁发文件,是指刊印在《概算定额》和《预算定额》前面的中华人民共和国原交通部2007年第33号通告。是关于发布定额、施行日期、阐明定额性质、适用范围、负责解释的部门等的法令性文件。定额的解释权和管理权归交通运输部,而日常的解释和管理由交通运输部公路工程定额站负责。

《概算定额》包括路基工程、路面工程、隧道工程、涵洞工程、桥梁工程、其他工程及沿线设施、临时工程七章。

《预算定额》包括路基工程、路面工程、隧道工程、桥涵工程、防护工程、其他工程及沿线设施、临时工程、材料采集及加工、材料运输九章及附录。附录包括:路面材料计算基础数据、基本定额、材料周转及摊销,定额基价人工、材料单位质量、单价表四个内容,预算定额分上、下两册分别编制。

2）总说明及各章节说明

在《预算定额》和《概算定额》中编有“总说明”、“章说明”、“节说明”和附注，它们对于正确应用定额具有重要作用。要想准确又熟练地运用定额，必须透彻地理解这些说明，而且争取全面记住。故需反复、认真地学习好这些说明。

定额的总说明是涉及定额使用方面的全面性的规定和解释，综合阐述了定额的编制原则、指导思想和编制依据、定额的作用；并对编制定额时已经考虑和没有考虑的因素、有关规定和使用方法作了介绍。《预算定额》的总说明有22条，《预算定额》共9章，有9个章说明，每章所含若干节，每节前面都有节说明。《概算定额》的总说明有23条；《概算定额》共7章，有7个章说明，每章所含若干节，每节前面也都有节说明。

定额的章说明主要介绍各章的工程内容及主要施工过程；定额子目的划分依据；工程量的计算方法和规则；计量单位；应扣除和应增加的部分以及计算的附表等，这部分内容是工程量计算及应用定额的基准，必须全面准确地掌握。

定额在各章中根据内容多少又进行了分节。各节都有相应的节说明。节说明主要是介绍本节工程项目的统一规定、工程内容、施工方法、允许抽换的规定、工程量计算规则等。

有些定额表的左下方还有附注，附注主要是针对某一项定额的补充说明或规定，并非所有定额都有，附注仅在那些需要说明而定额表又难以表示清楚的定额后面出现。

3）定额表

（1）定额表的组成内容。定额表是各类定额的最基本的组成部分，是定额指标数额的具体表示。在每个定额表中，人工的消耗量以合计工日数的形式表示；材料部分只列出主要材料的消耗量，次要、零星材料以“其他材料费”的形式表示；机械部分只列出主要施工机械的台班数量，非主要机械以“小型机具使用费”的形式表示。概算定额和预算定额的定额表格式基本相同。现将定额表的构成和主要栏目说明如下：

①表号及定额表名称。例如《预算定额》9页中表1-1-6“人工挖运土方”，见表3-1，这是定额表的基本形式，其中1-1-6为表号，指的是预算定额中第1章第1节中的第6个表，定额表的名称是“人工挖运土方”。

②工程内容。位于表的左上方，主要说明本定额表所包括的操作内容。查定额时，必须将实际发生的项目操作内容与表中的工程内容进行比较，若不一致时，应进行抽换或采取其他措施。

③工程项目计量单位。在定额表的右上角，是定额中规定的计量单位。如$10m^3$、$10m^3$构件、1 000m^2、1km、1道涵长及每增减1m等。

1-1-6　人工挖运土方（单位：1 000m^3天然密实方）　　表3-1

工程内容：（1）挖松；（2）装土；（3）运送；（4）卸除；（5）空回。

顺序号	项目	单位	代号	第一个20m挖运			每增运10m	
				松土	普通土	硬土	人工挑抬	手推车
				1	2	3	4	5
1	人工	工日	1	122.6	181.1	258.5	18.2	7.3
2	基价	元	1 999	6 032	8 910	12 718	895	359

注：①当采用人工挖、装，机动翻斗车运输时，其挖、装所需的人工按第一个20m挖运定额减去30.0工日计算。

②当采用人工挖、装、卸，手扶拖拉机拉机运输时，其挖、装、卸所需人工按第一个20m挖运定额计算。

③如遇升降坡时，除按水平距离计算运距外，并按表3-2所示增加运距。

升降坡时人工挖运土方的计算　　表 3-2

项　目	升降坡度	高度差	
		每升高 1m	每降低 1m
人工挑抬	0% ~10%	7m	不增加
	11% ~30%	10m	4m
	30% 以上		7m
手推车运输	0% ~5%	15m	不增加
	6% ~10%	25m	5m
	10% 以上		8m

④顺序号。位于定额表的最左侧,表征人工、材料、机械及费用的顺序号,起简化说明的作用。

⑤项目。即本定额表的工程所需人工、材料、机具、费用的名称、规格等。项目中的材料总重量是指生产一个工程计量单位合格产品所消耗的各种材料重量之和,材料总重量在计价时一般不予计算,仅供施工安排时使用。项目中的其他材料费是指项目中未列出,但实际使用的次要和零星材料的费用。项目的小型机具的使用费用是指未列入机械台班费用定额,但实际使用的小型机具的费用。

⑥项目单位。项目单位不同于定额单位,一般指与定额内容相对应的资源消耗的计量单位。定额表中除人工以工日为单位和机械消耗以台班为单位外,材料等实物消耗均采用国际单位,如 m^3、t、kg 等。

⑦代号。当采用电算方法来编制公路工程概、预算时,可引用表中代号作为对工、料、机名称的识别符号,不能随意变动;如遇有新增材料或机械时,可取相近品种材料或机械代号间的空号增加。定额表中工、料、机代号是按由小到大的顺序排列的,各种工、料、机所对应的代号详见《预算定额》附录四。

⑧工程细目。表征本定额表所包括的工程细目,如《预算定额》表中 1-1-6 的“松土”、“普通土”、“硬土”等。

⑨栏号。指工程细目编号,如表 3-1 所示定额表中“松土”栏号为 1,“普通土”栏号为 2,“硬土”栏号为 3。

⑩定额值。即定额表中各种资源的消耗量数值。其中括号内的数值,一般是指所需半成品的数量(定额值),一般是不计价的,在定额基价中不包括其价格,主要为抽换时提供的数量消耗。如《预算定额》中表 4-7-12 所示定额中的“C30 水泥混凝土”所对应的(10.10m^3),指预制 10m^3T 形或 I 形梁实体,需消耗 C30 水泥混凝土 10.10m^3。注意此值在编制概、预算文件时不需列入,其费用已在组成水泥混凝土各材料中计算了。

⑪基价。也称定额基价。它是指该工程细目的人工费、材料费、机械使用费的合计价值。其中人工费、材料费是按北京市 2007 年的人工、材料预算价格计算的,机械使用费是按 2007 年原交通部公布的《公路工程机械台班费用定额》(JTG/T B06-03—2007)(以下简称《机械台班费用定额》)计算的。

⑫小注。有些定额表列有“注”,位于定额表的下方。使用定额时,必须仔细阅读,以免发生错误。

(2)定额表数值与工程数量计算

《概算定额》和《预算定额》的定额表中的劳动定额和机械定额数值,是以时间定额的形式表示的。

当已知工程数量时,可按式(3-3)计算定额所包含的各种资源(工、料、机、费用等)的数量:

$$M_i = Q_i \times S_i \tag{3-3}$$

式中:M_i——某种资源的数量,t、m^3、…;

Q_i——工程数量,m^2、m^3、…(一定要注意换算成定额单位);

S_i——项目定额中某种资源(工、料、费用、…)的数量,kg、m^3、…。

4)附录

附录是在应用定额时配合使用的不可缺少的一个重要组成部分,主要包括路面材料计算基础数据、基本定额、材料的周转及摊销、定额基价人工、材料单位质量、单价表等内容。附录的主要作用如下:

(1)了解定额编制采用的各种统一规定,如路面材料计算基础数据;预制构件混凝土与模板的接触面积;每$10m^2$ 接触面积的模板所需的人工、机械及材料的周转使用量。

(2)提供抽换定额中混凝土强度等级、砂浆强度等级时使用的混凝土、砂浆配合比表。

(3)编制补充定额所需的统一规定,如材料的周转次数、规格、单位质量、代号、基价等。

(4)便于使用单位经过施工实践核定定额水平,对定额水平提出意见作为修订定额的重要资料。

3.2.2 定额应用概述

1)应用定额的步骤

所谓应用定额,就是平时所说的"查定额",是根据编制概、预算的具体条件和目的,查得需要的、正确的定额的过程。为了正确地应用定额,首先,必须反复学习定额、熟练地掌握定额;其次,必须收集并熟悉国家主管部门有关定额应用方面的文件和规定。以此为前提,应用定额的基本步骤如下

(1)根据应用定额的目的,确定所用定额的种类(是概算定额、预算定额、施工定额还是估算指标)

(2)根据概(预)算项目表,依次按目、节确定欲查定额的项目名称,再据以在《定额》目录中找到其所在页次,并找到所需定额表。但要注意核查定额的工作内容、作业方式是否与施工组织设计相符。

(3)查到定额表后再做如下工作:

①看看表上"工程内容"与设计要求、施工组织要求是否有出入,若无出入,则可在表中找到相应的细目,并进一步确定子目(栏号)。

②查定额表的计量单位与工程项目取定的计量单位是否一致、是否符合规定的工程量计算规则。

③看定额的总说明、章说明、节说明以及表下的小注是否与所查子目定额有关,若有关,则采取相应措施。

④根据设计图纸和施工组织设计检查一下,子目中有无需要抽换的定额,是否允许抽换,若需抽换,则进行具体抽换计算。

⑤依子目各序号确定各项定额值,可直接引用的就直接抄录,需计算的则在计算后抄录。

(4)重新按上述步骤复核。

(5)该项目的该细目定额查完后，再查该项目的另外细目的定额，依次完成后，再查另一项目的定额。

2)定额应用的基本知识

(1)关于引用定额表号。在《估算指标》、《概算定额》、《预算定额》中的定额表均是按工程项目不同，以章为单元将定额表有序地排列起来，这种排列的序号就是定额表号。在编制估算、概算、预算等造价文件时，需要根据定额表号采用简单的编号将所应用的定额表表示出来。一般采用[页-表-栏]的编制方法。

另一种编号方法是省去页号，按[表-栏]编号法。而目前一般情况下，采用计算机编制造价文件，在编制概、预算文件时，一般采用8位数进行编码，从左起第一位数代表章次，第二位至第三位代表节次，第四位至第五位代表表号，第六位至第八位代表栏号，如《预算定额》中表4-4-6/－120可表示为40406120，表示《预算定额》第4章第4节第6个表第120栏。

定额的编号在估算、概算、预算文件编制中非常重要。一是可方便审查和复核人员利用定额编号快速查找，审核所用定额的准确性；二是定额编号可便于用计算机编制造价文件时使用；三是便于修编定额人员的统计工作。

(2)定额套用。定额的套用分为定额的直接套用和复杂定额的套用。当设计的要求、工作内容及确定工程项目完全与相应定额的工程项目符合时，可直接套用定额。当设计图纸与一个定额的工程内容不符，可适当采用两个或两个以上的定额根据工程内容增减人工、材料、机械台班的消耗量时，属于复杂定额的套用。

(3)定额的调整与换算。定额是按一般正常合理的施工组织和正常的施工条件编制的，定额中所采用的施工方法和工程质量标准是根据国家现行公路工程施工技术及验收规范、质量评定标准及安全操作规程取定的。因此，在使用定额时不得因具体工程的施工组织、操作方法和材料消耗与定额规定的不同而变更定额。

当设计图纸及施工组织设计内容与定额中的工作内容、子目表中规定的内容、规格不符时，首先应仔细阅读定额的总说明、章说明、节说明及小注，确定是否需要调整及换算，以及如何调整和换算。

公路工程《预算定额》中常见的允许调整和换算的项目主要有水泥、石灰稳定土类基层配合比不同时的调整；砂浆、混凝土强度等级不同时的抽换；钢筋品种比例不同时的调整以及周转及摊销材料的换算等。

(4)定额的补充。随着科学技术的发展，新结构、新工艺、新材料、新设备在公路工程上广泛使用。但是，定额的制订必须有一定的周期，在新定额未颁布以前，为了合理、正确地反映工程造价和经济效益，在现行的概、预算定额基础上，又编制了部颁补充定额、地区补充定额和个别工程项目的一次性补充定额等。所以查用现行定额时应注意该定额表的左上方“工程内容”所包含的项目与实际工程项目是否完全一致，结构形式、施工工艺是否相同，以便正确选用补充定额，防止重算或漏算。

3)运用定额的注意事项

(1)计量单位与项目的工程量单位之间一致，特别是在抽换、增量计算时更应注意。

(2)当项目中任何项(工、料、机)定额值变化时，不要忘记其相应基价也要作相应的变化。

(3)当查定额时，首先要鉴别工程项目是属于哪类工程，应该选用哪些定额，避免随意确定，或在表中找不到栏目、无法计算或错误引用定额。

(4)使用每个定额表前先看章、节说明及附注。

3.2.3 隧道工程预算定额应用

1)定额名称解释

(1)隧道工程:指为道路从地层内部或水底通过而修筑的建筑物。按穿越地层的不同,可分土质隧道和岩石隧道两大类。按所处地理位置的不同,可分为山岭隧道、水下隧道和城市隧道3种。按施工方式的不同,可分为钻爆法、沉埋法和盾构法3种。

(2)土质隧道:指构筑在土质地层中的隧道。在土层中开挖隧道,易坍塌、成洞困难,施工中常需要采用预加固、超前支护等措施。新奥法、明挖法、盖挖法、顶进法是常用的施工方法。

(3)岩石隧道:指构筑在成岩地层中的隧道。硬岩隧道的围岩一般具有较长时间的自稳能力和较强的自承能力,多采用全断面或上下断面钻爆掘进施工,常采用柔性的锚喷支护作为主要受力结构。软岩隧道的围岩一般自稳时间较短、自承能力较差,因而施工时多采用超前支护、分部开挖、强支护等措施,复合衬砌的二次衬砌也考虑承担一定的荷载。

(4)沉埋隧道:是指用沉埋法修建的水下隧道,也称沉管隧道。多采用矩形多箱断面的预制管段,长度为100m左右,水下拼接而成。施工的主要程序有:干坞修建、管段预制、浚挖沉管基槽、管段浮运、管段水下就位与拼接、回填覆盖土。沉埋隧道的主要施工特点有:覆盖层厚度较小(约1.5m),能缩短引线隧道的长度;管段受水浮力作用对软弱地基的承载力要求较低;采用预制管段、漂浮运输,能在较短工期内建成优良、大断面隧道。

(5)盾构隧道:是指采用盾构法修建的隧道。多采用圆环断面衬砌。用预制管片在盾构机内拼装而成。施工的主要程序有:预制管片、修建盾构出发井室,拼装盾构机、盾构推进及管片安装、修建盾构到达井室、拆卸盾构机。盾构隧道主要特点有:暗挖法施工,不受地面交通、河道航运、潮汐等影响;采取的施工措施能保证对地面及地面建筑的影响最小;可作为水底隧道、城区隧道、山区的软土隧道,使用范围广。

(6)连拱隧道:指结构为多拱连成一体的隧道,如两拱相连叫作双连拱隧道、三拱相连叫作三连拱隧道等。连拱结构常用于两端引线分离展线有困难的中短隧道。连拱隧道的特点有:各洞间距较小,易与同幅路基或桥梁相连;两端引线占地面积小,相应填挖方数量少,隧道总开挖宽度大,施工工序多。常用的施工方法有:三导洞超前法、中导洞超前法。

(7)隧道长度:指进出口洞门端墙之间的水平距离,即两端端墙面与路面的交线同路线中线交点间的距离。

(8)洞身:狭义上指隧道的衬砌,广义上指包括围岩在内的隧道承载结构。隧道洞身可以是挖出的裸洞,也可以是埋置地下的隧管,还可以是经锚喷支护、衬砌被覆的坑道。洞身是隧道工程的主要组成部分,按其所处地形,地质条件及施工方法的不同,分为隧道洞身、明洞洞身和棚洞洞身。

(9)掏槽眼:将开挖面上适当部位先掏出一个小型槽口,以形成新的临空面,为后爆的辅助炮开创更有利的临空面,以达到提高爆破的作用,这个小型槽口叫作掏槽眼。

(10)光面爆破技术:指利用岩石抗劈能力低,用缩小周边眼间距、严格控制周边眼方向、限装药量、正确支撑起爆顺序等措施,使爆破面沿周边眼劈裂开来,从而避免周边眼以外的岩石受到破坏,并使坑道周边达到规整的效果。炮眼的起爆顺序是掏槽眼—辅助眼—周边眼。

(11)钢支撑:指用型钢或钢筋等弯曲加工成的拱形构件。为搬运安装方便,一般由两个以上构件构成,构件之间采用钢板螺栓连接。为发挥钢支撑的强度,必须在开挖岩面与钢拱之间楔入楔子,同时确保钢拱基础底板的支承力。钢支撑分为型钢钢架和格栅钢架两种。钢架支护间距宜为0.5 ~1.5m。采用钢架支护的地段连续使用钢架的数量不应少于3 榀;钢架支护榀与榀之间必须用直径为18 ~22mm 的钢筋连接,连接筋的间距不大于1m,并在钢架支护内缘、外缘交错布置。

(12)辅助坑道:指为利于隧道洞身开挖而设置的平行导洞、斜井、竖井等设施。

(13)平行导洞:指平行于隧道、在隧道开挖断面以外、超前开挖的地下通道。施工期间可用于探明地质、疏排地下水、运送施工物资、进行试验研究,工程施工完成后作为截水洞、排水洞、通风洞、逃生洞等使用。

(14)斜井:指在垂面上按一定倾斜角度开挖的地下通道。使用斜井的目的大致为:增加隧道施工的作业面、通风道、排水道、逃生道。

(15)竖井:指垂直开挖的坑道,可作为隧道与地表间的连通道、通风道、排水道等。常用于长隧道,以增加作业面,缩短搬运距离;增加换气和排水口,减短通风排水距离。竖井施工有自上而下或自下而上掘进方法,前者使用吊盘、吊桶、抓渣机等,竖井直径可达9m 左右、深度可达数百米以上,一般需修建到达井位的便道;后者使用掘进机,竖井直径3m 左右,深度不限,但需修建隧道掘进能够到达竖井底部。

(16)开挖(掘进):岩石隧道开挖,是将岩石从岩体上破碎下来,形成设计要求的空间。

(17)围岩:岩石隧道开挖,使其直径一般在开挖断面最大直径3 ~5 倍范围内的岩体应力发生显著变化。通常将此范围的岩体称为围岩。

根据《公路隧道设计规范》(JTG D70—2004)的规定,围岩分为6 级,即Ⅰ ~Ⅵ级。其主要定性特征如《公路隧道设计规范》(JTG D70—2004)中表2-2 所示。

(18)衬砌常指将隧道的开挖面被覆盖起来的结构体,即隧洞内壁承受围岩压力的镶护结构。其作用是支护隧道、防止岩石风化、保证净空、防水排水等。根据地质条件的不同,隧道衬砌按功能分为承载衬砌、构造衬砌和装饰衬砌,按组成可分为整体式衬砌和复合式衬砌,就使用材料而言,有喷射混凝土、锚杆、钢筋网或铁丝网、模筑混凝土、石料及混凝土预制块衬砌等。

(19)锚杆支护:在开挖后的岩面上,用钻孔机,按设计要求的深度、间距和角度向岩面钻孔。在孔内灌满砂浆后,插入锚杆,使砂浆、锚杆和岩石结为一体(砂浆锚杆),以制止或缓和岩体变形继续发展,使岩体仍然保持相当大的承载能力。

(20)喷射混凝土支护:按设计确定含有水泥、砂、石和速凝剂的喷射混凝土配合比料进行搅拌(干拌),装入喷射机罐内,用压缩空气作动力,将喷射混凝土拌和料经管道送入喷枪加水,以较高的速度喷上洗净的岩面后很快凝结硬化,达到稳定、维护岩面的目的。

(21)混凝土及钢筋混凝土衬砌:隧道开挖后的围岩存在破碎、不稳定或有淋水、涌水等情况,必须采用混凝土或钢筋混凝土衬砌。混凝土或钢筋混凝土衬砌多采用直墙拱顶式,拱部将承受的顶压力传给边墙,使隧道形成一个稳定的空间。

(22)料石衬砌:隧道开挖后的围岩很破碎、不稳定或有淋水、涌水等情况,而隧道的跨径不大时,多数采取料石衬砌。料石衬砌亦采用直墙拱顶式。拱部用一定规格的楔形料石和砌旋法,直墙采用常用规格的料石砌筑,拱部将承受的顶压力传给边墙,使其形成稳定的空间。

2)隧道工程预算定额说明及应用

(1)《预算定额》的总说明简介

在《预算定额》中编有"总说明"、"章说明"、"节说明"。定额的总说明是涉及定额使用方面的全面性的规定和解释。它是非常重要的,需要真正理解、切实掌握,重点应当记住,稍有疏忽便会产生错误。现就其内容重点介绍如下:

①关于本定额的性质、作用、适用范围：

a. 性质：本定额是全国公路专业定额。

b. 作用：本定额是编制施工图预算的依据，也是编制工程概算定额的基础。

c. 适用范围：公路基本建设新建、改建工程；养路大中修工程可参考使用。不适用于独立核算执行产品出厂价格的构件厂生产的构配件。

②在使用定额时要注意总说明第四条的规定，即“除定额中规定允许换算者外，均不得因具体工程的施工组织、操作方法和材料消耗与定额的规定不同而变更定额”。定额不仅仅规定了工、料、机的消耗数量，而是在满足一定质量和安全要求下的完成工程所消耗的工、料、机数量，因此不符合质量要求或不满足安全要求而多发生的消耗一律不包括在定额内。定额是按一般正常施工条件编制的，除定额中允许调整的项目外，一律不得调整。

③定额中的工日是按工种因劳动强度所规定的，潜水工作每工日 6h，隧道工作每工日 7h 外，其余均按每工日 8h 计算。

④定额表的工程内容。定额中的“工程内容”均包括定额项目的全部施工过程。定额内除扼要说明施工的主要操作工序外，均包括准备与结束、场内操作范围内的水平与垂直运输、材料工地小搬运、辅助和零星用、工具及机械小修、场地清理等工程内容。其中，材料工地小搬运是指将施工材料从工地仓库或存放地点到操作现场的二次搬运；辅助和零星用工是指为保证基本工作能顺利完成所做的辅助性和零星工作所消耗的时间；场地清理是指为了便于施工，达到“三通一平”的要求，必须对施工现场进行场地清理，这样既能保证施工质量，又能保证工作人员的人身安全。场地清理的包括整平场地和运弃杂物等。

⑤材料消耗。本定额中的材料消耗量系按现行材料标准的合格料和标准规格料计算的。定额内材料、成品、半成品均已包括场内运输及操作损耗，编制预算时，不得另行增加。其场外运输损耗、仓库保管损耗以及由于材料供应规格和质量不符合定额规定而发生的加工损耗，应在材料预算价格内考虑。

⑥周转性材料说明。对于工程中使用的周转性材料，如模板、支撑、脚手板、挡土板等的数量，已考虑了材料的正常周转次数并计入定额内，允许根据具体情况（达不到周转次数者）进行换算并按规定计算回收的，只限于：

a. 就地浇筑混凝土梁用的支架；

b. 拱圈用的拱盔、支架。

其余工程一般不予抽换，只能套用定额规定值。

⑦混凝土、砂浆的有关规定。当设计中采用的砂浆、水泥混凝土的强度等级或水泥强度等级与定额表中规定的强度等级相同时，其组成材料可直接引用，不得重算。

如设计中采用的砂浆、水泥混凝土的强度等级或水泥强度等级与定额表中规定的强度等级不相符时，可按《预算定额》附录二“基本定额”中的“砂浆、混凝土配合比表”进行换算后，用以替换定额表中相应的材料消耗定额值。需要注意：

a. 实际施工配合比材料用量与定额配合比表用量不同时，除配合比表说明中允许换算者外，均不得调整。

b. 砂浆、混凝土配合比表的水泥用量，已综合考虑了采用不同品种水泥的因素，实际施工中不论采用何种水泥，均不得调整定额用量。

⑧有关外掺剂的费用的规定。定额中各类混凝土均未考虑外掺剂的费用，如设计需要添加外掺剂时，按设计要求另外计算外掺剂的费用，同时适当调整定额用量。

⑨定额中各类混凝土均按施工现场拌和编制，当采用商品混凝土时，应将相关定额中的水泥、中（粗）砂、碎石的消耗量扣除，并按定额中所列的混凝土消耗量增加商品混凝土的消耗量。

⑩定额中各项目的施工机械种类、规格是按一般合理的施工组织确定的，如施工中实际采用机械的种类、规格与定额的规定不同时，一律不得换算。

⑪定额中未包括机械台班单价，编制预算时应按《机械台班费用定额》分析计算机械台班单价。但机械台班的消耗，已考虑了工地合理的停置、空转和必要的备用量等因素，故不得重算。

⑫定额中只列工程所需的主要材料用量和主要机械台班数量。次要、零星材料和小型机具未一一列出，分别列入"其他材料费"和"小型机具使用费"中，编制预算时即可按此计算。

⑬对于工程中的公路养护管理用房，如养路道班房、桥梁看守房、收费站房等工程，应执行地区的建筑安装工程预算定额。

⑭由于地区间的差异，本定额未包括的项目，各省交通运输厅可编制补充定额在本地区执行，同时报交通部备案。对于本定额中缺少的项目，各设计单位可编制补充定额，随设计文件一并送审，并将编制依据报省定额站备查。

⑮定额表中注明"某某数以内、以下"者均包括某某数本身，反之，则不包括某某数本身。定额内数量带"（）"者，表示基价未包括其价值。

⑯定额名称中带有"※"号者，均为参考定额，用时可根据具体情况进行调整。

（2）隧道工程定额章说明。本章定额包括开挖、支护、防排水、衬砌、装饰、照明、通风及消防设施、洞门及辅助坑道等项目。本定额是按照一般凿岩机钻爆法施工的开挖方法进行编制的，适用于新建隧道工程，改（扩）建及公路大中修工程可参照使用。

①本章定额按现行隧道设计、施工技术规范将围岩分为六级，即Ⅰ～Ⅵ级。

②本章定额中混凝土工程均未考虑拌和的费用，应按桥涵工程相关定额另行计算。

③本章开挖定额中已综合考虑超挖及预留变形因素。

④洞内出渣运输定额已综合洞门外500m运距，当洞门外运距超过此运距时，可按照路基工程自卸汽车运输土石方的增运定额加计增运部分的费用。

⑤本定额中均未包括混凝土及预制块的运输，需要时应按有关定额另行计算。

⑥本定额未考虑地震、坍塌、溶洞及大量地下水处理以及其他特殊情况所需的费用，需要时可根据设计另行计算。

⑦本定额未考虑施工时所需进行的监控量测以及超前地质预报的费用，监控量测的费用已在《公路工程基本建设项目概算预算编制办法》（JTG B06—2007）（以下简称《编制方法》）的施工辅助费中综合考虑，使用定额时不得另行计算，超前地质预报的费用可根据需要另行计算。

⑧隧道工程项目采用其他章节定额的规定：

a. 洞门挖基、仰坡及天沟开挖、明洞明挖土石方等，应使用其他章节有关定额计算。

b. 洞内工程项目如需采用其他章节的有关项目时，所采用定额的人工工日、机械台班数量及小型机具使用费，应乘1.26的系数。

（3）洞身工程定额说明：

①本定额人工开挖、机械开挖轻轨斗车运输项目系按上导洞、扩大、马口开挖编制的，也综合了下导洞扇形扩大开挖方法，并综合了木支撑和出渣、通风及临时管线的工料机消耗。

②本定额正洞机械开挖自卸汽车运输定额系按开挖、出渣运输分别编制，不分工程部位（即拱部、边墙、仰拱、底板、沟槽、洞室）均使用本定额。施工通风及高压风水管和照明电线路

单独编制定额项目。

③本定额连拱隧道中导洞、侧导洞开挖和中隔墙衬砌是按连拱隧道施工方法编制的,除此以外的其他部位的开挖、衬砌、支护可套用本节其他定额。

④格栅钢架和型钢钢架均按永久性支护编制,如作为临时支护使用时,应按规定计取回收。定额中已综合连接钢筋的数量。

⑤喷射混凝土定额中已综合考虑混凝土的回弹量;钢纤维混凝土中钢纤维掺入量按喷射混凝土质量的3%掺入。当设计采用的钢纤维掺入量与本定额不同或采用其他材料时,可进行抽换。

⑥洞身衬砌项目按现浇混凝土衬砌,石料、混凝土预制块衬砌分别编制,不分工程部位(即拱部、边墙、仰拱、底板、沟槽、洞室)均使用本定额。定额中已综合考虑超挖回填因素,当设计采用的混凝土强度等级与定额采用的不符时或采用特殊混凝土时,可根据具体情况对混凝土配合比进行抽换。

⑦本定额中凡是按不同隧道长度编制的项目,均只编制到隧道长度在4 000m以内。当隧道长度超过4 000m时,应按以下规定计算:

a. 洞身开挖:以隧道长度4 000m以内定额为基础,与隧道长度4 000m以上每增加1 000m定额叠加使用。

b. 正洞出渣运输:通过隧道进出口开挖正洞,以换算隧道长度套用相应的出渣定额计算。换算隧道长度计算公式为:

换算隧道长度 = 全隧长度 - 通过辅助坑道开挖正洞的长度

当换算隧道长度超过4 000m时,以隧道长度4 000m以内定额为基础,与隧道长度4 000m以上每增加1 000m定额叠加使用。

通过斜井开挖正洞,出渣运输按正洞和斜井两段分别计算,二者叠加使用。

c. 通风、管线路定额,按正洞隧道长度综合编制,当隧道长度超过4 000m时,以隧道长度4 000m以内定额为基础,与隧道长度4 000m以上每增加1 000m定额叠加使用。

⑧混凝土运输定额仅适用于洞内混凝土运输,洞外运输应按桥涵工程有关定额计算。

⑨洞内排水定额仅适用于反坡排水的情况,排水水量按10m^3/h以内编制,超过此排水量时,抽水机台班按表3-3所示的系数调整。

抽水机台班的调整系数 表3-3

涌水量(m^3/h)	10以内	15以内	20以内
调整系数	1.00	1.20	1.35

注:当排水量超过20m^3/h,根据采取治水措施后的排水量采用表中系数调整。

正洞内排水系按全隧道长度综合编制,当隧道长度超过4 000m时,以隧道长度4 000m以内定额为基础,与隧道长度4 000m以上每增1 000m定额叠加使用。

⑩照明设施为隧道营运所需的洞内永久性设施。定额中的洞口段包括引入段、适应段、过渡段和出口段,其他段均为基本段。本定额中不包括洞外线路,需要时应另行计算。属于设备的变压器、发电设备等,其购置费用应列入预算第二部分“设备及工具、器具购置费”中。

(4)洞门工程定额说明:

①隧道和明洞洞门,均采用本定额。

②洞门墙工程量为主墙和翼墙等圬工体积之和。仰坡、截水沟等按有关定额另行计算。

③本节定额的工程量均按设计工程数量计算。

(5)辅助坑道定额说明

①斜井项目按开挖、出渣、通风及管线路分别编制，竖井项目定额中已综合了出渣、通风及管线路。

②斜井相关定额项目系按斜井长度800m以内综合编制的，已含斜井建成后，通过斜井进行正洞作业时，斜井内通风及管线路的摊销部分。

③斜井支护按正洞相关定额计算。

(6)通风及消防设施安装：

①本定额中不含通风机、消火栓、消防水泵接合器、水流指示器、电气信号装置、气压水罐、泡沫比例混合器、自动报警系统装置、防火门等的购置费用，应按规定列入预算第二部分“设备及工具、器具购置费”中。

②通风机预埋件按设计所示为完成通风机安装而需预埋的一切金属构件的质量计算工程数量，包括钢拱架、通风机拱部钢筋、通风机支座及各部分连接件等。

③洞内预埋件工程量按设计预埋件的敷设长度计算，定额中已综合了预留导线的数量。

(7)隧道工程定额的应用示例：

【例3.1】 某隧道工程，采用喷射混凝土做衬砌，设计厚度9cm，喷射面积6 000m^2，其洞内预制混凝土沟槽，数量60m^3，混凝土盖板数量50m^3。试确定其工、料、机消耗量及定额基价。

解：(1)根据题意喷射混凝土衬砌应查预算定额表3-1-8，预制混凝土沟槽应查预算定额表3-1-13-2、3，分别见表3-4和表3-5。

(2)计算工程量。根据洞身工程节说明11(7)的规定，喷射混凝土的工程量按设计厚度乘以喷射面积计算，喷射面积按设计外轮廓线计算得：$0.09\times6\ 000=540(m^3)$

(3)喷射混凝土衬砌，由定额表3-1-8/-1计算工、料、机消耗量及定额基价如下：

人工：$31.5\times54=1\ 701.0$(工日)

锯材：$0.009\times54=0.486(m^3)$

32.5级水泥：$5.628\times54=303.912$(t)

水：$22\times54=1\ 188(m^3)$

中(粗)砂：$7.20\times54=388.80(m^3)$

碎石(2cm)：$6.84\times54=369.36(m^3)$

其他材料费：$358.3\times54=19\ 348.2$(元)

混凝土喷射机：$1.42\times54=76.68$(台班)

9m^3/min以内机动空压机：$1.22\times54=65.88$(台班)

小型机具使用费：$98.4\times54=5\ 313.60$(元)

基价：$5\ 564\times54=300\ 456$(元)

3-1-8 喷射混凝土(单位：10m^3)　　表3-4

工程内容：冲洗岩面，安、拆、移机具设备，混凝土及钢纤维混凝土上料、喷射、养生，移动喷浆架

顺序号	项　目	单位	代号	混凝土	钢纤维混凝土
				1	2
1	人工	工日	1	31.5	39.1
2	C25水泥混凝土	m^3	19	(12.00)	(12.00)

续上表

顺序号	项　　目	单位	代号	混凝土	钢纤维混凝土
				1	2
3	锯材	m^3	102	0.009	0.009
4	钢纤维	t	225	—	0.428
5	32.5 级水泥	t	832	5.628	5.628
6	水	m^3	866	22	22
7	中(粗)砂	m^3	899	7.20	7.20
8	碎石(2cm)	m^3	951	6.84	6.84
9	其他材料费	元	996	358.3	358.3
10	混凝土喷射机	台班	1 283	1.42	1.53
11	$9m^3$/min 以内机动空压机	台班	1 842	1.22	1.32
12	小型机具使用费	元	1 998	98.4	98.4
13	基价	元	1 999	5 564	7 870

(4)洞内预制混凝土沟槽及盖板,由定额表 3-1-13/-2、3 计算工、料、机消耗量及定额基价如下:

人工:$60.9\times60\div10+56.2\times50\div10=646.40$(工日)

原木:$0.023\times50\div10=0.115$($m^3$)

锯材:$0.007\times60\div10=0.042$($m^3$)

型钢:$0.004\times50\div10=0.02$(t)

组合钢模板:$0.052\times60\div10+0.035\times50\div10=0.487$(t)

铁件:$13\times50\div10=65$(kg)

32.5 级水泥:$3.788\times60\div10+3.788\times50\div10=41.668$(t)

水:$20\times60\div10+20\times50\div10=220$($m^3$)

中(粗)砂:$6.24\times60\div10+6.24\times50\div10=68.64$($m^3$)

碎石(4cm):$8.38\times60\div10+8.38\times50\div10=92.18$($m^3$)

其他材料费;$32.3\times60\div10+29.3\times50\div10=340.3$(元)

1t 以内的机动翻斗车:$0.69\times60\div10+0.69\times50\div10=7.59$(台班)

3-1-13　混凝土沟槽(单位:$10m^3$ 及 1t)　　表 3-5

工程内容:现浇沟槽混凝土:(1)模板制作、安装、拆除、修理、涂脱模剂、堆放;(2)混凝土浇筑、捣固、养生;(3)清理场地。

预制沟槽及盖板:(1)模板制作、安装、拆除;(2)混凝土浇筑、捣固、养生;(3)预制块安放,砂浆砌筑;(4)清理场地。

钢筋:除锈、制作、电焊、绑扎。

序号	项　　目	单位	代号	现浇混凝土沟槽	预制混凝土沟槽		钢筋
					沟槽	盖板	
				$10m^3$			t
				1	2	3	4
1	人工	工日	1	47.6	60.9	56.2	15.4

续上表

序号	项　目	单位	代号	现浇混凝土沟槽	预制混凝土沟槽		钢筋
					沟槽	盖板	
				10m³			t
				1	2	3	4
2	混凝土预制块	m³	—	—	(10.10)	(10.10)	—
3	C25 水泥混凝土	m³	19	(10.2)	(10.10)	(10.10)	—
4	M10 水泥砂浆	m³	67	—	(1.30)	(1.30)	—
5	原木	m³	101	0.080	—	0.023	—
6	锯材	m³	102	—	0.007	—	—
7	光圆钢筋	t	111	—	—	—	1.025
8	型钢	t	182	0.009	—	0.004	—
9	组合钢模板	t	272	0.057	0.052	0.035	—
10	铁件	kg	651	28.7	—	13.0	—
11	20～22 号铁丝	kg	656	—	—	—	3.6
12	32.5 级水泥	t	832	3.417	3.788	3.788	—
13	水	m³	866	12	20	20	—
14	中(粗)砂	m³	899	4.90	6.24	6.24	—
15	碎石(4cm)	m³	952	8.47	8.38	8.38	—
16	其他材料费	元	996	39.4	32.3	29.3	—
17	1t 以内机动翻斗车	台班	1 408	—	0.69	0.69	—
18	小型机具使用费	元	1 998	11.8	7.8	6.5	9.1
19	基价	元	1 999	4 827	5 487	5 243	4 172

【例 3.2】 某隧道工程，围岩为Ⅲ级，隧道长度为 5 000m，正洞采用机械开挖，12t 自卸汽车运输施工，洞外运距 900m，试确定完成该项目的工、料、机消耗量及定额基价。

解：(1)本题应包括：正洞开挖，出渣运输和自卸汽车增运 3 个子目。

(2)正洞开挖，根据节说明 7：洞身开挖以隧道长度 4 000m 以内定额为基础，与隧道长度 4 000m以上每增加 1 000m 定额叠加使用。

查预算定额表 3-1-3-21、27 得 100m³ 自然密实土、石：

人工 =56.5 +1.4 =57.9(工日)

原木：0.024m³

锯材：0.022m³

钢管：0.013t

ϕ50mm 以内合金钻头：5 个

铁钉：0.2kg

8～12 号铁丝：2.1kg

硝铵炸药：98.5kg

非电毫秒雷管：113 个

导爆索:60m

水:25m^3

其他材料费:26.7 元

气腿式凿机:6.79 + 0.09 = 6.88(台班)

10m^3/min 以内电动空压机:0.52 + 0.01 = 0.53(台班)

20m^3/min 以内电动空压机:1.30 + 0.02 = 1.32(台班)

小型机具使用费:108.8 元

基价:5 156 + 85 = 5 241(元)

(3)出渣运输,查定额表 3-1-3-46、49,单位:100m^3 自然密实土、石。

人工 = 4.3 + 0.3 = 4.6(工日)

2.0m^3 以内轮胎式装载机:0.45(台班)

12t 以内自卸汽车 = 1.83 + 0.19 = 2.02(台班)

基价:1 669 + 133 = 1 802(元)

(4)自卸汽车增运,查表 1-1-11-18,单位:1 000m^3 天然密实土方、表 1-1-11-46,单位:1 000m^{3}天然密实石方。

根据《隧道预算》定额章说明 4 的规定,洞门外运距超过 500m 时,可按照路基工程自卸汽车运输土石方的增运定额、查表 1-1-11-46 计增运部分的费用。

1 000m^3 天然密实土方:12t 以内自卸汽车 = 0.88 台班　基价:548 元

1 000m^3 天然密实石方:12t 以内自卸汽车 = 1.38 台班　基价:860 元

【例 3.3】 某隧道工程洞口开挖软石 6 300m^3,硬土 9 500m^3,自卸汽车运输运距 2km,试计算该项目的工、料、机消耗量及定额基价是多少?

解:1)洞口开挖软石 6 300m^3 的工、料、机消耗量及定额基价

(1)洞口开挖软石,根据定额表 1-1-15-24 计算得:

人工:28.5 × 6 300 ÷ 1 000 = 179.55(工日)

空心钢钎:9 × 6 300 ÷ 1 000 = 56.7(kg)

ϕ50mm 以内合金钻头:17 × 6 300 ÷ 1 000 = 107.0(个)

硝铵炸药:129.0 × 6 300 ÷ 1 000 = 812.7(kg)

导火线:335 × 6 300 ÷ 1 000 = 2 110.5(kg)

普通雷管:268 × 6 300 ÷ 1 000 = 1 688.0(个)

其他材料费:18.1 × 6 300 ÷ 1 000 = 114.03(元)

135kW 以内履带式推土机:2.52 × 6 300 ÷ 1 000 = 15.88(台班)

9m^3/min 以内电动空压机:4.59 × 6 300 ÷ 1 000 = 28.92(台班)

小型机具使用费:270.5 × 6 300 ÷ 1 000 = 1 704.2(元)

基价:8 944 × 6 300 ÷ 1 000 = 56 347(元)

(2)装载机装软石,根据定额表 1-1-10-5 计算得:

2m^3 以内轮胎式装载机:2.15 × 6 300 ÷ 1 000 = 13.55(台班)

基价:1 515 × 6 300 ÷ 1 000 = 9 545(元)

(3)10t 自卸汽车运石方 2km,根据定额表 1-1-11-41 + 42 × 2 计算得:

10t 自卸汽车:(12.52 + 1.64 × 2) × 6 300 ÷ 1 000 = 99.54(台班)

基价:(6 992 + 916 × 2) × 6 300 ÷ 1 000 = 55 591(元)

2)洞口开挖硬土9 500m^3 的工、料、机消耗量及定额基价

(1)洞口开挖硬土,根据定额推土机推运土方表1-1-12-15及装载机装土、石方表1-1-10小注1:装载机装土方如需推土机配合推松、集土时,其人工、推土机台班的数量按"推土机推运土方"第一个20m定额乘以0.8的系数计算。

人工:$5.0\times0.8\times9\ 500\div1\ 000=38.0$(工日)

135kW以内履带式推土机:$1.65\times0.8\times9\ 500\div1\ 000=12.54$(台班)

基价:$2\ 199\times0.8\times9\ 500\div1\ 000=16\ 712$(元)

(2)装载机装硬土,根据定额表1-1-10-2计算得:

2m^3 以内轮胎式装载机:$1.42\times9\ 500\div1\ 000=13.49$(台班)

基价:$1\ 001\times9\ 500\div1\ 000=9\ 510$(元)

(3)10t自卸汽车运土方2km,根据定额表1-1-11-13+14×2计算得:

10t自卸汽车:$(7.58+1.02\times2)\times9\ 500\div1\ 000=91.39$(台班)

基价:$(4\ 233+570\times2)\times9\ 500\div1\ 000=51\ 044$(元)

【例3.4】 某隧道工程洞口防护工程量如下:挖沟硬土90m^3;M7.5浆砌片石护坡120m^3;C25喷射混凝土(高度20m以内)380m^3;光圆钢筋(R235)4 800kg(其中挂网钢筋1.95t,基础、支撑梁钢筋2.85t),砂浆锚杆(ϕ22)1 350m、4.032t;注浆锚杆(ϕ25)580m、2.236t;试计算该洞口防护的工、料、机消耗量及定额基价是多少?

解:(1)挖沟硬土90m^3,根据定额表1-2-1-3计算得:

人工:$347.4\times90\div1\ 000=31.30$(工日)

基价:$17\ 092\times90\div1\ 000=1\ 538$(元)

(2)M7.5浆砌片石护坡120m^3,根据定额表5-1-10-2及总说明九:如设计采用的混凝土、砂浆的强度等级或水泥强度等级与定额所列强度等级不同时,可按配合比表进行换算,定额表5-1-10-2中规定M5砂浆为砌筑用,M10砂浆为勾缝用,而设计采用M7.5为砌筑用砂浆,所以砂浆的材料消耗量应抽换。

根据定额表5-1-10-2得:

人工:$11.4\times120\div10=136.8$(工日)

水:$18\times120\div10=216$(m^3)

片石:$11.50\times120\div10=138.0$(m^3)

其他材料费 $2.4\times120\div10=28.80$(元)

需抽换的材料:32.5级水泥、中(粗)砂

抽换方法:

①由石砌护坡定额表5-1-10-2查得:M5砂浆3.50m^3/10m^3 实体,M10砂浆0.32m^3/10m^3;需32.5级水泥0.866t/10m^3,中(粗)砂4.26m^3/10m^3。

②由基本定额砂浆配合比表查得:

每立方米M7.5砂浆:32.5级水泥0.266t,中(粗)砂1.09m^3

每立方米M10砂浆:32.5级水泥0.311t,中(粗)砂1.07m^3

③每10m^3 实体浆砌片石护坡砂浆材料消耗定额:

32.5级水泥:$0.266\times3.50+0.311\times0.32=1.031$(t)(用1.031t替换定额中0.866t)

中(粗)砂:$1.09\times3.50+1.07\times0.32=4.16$(m^3)(用4.16m^3 替换定额中4.26m^3)

需抽换的材料:32.5级水泥,$1.031\times120\div10=12.372$(t)

中(粗)砂:$4.16\times120\div10=49.92$($m^3$)

基价:[1 496 + (1.031 − 0.866) × 320 + (4.16 − 4.26) × 60] × 120 ÷ 10 = 18 514(元)

注:32.5 级水泥基价 320 元/t,中(粗)砂基价 60 元/m^3。

(3)C20 喷射混凝土 380m^3,根据定额表 5-1-8-8 得:

人工:17.3 × 380 ÷ 10 = 657.4(工日)

钢管:0.007 × 380 ÷ 10 = 0.266(t)

铁件:2.3 × 380 ÷ 10 = 87.4(kg)

32.5 级水泥:4.766 × 380 ÷ 10 = 181.108(t)

水:21 × 380 ÷ 10 = 798(m^3)

中(粗)砂:6.53 × 380 ÷ 10 = 248.14(m^3)

碎石(2cm):6.11 × 380 ÷ 10 = 232.18(m^3)

其他材料费:350.8 × 380 ÷ 10 = 13 330.4(元)

250L 以内混凝土搅拌机:1.95 × 380 ÷ 10 = 74.10(台班)

混凝土喷射机:2.17 × 380 ÷ 10 = 82.46(台班)

9m^3/min 以内电动空压机:1.94 × 380 ÷ 10 = 73.72(台班)

小型机具使用费:3.6 × 380 ÷ 10 = 136.8(元)

基价:5 162 × 380 ÷ 10 = 196 156(元)

(4)挂网钢筋 1.95t,查定额表 5-1-8-2 得:

人工:14.6 × 1.95 = 28.47(工日)

光圆钢筋:1.025 × 1.95 = 1.999(t)

电焊条:10.2 × 1.95 = 19.89(kg)

20 ~ 22 号铁丝:0.9 × 1.95 = 1.755kg

32kV · A 以内交流电弧焊机:3.93 × 1.95 = 7.66(台班)

小型机具使用费:25.6 × 1.95 = 49.92(元)

基价:4 593 × 1.95 = 8 956(元)

(5)基础、支撑梁钢筋 2.85t,查定额表 4-6-1-12 得:

人工:7.4 × 2.85 = 21.09(工日)

光圆钢筋:0.058 × 2.85 = 0.165(t)

带肋钢筋:0.967 × 2.85 = 2.756(t)

电焊条:1.4 × 2.85 = 3.99(kg)

20 ~ 22 号铁丝:2.5 × 2.85 = 7.13(kg)

32kV · A 以内交流电弧焊机:0.35 × 2.85 = 0.998(台班)

小型机具使用费:25.1 × 2.85 = 71.5(元)

基价:3 928 × 2.85 = 11 195(元)

(6)砂浆锚杆(ϕ22)1 350m、4.032t,查定额表 5-1-8-11 得:

人工:54.5 × 4.032 = 219.74(工日)

光圆钢筋:0.007 × 4.032 = 0.028(t)

带肋钢筋:1.025 × 4.032 = 4.133(t)

空心钢钎:21.7 × 4.032 = 87.49(g)

ϕ50mm 以内合金钻头:9 × 4.032 = 36(个)

电焊条:0. 1 ×4. 032 =0. 4(kg)

32. 5 级水泥:0. 323 ×4. 032 =1. 302(t)

水:66 ×4. 032 =266. 11(m^3)

中(粗)砂:0. 76 ×4. 032 =3. 06(m^3)

其他材料费:19. 4 ×4. 032 =78(元)

气腿式凿岩机:15. 03 ×4. 032 =60. 60(台班)

32kV · A 以内交流电弧焊机:0. 02 ×4. 032 =0. 08(台班)

$9m^3$/min 以内电动空压机:7. 18 ×4. 032 =28. 95(台班)

小型机具使用费:189. 5 ×4. 032 =764. 06(元)

基价:11 190 ×4. 032 =45 118(元)

(7)注浆锚杆(ϕ25)580m、2. 236t,查定额表 5-1-9-7 预应力锚索成孔得:

人工:5. 2 ×580 ÷10 =301. 6(工日)

锯材:0. 014 ×580 ÷10 =0. 812(t)

钢管:0. 005 ×580 ÷10 =0. 29(t)

ϕ50mm 以内合金钻头:0. 2 ×580 ÷10 =11. 6(个)

钻杆:4. 3 ×580 ÷10 =249. 4(kg)

铁钉:1. 9 ×580 ÷10 =110. 2(kg)

20 ~22 号铁丝:0. 3 ×580 ÷10 =17. 4(kg)

其他材料费:116. 9 ×580 ÷10 =6 780(元)

ϕ38mm ~ϕ170mm 锚固钻机:0. 83 ×580 ÷10 =48. 14(台班)

$17m^3$/min 以内电动空压机:0. 64 ×580 ÷10 =37. 12(台班)

小型机具使用费:28. 6 ×580 ÷10 =1 658. 8(元)

基价:1 118 ×580 ÷10 =64 844(元)

查定额表 5-1-8-11 得:

人工:54. 5 ×2. 236 =121. 86(工日)

光圆钢筋:0. 007 ×2. 236 =0. 016(t)

带肋钢筋:1. 025 ×2. 236 =2. 292(t)

空心钢钎:21. 7 ×2. 236 =48. 52(kg)

ϕ50mm 以内合金钻头:9 ×2. 236 =20(个)

电焊条:0. 1 ×2. 236 =0. 224(kg)

32. 5 级水泥:0. 323 ×2. 236 =0. 722(t)

水:66 ×2. 236 =147. 58(m^3)

中(粗)砂:0. 76 ×2. 236 =1. 699(m^3)

其他材料费:19. 4 ×2. 236 =43. 38(元)

气腿式凿岩机:15. 03 ×2. 236 =33. 61(台班)

32kV · A 以内交流电弧焊机:0. 02 ×2. 236 =0. 04(台班)

$9m^3$/min 以内电动空压机:7. 18 ×2. 236 =16. 05(台班)

小型机具使用费:189. 5 ×2. 236 =423. 72(元)

基价:11 190 ×2. 236 =25 021(元)

【例 3. 5】 某隧道工程内,路面的工程数量如下:24cm 水泥混凝土底基层 7 245m^2,传力

杆 $\phi32$:1 575kg,板角、板端补强钢筋212kg,连接钢筋1 098kg,拉杆1 475kg,6cm 中粒式沥青混凝土7 245m²,试预算定额计算其工、料、机消耗量及定额基价是多少?

解:隧道工程内的路面需到路面工程中去查定额表,根据隧道工程章说明8(2)的规定,洞内工程项目如需采用其他章节的有关项目时,所采用定额的人工工日、机械台班数量及小型机具使用费,应乘以1.26系数。

1)24cm 水泥混凝土底基层

(1)根据定额表2-2-17-1 +2 ×4 及隧道工程章说明8(2)得:

人工:(290.3 +12.2 ×4) ×1.26 ×7 245 ÷1 000 =3 095.5(工日)

锯材:(0.066 +0.003 ×4) ×7 245 ÷1 000 =0.565(m³)

光圆钢筋:0.004 ×7 245 ÷1 000 =0.029(t)

型钢:(0.054 +0.003 ×4) ×7 245 ÷1 000 =0.478(t)

32.5 级水泥:(76.908 +3.845 ×4) ×7 245 ÷1 000 =668.627(t)

石油沥青:(0.099 +0.004 ×4) ×7 245 ÷1 000 =0.833(t)

煤:(0.020 +0.001 ×4) ×7 245 ÷1 000 =0.174(t)

水:(29 +1 ×4) ×7 245 ÷1 000 =239(m³)

中(粗)砂:(93.84 +4.69 ×4) ×7 245 ÷1 000 =815.79(m³)

碎石(4cm):(169.32 +8.47 ×4) ×7 245 ÷1 000 =1 472.18(m³)

其他材料费:(273.0 +3.9 ×4) ×7 245 ÷1 000 =2 090.91(元)

水泥混凝土真空吸水机:3.48 ×1.26 ×7 245 ÷1 000 =31.77(台班)

混凝土切缝机:3.36 ×1.26 ×7 245 ÷1 000 =30.67(台班)

250L 以内混凝土搅拌机:(7.43 +0.37 ×4) ×1.26 ×7 245 ÷1 000 =81.34(台班)

4 000L 以内洒水汽车:1.44 ×1.26 ×7 245 ÷1 000 =13.15(台班)

小型机具使用费:(283.2 +14.1 ×4) ×1.26 ×7 245 ÷1 000 =3 100.11(元)

基价的调整:24cm 水泥混凝土底基层每1 000m²,增加

人工:(290.3 +12.2 ×4) ×0.26 =88.2(工日)(定额基价为49.2 元/工日)

水泥混凝土真空吸水机:3.48 ×0.26 =0.90(台班)(定额基价为82.11 元/台班)

混凝土切缝机:3.36 ×0.26 =0.87(台班)(定额基价为141.52 元/台班)

250L 以内混凝土搅拌机:(7.43 +0.37 ×4) ×0.26 =2.32(台班)(定额基价为96.79 元/台班)

4 000L 以内洒水汽车:1.44 ×0.26 =0.37(台班)(定额基价为455.56 元/台班)

小型机具使用费:(283.2 +14.1 ×4) ×0.26 =88.30(元)

基价:[(57 227 +2 663 ×4) +88.2 ×49.2 +0.9 ×82.11 +0.87 ×141.52 +2.32 ×96.79 +0.37 ×455.56 +88.3] ×7 245 ÷1 000 =528 138(元)

(2)拉杆及传力杆。根据定额表2-2-17-13 及隧道工程章说明8(2)得:

1.575 +1.475 =3.05(t)

人工:8.2 ×1.26 ×3.05 =31.5(工日)

光圆钢筋:0.601 ×3.05 =1.833(t)

带肋钢筋:0.537 ×3.05 =1.638(t)

电焊条:0.6 ×3.05 =1.83(kg)

20 ~22 号铁丝:0.7 ×3.05 =2.14(kg)

石油沥青:0.007×3.05=0.021(t)

其他材料费:15.3×3.05=46.7(元)

32kV·A以内交流电焊机:0.11×3.05×1.26=0.42(台班)

小型机具使用费:12.4×3.05×1.26=47.7(元)

1t拉杆及传力杆增加人工:8.2×0.26=2.1(工日)

32kV·A以内交流电焊机:0.11×0.26=0.029(台班)(基价为:104.64元/台班)

小型机具使用费:12.4×0.26=3.2(元)

基价:(4 286+2.1×49.2+0.029×104.64+3.2)×3.05=13 406(元)

(3)钢筋。根据定额表2-2-17-15及隧道工程章说明8(2)得:

0.212+1.098=1.31(t)

人工:6.0×1.26×1.31=9.90(工日)

光圆钢筋:0.019×1.31=0.025(t)

带肋钢筋:1.006×1.31=1.318(t)

20~22号铁丝:5.1×1.31=6.68(kg)

小型机具使用费:11.1×1.31×1.26=18.3(元)

1t钢筋增加人工:6×0.26=1.56(工日)

小型机具使用费:11.1×0.26=2.9(元)

基价:(3 822+1.56×49.2+2.9)×1.31=5 111(元)

2)6cm中粒式沥青混凝土7 245m^2

(1)沥青混凝土的拌和。根据定额[2-2-11-9]及隧道工程章说明8(2)得:

7 245×0.06=434.7(m^3)

人工:47.2×1.26×434.7÷1 000=25.85(工日)

石油沥青:113.465×434.7÷1 000=49.323(t)

砂:389.79×434.7÷1 000=169.44(m^3)

矿粉:117.720×434.7÷1 000=51.17(m^3)

石屑:226.75×434.7÷1 000=98.57(m^3)

路面用碎石(1.5cm):334.74×434.7÷1 000=145.51(m^3)

路面用碎石(2.5cm):520.05×434.7÷1 000=226.07(m^3)

其他材料费:230.0×434.7÷1 000=99.98(元)

设备摊销费:3 207.7×434.7÷1 000=1 394(元)

2m^3以内轮胎式装载机:7.02×1.26×434.7÷1 000=3.85(台班)

120t/h以内沥青拌和设备:3.74×1.26×434.7÷1 000=2.05(台班)

5t以内自卸汽车:3.89×1.26×434.7÷1 000=2.13(台班)

基价的调整,每1 000m路面实体增加

人工:47.2×0.26=12.27(工日)

2m^3以内轮胎式装载机:7.02×0.26=1.83(台班)(基价704.65元/台班)

120t/h以内沥青拌和设备:3.74×0.26=0.97(台班)(基价14 214.93元/台班)

5t以内自卸汽车:3.89×0.26=1.01(台班)(基价369.17元/台班)

基价:(600 978+12.27×49.20+1.83×704.65+0.97×14 214.93+1.01×369.17)×434.7÷1 000=268 224(元)

(2)沥青混凝土的运输。根据定额表2-2-13-13及隧道工程章说明8(2)得：

$$7\ 245 \times 0.06 = 434.7(m^3)$$

10t以内自卸汽车：10.92×1.26×434.7÷1 000=5.98(台班)

基价的调整，每1 000m路面实体增加：

10t以内自卸汽车：10.92×0.26=2.84(台班)(基价558.48元/台班)

基价：(6 099+2.84×558.48)×434.7÷1 000=3 341(元)

(3)沥青混凝土路面的铺筑。根据定额[2-2-14-39]及隧道工程章说明8(2)得：

$$7\ 245 \times 0.06 = 434.7(m^3)$$

人工：41.0×1.26×434.7÷1 000=22.46(工日)

6~8t光轮压路机：8.01×1.26×434.7÷1 000=4.39(台班)

12~15t光轮压路机：6.01×1.26×434.7÷1 000=3.29(台班)

6.0m以内沥青混合料摊铺机：4.07×1.26×434.7÷1 000=2.23(台班)

16~20t轮胎压路机：2.74×1.26×434.7÷1 000=1.50(台班)

20~25t轮胎压路机：1.17×1.26×434.7÷1 000=0.64(台班)

基价的调整，每1 000m路面实体增加

人工：41.0×0.26=10.66(工日)

6~8t光轮压路机：8.01×0.26=2.08(台班)(基价251.49元/台班)

12~15t光轮压路机：6.01×0.26=1.56(台班)(基价411.77元/台班)

6.0m以内沥青混合料摊铺机：4.07×0.26=1.06(台班)(基价1678.79元/台班)

16~20t轮胎压路机：2.74×0.26=0.71(台班)(基价618.66元/台班)

20~25t轮胎压路机：1.17×0.26=0.30(台班)(基价760.27元/台班)

基价：(15 924+10.66×49.20+2.08×251.49+1.56×411.77+1.06×1 678.79+0.71×618.66+0.3×760.27)×434.7÷1 000=8 720(元)

【例3.6】 某隧道工程二次衬砌，C25防水混凝土拱墙10 400m^3，C25防水混凝土仰拱4 200m^3，C25防水混凝土中墙3 130m^3，带肋钢筋2 080t，试确定所采用预算定额表号。

解：该隧道工程二次衬砌采用的预算定额表号如表3-6所示。

预算定额表号

表3-6

工程项目	定额表号	工程数量(m^3)	调整系数
C25防水混凝土拱墙	3-1-9-2	10 400÷10=1 040	
C25防水混凝土仰拱	3-1-9-3	4 200÷10=420	
C25防水混凝土中墙	3-1-9-5	3 130÷10=313	
混凝土拌和	4-11-11-11	(10 400+4 200+3 130)÷10=1 773	1.17
混凝土运输	4-11-11-20	1 773	
混凝土运输	3-1-9-9	1 773	
钢筋	3-1-9-6	2 080	

3.2.4 其他章节典型定额的应用

1)路基工程定额的应用

【例3.7】 ××二级公路路基土、石方工程数量如表3-7所示(表中挖方和利用方均为天然密实方，填方为压实方），求其利用方（压实方）、弃方、借方数量及其计价内容，若借方为普通土，$2m^3$ 的单斗挖掘机挖装土方，10t 自卸汽车运输 3.2km，试计算借方所需的工、料、机消耗量及定额基价。

××二级公路路基土、石方工程数量（单位：m^3）　　表 3-7

项　目		松土	普通土	硬土	软石	合计
工程量	挖方	80 000	120 000	150 000	160 000	510 000
	利用方	50 000	110 000	120 000	100 000	380 000
	填方	400 000				

解：根据路基工程第一节路基土、石方工程节说明 8(1) 土石方体积的计算。除定额中另有说明者外，土方挖方按天然密实体积计算，填方按压（夯）实后的体积计算，石方爆破按天然密实体积计算。当以填方压实体积为工程量，采用以天然密实方为计量单位的定额时，所采用的定额应乘以表 3-8 的系数。

天然密实与压实方之间的换算系数　　表 3-8

公路等级＼土类	土方			石　方
	松土	普通土	硬土	
二级及二级以上等级公路	1.23	1.16	1.09	0.92
三、四级公路	1.11	1.05	1.00	0.84

其中：推土机、铲运机施工土方的增运定额按普通土栏目的系数计算；人工挖运土方的增运定额和机械翻斗车、手扶拖拉机运输土方、自卸汽车运输土方的运输定额在上表系数的基础上增加 0.03 的土方运输损耗，但弃方运输不应计算运输损耗。

(1) 将利用方的数量换算为压实方数量：

松土：$50\ 000 \div (1.23 + 0.03) = 39\ 683(m^3)$

普通土：$110\ 000 \div (1.16 + 0.03) = 92\ 437(m^3)$

硬土：$120\ 000 \div (1.09 + 0.03) = 107\ 143(m^3)$

石方：$100\ 000 \div 0.92 = 108\ 696(m^3)$

利用方数量压实方合计：$39\ 683 + 92\ 437 + 107\ 143 + 108\ 696 = 347\ 959(m^3)$

(2) 借方数量压实方：$400\ 000 - 347\ 959 = 52\ 041(m^3)$。

(3) 弃方天然密实方：松土 $30\ 000m^3$，普通土 $10\ 000m^3$，硬土 $30\ 000m^3$，软石 $60\ 000m^3$

弃方总数量：$30\ 000 + 10\ 000 + 30\ 000 + 60\ 000 = 130\ 000(m^3)$。

(4) 若借方为普通土，$2m^3$ 的单斗挖掘机挖装土方的所需的工、料、机消耗量及定额基价，根据定额表 1-1-9-8 及节说明 8 得：

人工：$4.5 \times 52\ 041 \times 1.16/1\ 000 = 271.7$（工日）

75kW 以内履带式推土机：$0.25 \times 52\ 041 \times 1.16/1\ 000 = 15.09$（台班）

$2m^3$ 的单斗挖掘机：$1.15 \times 52\ 041 \times 1.16/1\ 000 = 69.42$（台班）

基价：$1\ 991 \times 52\ 041 \times 1.16/1\ 000 = 120\ 192$（元）

(5) 10t 自卸汽车运输 3.2km，根据定额表 1-1-11-13-14 ×4 及节说明 8、5 得：

10t 以内自卸汽车：$(7.58 + 1.02 \times 4) \times 52\ 041 \times (1.16 + 0.03)/1\ 000 = 722.09$（台班）

基价：$(4\ 233 + 570 \times 4) \times 52\ 041 \times (1.16 + 0.03)/1\ 000 = 403\ 342$（元）

各种土石方量套用的定额、计量单位及计价内容分析如下：

①挖方:按土质分类分别套用相应的定额,定额单位为天然密实方。

②填方:套用相应的压实定额,定额单位为压实方。

③本桩利用:这一数量不参与费用计算,其挖已在"挖方"内计算,其填已在"填方"内计算。

④远运利用:只计算其调配运输费用。其挖已在"挖方"内计算,其填已在"填方"内计算。

⑤借方:计算其挖、装、运的费用,其填已在"填方"内计算。

⑥弃方:只计算其运输费用,其挖已在"挖方"内计算。

⑦计价土方:挖方(天然密实方)+借方(压实方)或挖方(天然密实方)+填方(压实方)-利用方(压实方)。

套用定额时应注意:当以压实方量为工程量,在采用以天然密实方为定额计量单位的定额表时,应将其定额值乘以表3-8所示的换算系数;同时注意本表的附注,用自卸汽车运输土方时,则运输定额应在上表系数的基础上增加0.03的土方运输损耗。

2)路面工程定额的应用

【例3.8】 某路面工程,基层为厚32cm水泥含量为6%的水泥碎石基层85 000m^2,采用拌和能力为200t/h的拌和设备拌和,混合料用10t自卸汽车运输2.3km。试确定该分项工程的工、料、机消耗量?

解:(1)混合料的拌和,根据定额表2-1-7-5+6×17及小注、第二章第一节说明2得:

人工:(3.1+0.2×17)×85 000/1 000=552.5(工日)

32.5级水泥:[(16.755+1.117×17)×6%÷5%]×85 000/1 000=3 645.89(t)

水:(21+1×17)×85 000/1 000=3 230(m^3)

碎石:[(220.32+14.69×17)×94%÷95%]×85 000/1 000=39 533.68(m^3)

2m^3以内轮胎式装载机:(0.71+0.05×17)×85 000/1 000=132.60(台班)

200t/h稳定土厂拌设备:(0.36+0.02×17)×85 000/1 000=59.50(台班)

(2)混合料的运输,根据定额表2-1-8-13+14×3及第二章章说明7得:

10t以内自卸汽车:(8.06+0.95×3)×85 000×0.32/1 000=296.75(台班)

(3)混合料的铺筑,根据定额表2-1-9-3及第二章第一节说明1得:

人工:(4.7+3)×85 000/1 000=654.5(工日)

120kW以内自行式平地机:0.37×2×85 000/1 000=62.90(台班)

6~8t光轮压路机:0.14×2×85 000/1 000=23.80(台班)

12~15t光轮压路机:1.27×2×85 000/1 000=215.90(台班)

6 000L以内洒水汽车:0.31×85 000/1 000=26.35(台班)

3)桥涵工程定额的应用

【例3.9】 跨径为20m的石拱桥,其浆砌片石拱圈工程量为500m^3,设计采用M10水泥砂浆砌筑,试确定编制预算时的工、料、机消耗量是多少?

解:根据定额表4-5-2-8及第四章第五节说明1和《预算定额》总说明的规定:"如设计采用的混凝土、砂浆强度等级或水泥强度等级与定额所列强度等级不同时,可按配合比表进行换算"。设计采用M10水泥砂浆砌筑拱圈与定额不符,故需要抽换定额。直接查得:

人工:18.9×500÷10=945(工日)

原木:0.012×500÷10=0.60(m^3)

锯材:0.016×500÷10=0.8(m^3)

铁钉:0.1 × 500 ÷ 10 = 5(kg)

8 ~ 12 号铁丝:1.5 × 500 ÷ 10 = 75(kg)

水:15 × 500 ÷ 10 = 750(m^3)

片石:11.5 × 500 ÷ 10 = 575(m^3)

其他材料费:4.5 × 500 ÷ 10 = 225(元)

小型机具使用费:7.2 × 500 ÷ 10 = 360(元)

需抽换的材料:

由定额表 4-5-2-8 查得:每 10m^3 砌体需 M7.5 砌筑水泥砂浆 3.5m^3,M10 勾缝水泥砂浆 0.18m^3,根据砂浆配合比(表 3-9)得:

每 10m^3 砌体调整 32.5 级水泥用量:3.5 × (311 − 266) = 157.5(kg)

每 10m^3 砌体调整中(粗)砂用量:3.5 × (1.07 − 1.09) = −0.07(m^3)

32.5 级水泥:(0.986 + 0.158) × 500 ÷ 10 = 1.144 × 500 ÷ 10 = 57.20(t)

中(粗)砂:(4.00 − 0.07) × 500 ÷ 10 = 3.93 × 500 ÷ 10 = 196.5(m^3)

砂浆配合比表　　表 3-9

序　号	项　目	单　位	水泥砂浆等级	
			M7.5	M10
1	32.5 级水泥	kg	266	311
2	中(粗)砂	m^3	1.09	1.07

【例 3.10】 某桥梁预制、安装钢筋混凝土 T 形梁。已知 T 形梁混凝土设计强度等级为 C35,标准跨径 20m,采用蒸汽养生施工,起重机安装,试确定其预算定额值是多少?

解:(1)预制 T 形梁混凝土,根据定额表 4-7-12-1 及第四章说明 3 的规定,“如采用蒸汽养生时,应从各有关定额中减去人工 1.5 工日及其他材料费 4 元,并按蒸汽养生有关定额计算”;《预算定额》总说明的规定:“如设计采用的混凝土、砂浆强度等级或水泥强度等级与定额所列强度等级不同时,可按配合比表进行换算”,设计采用 C35 混凝土与定额不符,故需要抽换定额。查得:单位为 10m^3。

人工:31 − 1.5 = 29.5(工日)

原木:0.026m^3,锯材:0.035m^3,光圆钢筋:0.002t,钢板:0.029t,电焊条:4.3kg,钢模板:0.100t,铁钉:13.2kg,水:16m^3。

其他材料费:20.3 − 4 = 16.3(元)

由定额表 4-7-12-1 每 10m^3 实体需 C30 水泥混凝土 10.10m^3,根据混凝土配合比表 C35 混凝土 1m^3 混凝土需 32.5 级水泥 450kg,中(粗)砂 0.45m^3,2cm 碎石 0.78m^3 得:

32.5 级水泥:0.45 × 10.1 = 4.545(t)(替换定额中 4.101t)

中(粗)砂:0.45 × 10.1 = 4.545(m^3)(替换定额中 4.65m^3)

2cm 碎石:0.78 × 10.1 = 7.88(m^3)(替换定额中 7.98m^3)

机械(略)

(2)预制 T 形梁钢筋工作,查定额表 4-7-12-2,单位为 1t 钢筋。

工、料、机消耗量(略)

(3)蒸汽养生查定额表 4-11-8-2 单位为 10m^3。

工、料、机消耗量(略)

(4)T 形梁安装,查定额表 4-7-12-6 单位为 $10m^3$ 实体。

工、料、机消耗量(略)

3.2.5 公路工程机械台班费用定额的应用

《台班费用定额》是《概算定额》和《预算定额》的配套定额。

1)定额的适用范围、内容及用途

(1)适用范围。《台班费用定额》是编制公路基本建设工程概、预算,以及进行经济核算的依据。公路养护、大、中修工程,可参考使用。

(2)主要内容。《台班费用定额》的内容包括土石方工程机械;路面工程机械;混凝土及灰浆机械;水平运输机械;起重及垂直运输机械;打桩、钻孔机械;泵类机械;金属、木、石料加工机械;动力机械;工程船舶;其他机械等 11 类 746 个子目。

(3)《台班费用定额》的用途:

①据以计算机械台班单价。编制预算时,根据工程所在地区机械工人的工资、燃料、水和电的预算单价,按《台班费用定额》分析计算确定。

②据以计算台班消耗的人工、燃料等实物量。为了编制施工组织设计,需要统计人工、材料等实物量,其中有关机械所消耗的各种资源实物量,要根据台班费用定额分析计算确定。

③供编制施工组织方案(特别是机械化施工方案)进行经济比较之用。

2)台班费用的组成

《台班费用定额》由 7 项费用组成:

(1)折旧费:指机械设备在规定的使用期限内陆续收回其原值的费用。

(2)大修理费:指机械设备按规定的大修间隔台班必须进行大修理,以恢复其正常功能所需费用。

(3)经常修理费:指机械设备除大修理以外的各级保养、排除临时故障所需的费用;为保障机械正常运转所需替换设备、随机使用工具、附具摊销和维护的费用;机械正常运转和日常保养所需的润滑油脂、擦拭材料的费用和机械在规定年工作台班以外的维护和保养等费用。

(4)安装拆卸及辅助设施费:指机械在施工现场进行安装、拆卸所需的人工费、材料费、机械费、试运转费以及安装所需的辅助设施费。

辅助设施费包括安置机械的基础、底座及固定锚桩等费用。打桩、钻孔机械在施工过程中的过墩、位移等所发生的安装拆卸费用包括在工程项目之内。

稳定土厂拌设备、沥青乳化设备、黑色粒料拌和机、沥青混合料拌和设备、混凝土搅拌站(楼)、塔式起重机、施工电梯的安装、拆卸以及拌和设备、混凝土搅拌站、大型发电机的混凝土基础、沉淀池、散热池等辅助设施和机械操作所需的轨道、工作台的设置费用,不在此项费用内,在工程项目中另行计算。

(5)人工费:指随机人员的工作日工资(包括基本工资、各类补贴、辅助工资、劳保保护费以及各类保险和住房公积金等)。

(6)动力燃料费:指机械在运转施工作业中所耗用的电力、固体燃料、液体燃料和水等费用。

(7)养路费和车船使用税:指机械按国家规定应缴纳的养路费和车船使用税等。

3)台班费用定额表

台班费用定额表是《台班费用定额》的主要组成部分。台班费用定额表是按机械分类编制的,共分 11 个表。每个表又根据机械的规格分为若干子目的定额。

(1)表名:如“二、路面工程机械”,是指《台班费用定额》第17~24页所列的各种规格路面工程机械的台班费用定额。

(2)代号:是指每种规格的机械在用电子计算机编制概、预算时对机械的识别符号,也就是该子目机械的代号。各子目所示的代号与《公路工程概算定额》、《公路工程预算定额》中该子目所示机械的代号是一致的、相同的。代号不许变动,而且在各类机械之间,留有一些空号,以备补充之用。

(3)子目:每个代号为一个子目,表示一种规格的机械。如代号1135表示风动锻钎机,而1136则表示液压锻钎机。

(4)不变费用:指定额表中的1~4项费用(折旧费、大修理费、经常修理费、安拆及辅助设施费)为不变费用。编制机械台班单价时,除青海、新疆、西藏边远地区外,应直接采用定额值,即直接采用不变费用的小计值。

根据规定边远地区因维修工资、配件材料等价差较大而需调整不变费用时,可根据具体情况,由省、自治区交通(运输)厅制定系数并报原交通部公路局备案后执行。

(5)可变费用:指定额表中第5~7项费用(人工费、动力燃料费、养路费及车船使用税)为可变费用。编制机械台班单价时,随机操作人员数量及动力物资消耗量应以本定额中的数值为准。

构成可变费用的人工单价、燃料单价以及养路费标准等,不仅各地不同,而且每年也可能不同,所以构成人工费、燃料费、养路费及车船使用税等可变费用也必然变动的。

人工工资标准按《编制办法》执行。

工程船舶和潜水设备的工日单价,按当地有关部门规定计算。

动力燃料费按当地的动力物资的工地预算价格计算。

养路费及车船使用税,如需缴纳时,应按各省、自治区、直辖市及国务院有关部门规定的标准,按机械的年工作台班计入台班费中。

(6)机械自管理部门至工地或自某一工地至另一工地的运杂费,不包括在本定额中。

(7)加油及油料过滤的损耗和由变电设备至机械之间的输电线路电力损失,均已包括本定额中。

(8)定额中凡注明“××以内”者,均含“××”数本身。定额子目步距起点均由前项开始,如“30以内”、“60以内”、“80以内”等,其中“60以内”指“30以外至60以内”,“80以内”指“60以外至80以内”。

(9)基价:指不变费用和可变费用之合计数,仅供参考比较之用,不作为编制工程概、预算的依据。

(10)《台班费用定额》按照公路工程中常用的施工机械的规格编制,规格与之相同或相似的,均应直接采用。

4)台班费用定额应用示例

【例3.11】 试确定165kW以内(WB220),稳定土拌和机的台班费用定额值和台班单价。当地规定人工单价为49.85元/工日,柴油单价为5.46元/kg。

解:(1)180kW以内稳定土拌和机的代号为1154。

(2)在代号1154子目查得定额值:不变费用688.43元(含折旧费:296.59元;大修理费:110.69元;经常修理费:281.15元)。

(3)可变费用。

人工:$2\times49.85=99.7$(元)

柴油:103.725 × 5.46 = 566.31(元)

台班单价:688.43 + (99.7 + 566.31) = 1 354.44(元/台班)

思考题

1. 什么是定额? 定额有哪些作用?

2. 定额有哪些特点?

3. 从不同的角度对公路工程定额进行分类,各分为哪些定额?

4. 什么是产量定额、时间定额? 两者之间有什么关系?

5. 材料消耗定额由哪些部分组成?

6. 某隧道工程,土质为Ⅳ级,数量为 85 000m^3,隧道长度为 5 500m,洞外运距 800m,正洞采用机械开挖,10t 自卸汽车运输,试确定其工、料、机消耗量?

7. 某隧道工程,洞内路面采用 34cm 厚水泥含量 6% 的水泥碎石稳定基层,采用 200t/h 的稳定土厂拌设备,8t 自卸汽车运输混合料洞外 2km,试确定其工、料、机消耗量?

工作任务四　概、预算费用组成的认知和计算

知识目标：

(1)认识概、预算的分类及其作用；

(2)掌握概、预算的费用组成；

(3)掌握建筑安装工程费用及计算方法；

(4)认识设备、工具、器具及家具购置费标准、工程建设其他费用计算方法。

能力目标：

(1)能进行概、预算的分类；

(2)能进行建筑安装工程费用计算；

(3)能进行设备、工具、器具及家具购置费和工程建设其他费用的计算；

(4)能进行概、预算总金额的计算。

4.1　公路工程概、预算认知

4.1.1　基本概念

公路工程概、预算，是根据公路工程各个阶段的设计内容，具体计算其全部建设费用的文件，是工程造价管理的重要环节，是国家对公路基本建设实行科学管理和监督的一种重要手段。

4.1.2　概、预算的分类

1)设计概算

设计概算是公路工程初步设计阶段设计文件的重要组成部分。设计概算是根据初步设计图纸、《概算定额》、《编制办法》而编制的，其额度应控制在已批准的、建设项目可行性研究报告投资估算允许浮动的幅度范围之内。它的主要作用是：

(1)概算经批准后，是公路基本建设项目投资最高限额。

(2)是编制建设项目投资计划、确定和控制建设项目投资的依据。

(3)是控制施工图设计和施工图预算的依据。

(4)是衡量设计方案经济合理性和选择最佳设计方案的依据。

(5)是考核建设项目投资效果的依据。

(6)以批准的初步设计进行设计施工总承包的工程，其标底或总价控制值应在批准的总概算范围内。

2)修正概算

对建设项目中重大、复杂的技术问题，根据初步设计批复的意见，解决初步设计中未解决

的问题,进一步进行初步设计,并据以编制相应的修正概算文件。

所以,修正概算的作用、编制依据、程序和方法与设计概算基本上是一样的。编制概算或修正概算,应全面了解工程所在地的建设条件,掌握各项基础资料,正确引用规定的定额、取费标准、工资单价和材料设备价格,按照编制办法的规定进行编制,使概算能完整、准确地反映设计内容。

3)施工图预算

施工图预算是施工图设计文件的组成部分,是依据《预算定额》、《编制办法》来编制的,用于控制其额度在概算(或修正概算)范围之内的计算工程项目全部建设费用的文件,是设计阶段控制工程造价的主要指标。施工图预算的作用:

(1)施工图预算作为承包施工任务的依据

①编制施工图预算的主要目的,是指导建设项目的施工。施工单位在组织施工时,应根据施工图预算计算出来的各项工程的工程量编制计划组织施工,预算中提供的材料、半成品、各种构件的用量、品种、规格以及质量标准,是施工单位组织采购、加工、供应的依据。预算中提供的人工、机械台班用量也是安排施工计划的依据。

②施工图预算是施工单位统计完成工程量的依据。施工单位在掌握工程进度时,除了要有工程量和形象进度外,还要有以货币表现的工作量,它是根据施工期内实际完成的各种工程量乘以相应的预算单价来计算的,是考核工程进度和完成计划的一个综合指标。

③施工图预算是施工企业进行经济核算的依据。施工图预算计算出来的单项、单位工程技术经济指标,是建筑安装工程产品的计划价格,施工企业为了取得较好的经济效益,必须在预算提供产品价格的范围内,通过加强经济核算,努力提高劳动生产率,降低人力、物力、财力的消耗,以达到降低成本的目的,为企业提供更多的积累和盈利。

④经审定的施工图预算是施工单位和建设单位进行工程结算的依据。工程竣工后或根据施工进度安排完成部分工程量后,应以施工图预算中所确定的价格进行结算。

⑤施工图预算是进行工程拨款的依据。建筑安装工程的拨款,是以施工图预算和建设单位与施工单位结算的工作量为依据,并以施工图预算对合同甲、乙双方实施财政监督,促使建设单位合理地使用建设资金。

⑥施工图预算也是工程决算的依据。工程竣工后应根据所完成的工程量和施工图预算所确定的价格进行决算,最后形成总的新增固定资产价值。

⑦施工图预算是审计工作的依据。当建设项目需要由审计单位进行设计时,施工图预算是审计工作的依据。

(2)当建设项目实行施工招标时,审定的施工图预算也可以作为编制工程标底的依据

建设项目在审定后的施工图预算的基础上组织招标时,施工图预算提供的工程量以及人工、材料、机械台班用量是编制工程标底的依据。施工招标的标底价格,不但要反映价值,还要反映供求关系。它是建筑工程的商品价格和市场价格,可以根据建筑业市场上的供求关系进行浮动,所以它不完全是按照预算的编制模式一统到底的,这与施工图预算是有区别的。但工程标底的制定仍然是以预算为依据,按照编制施工图预算的原则和方法结合市场行情和按工程的实际情况来编制的。

(3)施工图预算是衡量设计方案是否经济合理的依据

施工图预算提供的总预算造价指标和各分项工程的造价指标与以往的技术经济指标进行比较,进一步论证初步设计或技术设计所确定的设计方案是否经济合理。同时,还应和初步设计概算或技术设计修正概算中的各项技术指标进行对比,以检查概算编制的质量和水平。

4.1.3 公路工程预算项目划分

为使公路工程预算编制规范化,依据《公路工程基本建设项目设计文件编制办法》,在《编制办法》中对费用项目的名称、层次作了统一的规定,从而可以防止列项时出现混乱、漏列、错列的现象。因此,在进行预算项目划分时,必须严格按照《公路工程基本建设项目概算预算编制办法》中"概、预算项目表"划分规定,结合设计图纸及施工组织设计对工程项目进行分项。

1)项目表

概(预)算项目主要包括以下内容:

第一部分 建筑安装工程费

第一项 临时工程

第二项 路基工程

第三项 路面工程

第四项 桥梁涵洞工程

第五项 交叉工程

第六项 隧道工程

第七项 公路设施及预埋管线工程

第八项 绿化及环境保护

第二部分 设备及工具、器具购置费

第三部分 工程建设其他费用

2)运用项目表列项要求

概、预算项目应按项目表的序列及内容编制,隧道工程项目见表4-1。

隧道工程概、预算项目表 表4-1

项	目	节	细目	工程或费用名称	单位	备注
一				第一部分 建筑安装工程费		建设项目路线总长度(主线长度)
	1			临时道路	km	新建便道与利用原有道路总长
			1	临时便道的修建与维护	km	新建便道长度
			2	原有道路的维护与恢复	km	利用原有道路长度
				…		
	2			临时便桥	m/座	指汽车便桥
	3			临时轨道铺设	km	
	4			临时电力线路	km	
	5			临时电信线路	km	不包括广播线
	6			临时码头	座	按不同的形式划分节或细目
六				隧道工程	km/座	按隧道名称分目,并注明其形式
	1			×××隧道	m	按明洞、洞门、洞身开挖、衬砌等分节
		1		洞门及明洞开挖	m^3	
			1	挖土方	m^3	

续上表

项	目	节	细目	工程或费用名称	单位	备注
			2	挖石方	m^3	
				…		
		2		洞门及明洞修筑	m^3	
			1	洞门建筑	m 座	
			2	明洞衬砌	m^3/m	
			3	遮光棚(板)	m^3/m	
			4	洞口坡面防护	m^3	
			5	明洞回填	m^3	
				…		
		3		洞身开挖	m^3/m	
			1	挖土石方	m^3	
			2	注浆小导管	m	
			3	管棚	m	
			4	锚杆	m	
			5	钢拱架(支撑)	t/榀	
			6	喷射混凝土	m^3	
			7	钢筋网	t	
				…		
		4		洞身衬砌	m^3	
			1	现浇混凝土	m^3	
			2	仰拱混凝土	m^3	
			3	管、沟混凝土	m^3	
				…	m^3	
		5		防水与排水	m^3	
			1	防水板	m^2	
			2	止水带、条	m	
			3	压浆	m^3	
			4	排水管	m	
				…		
		6		洞内路面	m^2	按不同的路面结构和厚度划分细目
			1	水泥混凝土路面	m^2	
			2	沥青混凝土路面	m^2	
				…		
		7		通风设施	m	按不同的设施划分细目
			1	通风机安装	台	
			2	风机启动柜洞门	个	
				…		
		8		消防设施	m	按不同的设施划分细目

续上表

项	目	节	细 目	工程或费用名称	单 位	备 注
			1	消防室洞门	个	
			2	通道防火闸门	个	
			3	蓄(集)水池	座	
			4	喷防水涂料	m^2	
				…		
		9		照明设施	m	按不同的设施划分细目
			1	照明灯具	m	
				…		
		10		供电设施	m	按不同的设施划分细目
		11		其他工程	m	按不同的内容划分细目
			1	卷帘门	个	
			2	检修门	个	
			3	洞身及洞门装饰	m^2	
	2			×××隧道	m	
				第二部分 设备及工具、器具购置费		
一				设备购置费	公路公里	
	1			需安装的设备	公路公里	
		1		监控系统设备	公路公里	按不同设备分别计算
		2		通信系统设备	公路公里	按不同设备分别计算
		3		收费系统设备	公路公里	按不同设备分别计算
		4		供电照明系统设备	公路公里	按不同设备分别计算
	2			不需安装的设备	公路公里	
		1		监控系统设备	公路公里	按不同设备分别计算
		2		通信系统设备	公路公里	按不同设备分别计算
		3		收费系统设备	公路公里	按不同设备分别计算
		4		供电照明系统设备	公路公里	按不同设备分别计算
二				工具、器具购置	公路公里	
三				办公及生活用家具购置	公路公里	
				第三部分 工程建设其他费用	公路公里	
一				土地征用及拆迁补偿费	公路公里	
二				建设项目管理费	公路公里	
	1			建设单位(业主)管理费	公路公里	
	2			工程监理费	公路公里	
	3			设计文件审查费	公路公里	

续上表

项	目	节	细目	工程或费用名称	单位	备注
	4			竣(交)工验收试验检测费	公路公里	
三				研究试验费	公路公里	
四				前期工作费	公路公里	
五				施工机构迁移费	公路公里	
六				供电贴费	公路公里	
七				联合试运转费	公路公里	
八				生产人员培训费	公路公里	
九				固定资产投资方向调节税	公路公里	
十				建设期贷款利息	公路公里	
				第一、二、三部分费用合计	公路公里	
				预留费用	元	
				1. 价差预备费	元	
				2. 基本预备费	元	预算实行包干时,列系数包干费
				概(预)算总金额	元	
				其中:回收金额	元	
				公路基本造价	公路公里	

熟悉运用项目表,对于概、预算编制非常重要。概、预算时,原则上应按项目表规定的项目序列编制,但实际出现的工程和费用项目与项目表的内容不完全相符时,应按以下规定办理。

(1)“部分”和“项”的序号应保留不变,即一、二、三部分和“项”的序号应保留不变。例如,第二部分的“设备、工具、器具购置费”在该项工程中不发生时,第三部分的“工程建设其他费用”仍为第三部分。又如,路线工程第一部分第六项为“隧道工程”,第七项为“公路设施及预埋管线工程”,若路线中无隧道工程项目,则其序号“六”仍保留,而“公路设施及预埋管线工程”则仍为第七项。

(2)“目”“节”和“细目”可随需要增减,并按项目表的顺序,以实际出现的“目”“节”“细目”依次排列,不保留缺少的“目”“节”“细目”的序号,即依次递补,改变序号。例如,1 目为临时道路,2 目为临时便桥,3 目为临时轨道铺设,若工程项目中没有临时便桥,则临时轨道铺设应为 2 目。

(3)路线建设项目中的互通式立体交叉、辅道、支线工程,如工程规模较大时,也可按概、预算表单独编制建筑安装工程费,然后将其概、预算建筑安装工程费总额列入路线总概(预)表中相应的项目内。

(4)概、预算应按一个建设项目(如一条路线或一座独立大、中桥)进行编制。当一个建设项目需要分段时,应根据需要分别编制,但必须汇总编制“总概(预)算汇总表”。

4.2 概、预算费用组成认知

概、预算费用的组成如图 4-1 所示。

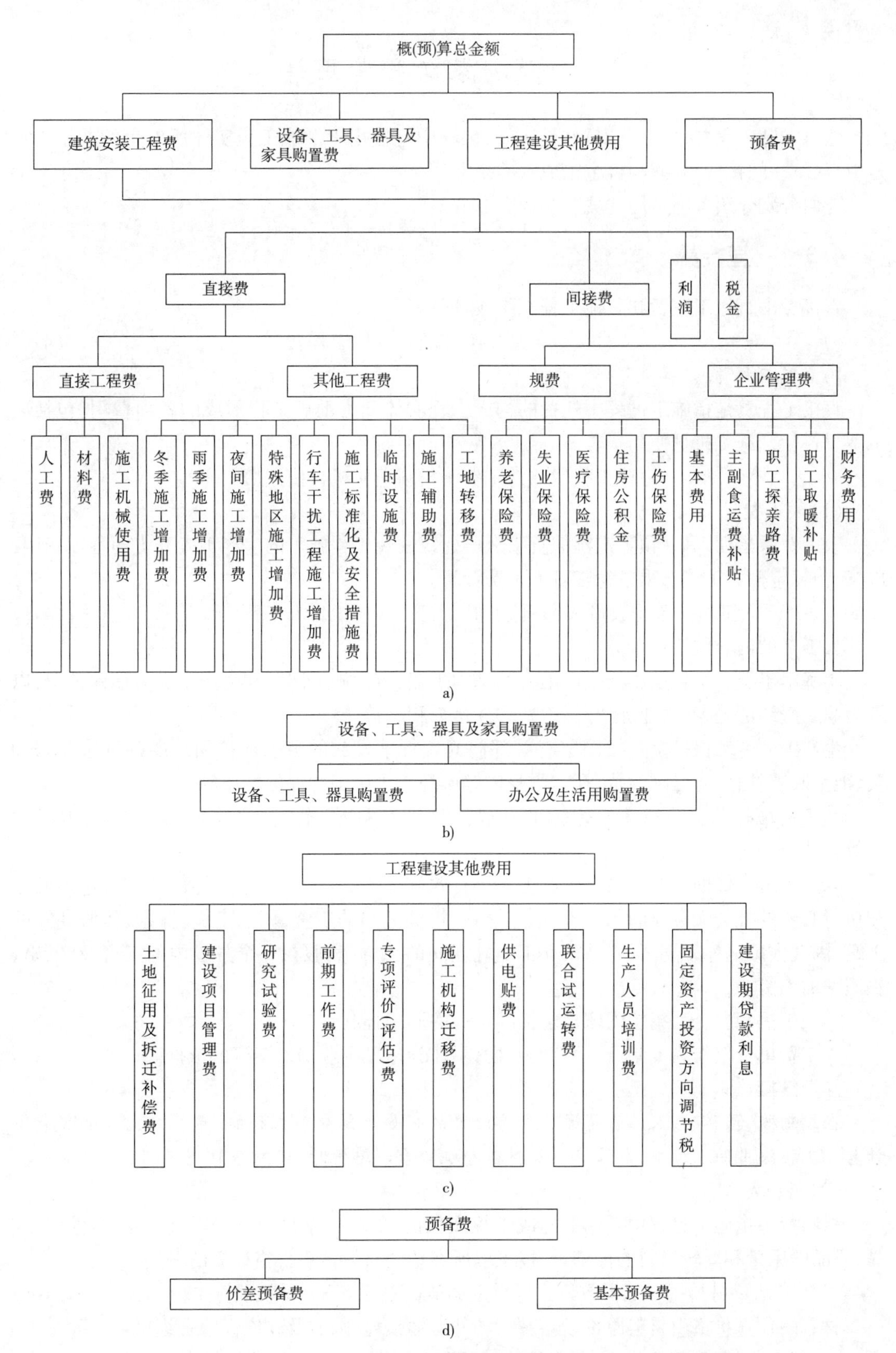

图 4-1 概、预算费用的组成

4.3 建筑安装工程费用计算

建筑安装工程费,简称建安费,是指概、预算中直接用于形成工程实体所发生的费用。它是由直接费、间接费、利润和税金组成。

下面分别介绍各项费用的概念及计算方法。

4.3.1 直接费

直接费由直接工程费和其他工程费组成,即:

直接费 = 直接工程费 + 其他工程费 (4-1)

1)直接工程费

直接工程费是指施工过程中耗费的构成工程实体和有助于工程形成的各项费用,包括人工费、材料费、施工机械使用费。

直接工程费 = 人工费 + 材料费 + 机械使用费 (4-2)

(1)人工费

人工费系指列入概、预算定额的直接从事建筑安装工程施工的生产工人开支的各项费用,以概、预算定额人工工日乘以每工日人工费计算。

人工费 = 工程数量 × 定额值(概、预算) × 每工日人工费(元/工日) (4-3)

人工费的内容包括:

①基本工资。系指发放给生产工人的基本工资、流动施工津贴和生产工人劳动保护费,以及为职工缴纳的养老、失业、医疗保险费和住房公积金等。

生产工人劳动保护费是按国家有关部门规定标准发放的劳动保护用品的购置费及修理费、徒工服装补贴、防暑降温费,在有碍身体健康环境中施工的保健费用等。

②工资性补贴。系指按规定标准发放的物价补贴、煤燃气补贴、交通费补贴、地区津贴等。

③生产工人辅助工资。系指生产工人年有效施工天数以外非作业天数的工资,包括开会和执行必要的社会义务时间的工资,职工学习、培训期间的工资,调动工作、探亲、休假期间的工资,因气候影响停工期间的工资,女工哺乳期间的工资,病假在6个月以内的工资及产、婚、丧假期的工资。

④职工福利费。系指按国家规定标准计提的职工福利费。

人工费单价仅作为编制概、预算的依据,不作为施工企业实发工资的依据。

知识链接

在编制概、预算时,人工费是通过表格计算的。如编制分项工程概、预算时,是在08表中计算各工程细目的人工费,在计算自采材料和机械台班单价时,可根据10表和11表计算出。

(2)材料费

材料费系指施工过程中耗用的构成工程实体的原材料、辅助材料、构(配)件、零件、半成品、成品的用量和周转材料的摊销量,按工程所在地的材料预算价格计算的费用。

材料费 = 工程数量 × 材料定额值(概、预算) × 材料预算单价 (4-4)

材料的预算价格由材料原价、运杂费、场外运输损耗、采购及仓库保管费组成。

材料预算价格 = (材料原价 + 运杂费) × (1 + 场外运输损耗率) ×

$$(1 + 采购及保管费率) - 包装品回收价值 \tag{4-5}$$

①材料原价。公路建设工程所耗用的各种建筑材料，可分为外购材料、地方性材料和自采材料3部分，材料原价可按下列要求计算。各省、自治区、直辖市公路（交通）工程造价（定额）管理站应通过调查，编制本地区的材料价格信息，供编制概、预算使用。

a. 外购材料。外购材料主要是指国家或地方的工业产品，如水泥、钢材、木材、沥青、油燃料、化工产品、民用爆破器材、五金及构（配）件等，应按工业产品的出厂价格或经销部门的供应价格计算，并根据情况加计供销部门手续费（表4-2）和包装费。

供销部门手续费取值表 表4-2

序　号	材料名称	费　率	备　注
1	金属材料	2.5	包括有色金属、黑色金属、生铁
2	木材	3.0	包括竹、胶合板
3	电器材料	1.8	
4	化工材料	2.0	包括液体橡胶及制品
5	轻工产品	3.0	
6	建筑材料	3.0	包括一、二、三类物资

材料供销部门手续费是指材料不能向生产厂家直接订货供应，必须经过物资部门或供销部门供应时，按规定支付给物资部门或供销部门的附加手续费。供销部门手续费标准，应按国家规定计算，其计算式为：

$$供销部门手续费 = 原价 \times 供销部门手续费率 \tag{4-6}$$

或

$$供销部门手续费 = 材料净重 \times 供销部门手续费(元/t) \tag{4-7}$$

包装费是指为便于材料的运输或为保护材料免受损坏而进行包装所需要的费用，包括包装材料的折旧摊销及水运、陆运中的支撑、篷布摊销等费用。

凡由生产厂家负责包装者，其包装费已计入材料原价内，不再另行计算包装材料费，并应扣回包装器材的回收价值。

如用户自备周转使用包装容器的，按下列公式计算包装费：

$$包装费 = \frac{包装材料原价 \times (1 - 回收率 \times 回收残值率) + 使用期维修费}{周转使用次数 \times 包装器标准容器} \tag{4-8}$$

b. 地方性材料。地方性材料主要指当地乡镇企业统一开采加工出售的石灰、砂、石等建筑材料，按实际调查价格或当地主管部门规定的预算价格计算。若品种规格与设计要求不符，需要加工改制时，可参照《预算定额》中“材料采集及加工”的规定，增加其改制加工的费用，作为供应价格。

c. 自采材料。自采材料主要是由施工单位自行开采加工的砂、石、土及黏土等材料，根据建设工程沿线开采条件，按预算定额中开采单价加辅助生产间接费和矿产资源税（如有）计算。若开采的料场需开挖盖山土石方时，可将其综合分摊在料场价格内，以简化计算工作。发生的料场征地赔偿费和复耕费应计入征地补偿费中。

②运杂费。运杂费系指材料自供应地点或产地至工地仓库或施工现场材料存放地点的一切费用，包括装卸费、运费，还应计囤存费（如果发生）及其他杂费（如过磅、标签、支撑加固、路桥通行等费用）。材料的运输流程如图4-2所示。

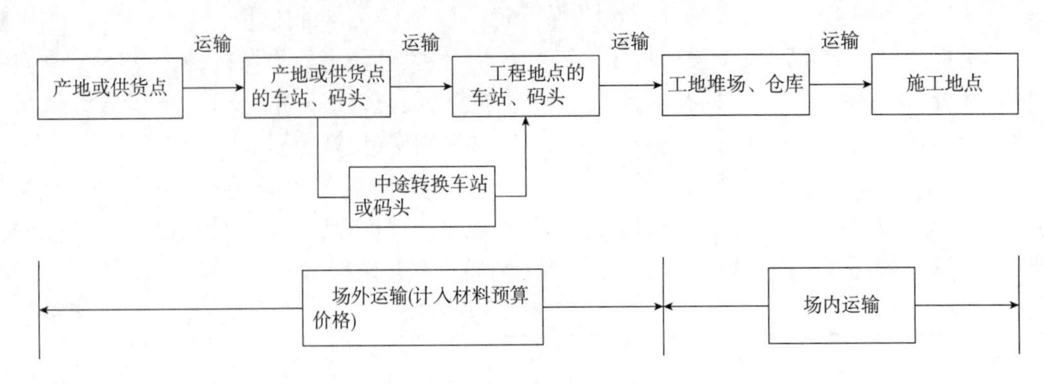

图 4-2　材料运输流程图

运杂费的计算中，运距和运价的确定是关键。

a. 运距的确定。从材料的运输流程图可见，运距应从材料来源地算到工地堆放地点，因此运距的确定关键是运距终点的取定。一般情况下，运距终点可根据施工组织设计中的施工平面规划来确定，如果施工组织设计不能提供工地仓库和堆料场位置时，材料终点位置按下列规则确定：路线工程为路线中心点里程桩号，大中桥或独立桥梁工程为桥梁中心桩号。

b. 运价的确定。分社会运输和自办运输两种情况。社会运输即通过公路、铁路、水运等运输方式，按铁路、航运和当地交通部门规定的运价计算运费。自办运输是施工企业针对公路建设项目所在地交通不便，社会运力缺乏的情况下，结合本企业运输能力而组织材料运输的一种运输方式。自办运输运费的确定，应按《编制办法》的规定进行。

施工单位自办的运输，单程运距 15km 以上和长途汽车运输按当地部门规定的统一运价计算运费；单程运距 5 ~ 15km 的汽车运输按当地交通部门规定的统一运价计算运费，当工程所在地交通不便、社会运输力量缺乏时，如边远地区和某些山岭区，允许按当地交通部门规定的统一运价加 50% 计算运费；单程运距 5km 及以内的汽车运输以及人力场外运输，按预算定额计算运费，其中人力装卸和运输另按人工费加计辅助生产间接费。

一种材料如有两个以上的供应点时，都应根据不同的运距、运量、运价采用加权平均的方法计算运费。

有容器包装的材料及长大轻浮材料，应按表 4-3 规定的毛重计算。桶装沥青、汽油、柴油按每吨摊销一个旧汽油桶计算包装费(不计回收)。

材料单位运杂费的计算：

$$材料单位运杂费 = 单位运费 + 单位装卸费 + 单位杂费 \tag{4-9}$$

$$单位运费 = (运价率 \times 运距 + 吨次费) \times 单位毛重 \tag{4-10}$$

式中：运价率——运输每吨公里物资费用，元/(t · km)，按当地运输部门规定计列；

运距——由运料起点至运料终点间的里程，km；

吨次费——指因短途运输所增加的费用。

$$单位装卸费 = 装卸费率 \times 单位毛重 \tag{4-11}$$

对有包装及容器的材料，其单位毛重按下式计算：

$$单位毛重 = 单位重 \times 毛重系数 \tag{4-12}$$

材料毛重系数及单位毛重见表 4-3。

材料毛重系数及单位毛重表　　表4-3

材料名称	单　位	毛重系数	单位毛重
爆破材料	t	1.35	—
水泥、块状沥青	t	1.01	—
铁钉、铁件、焊条	t	1.10	—
液体沥青、液体燃料、水	t	桶装1.17,油罐车装1.00	—
木料	m^3	—	1.000t
草袋	个	—	0.004t

③场外运输损耗。场外运输损耗系指有些材料在正常的运输过程中发生的损耗,这部分损耗应摊入材料单价内。材料场外运输操作损耗率见表4-4。

材料场外运输操作损耗率(单位:%)　　表4-4

材料名称		场外运输(包括一次装卸)	每增加一次装卸
块状沥青		0.5	0.2
石屑、碎砾石、砂砾、煤渣、工业废渣、煤		1.0	0.4
砖、瓦桶装沥青、石灰、黏土		3.0	1.0
草皮		7.0	3.0
水泥(袋装、散装)		1.0	0.4
砂	一般地区	2.5	1.0
	多风地区	5.0	2.0

注:汽车运水泥,如运距超过500km时,增加损耗率:袋装0.5%。

④采购及保管费。材料采购及保管费系指材料供应部门(包括工地仓库以及各级材料管理部门)在组织采购、供应保管材料过程中,所需的各项费用及工地仓库的材料储存损耗。

材料采购及保管费,以材料的原价加运杂费及场外运输损耗的合计数为基数,乘以采购保管费率计算。材料的采购及保管费费率为2.5%。

外购的构件、成品及半成品的预算价格,其计算方法与材料相同,但构件(如外购的钢桁梁、钢筋混凝土构件及加工钢材等半成品)的采购保管费率为1%。

商品混凝土预算价格的计算方法与材料相同,但其采购保管费率为0。

【例4.1】　某路面工程需用桶装石油沥青650t,供应价格为4 500元/t,运价为0.73元/t·km,装卸费为6.2元/t,运距线路85km,过路费为0.6元/t;每吨计1个沥青桶摊销费50元,桶装沥青毛重系数为1.17,试分析计算沥青预算价格和总沥青材料费。

解:(1)单位运杂费

单位运杂费 $=(0.73\times85+6.2+0.6)\times1.17=80.55$(元/t)

①查得沥青场外运输损耗率为3%;

②采购保管费率为2.5%。

按照规定,摊销回收沥青桶50元/t。

(2)沥青的预算价格

沥青的预算价格 $=(4\,500+80.55)\times(1+3\%)\times(1+2.5\%)-50=4\,785.92$(元/t)

(3)总计沥青材料费

沥青总计材料费 $=650\times4\,785.92=3\,110\,848$(元)

材料预算单价计算表在09表中。

(3)施工机械使用费

施工机械使用费系指按列入概、预算定额的施工机械台班费用定额计算的施工机械使用费和小型机具使用费。

①施工机械使用费计算公式为：

工程细目中某施工机械使用费=(工程细目的工程数量×概、预算定额值×机械台班单价)+(工程细目的工程数量×小型机具使用费)　　(4-13)

施工机械台班预算价格应按《机械台班费用定额》计算，台班单价由不变费用和可变费用组成。可变费用中的人工工日及动力燃料消耗量，应以机械台班费用定额中的数值为准。可变费用中的人工单价同生产工人人工费单价。动力燃料费用则按材料费规定计算。

当工程用电为自行发电时，电动机械每千瓦时(度)电的单价可由下述近似公式计算：

$$A=0.24\frac{K}{N} \tag{4-14}$$

式中：A——每千瓦时电单价，元；

K——发电机组的台班单价，元；

N——发电机组的总功率，kW。

②机械台班单价计算：

$$\text{机械台班单价}=\text{不变费用}+\text{可变费用} \tag{4-15}$$

a. 不变费用。包括折旧费、大修理费、经常修理费、安装拆卸及辅助设施费。

b. 可变费用。包括人工费、动力燃料费、养路费和车船使用税。

【例4.2】 某路基工程挖土方约为50 000m^3。平均运距60m，为普通土。拟采用90kW推土机施工，按预算定额求算其所需机械台班数量及机械使用费，市场调查柴油价格为8.2元/kg，工程所在地人工单价为63.46元/工日。

解：(1)确定推土机的施工台班定额值

查《预算定额》，由表1-1-12-6“90kW以内推土机推普通土”得：

$$2.39+0.8\times4=5.59(\text{台班}/1\,000\text{m}^3)$$

本项目推土机总台班消耗量为：

$$50\,000\div1\,000\times5.59=279.50(\text{台班})$$

(2)确定推土机台班费用定额

查《机械台班费用定额》，其代号1004即为90kW推土机。

不变费用小计为：311.14元；

可变费用：人工消耗2工日/台班，柴油消耗65.37kg/台班。

(3)确定机械台班单价

$$311.14+2\times63.46+65.37\times8.2=974.09(\text{元}/\text{台班})$$

(4)求机械台班使用费总金额

$$279.50\times974.09=272\,258.16(\text{元})$$

知识链接

分项工程所需的人工单价、材料预算单价、机械台班单价分别在概、预算09表、10表、11表中，计算完成以后，使用07表进行汇总，完成人工、材料、机械台班单价汇总表。

2)其他工程费

其他工程费是指直接工程费以外的施工过程中发生的直接用于工程的费用。内容包括：

冬季施工增加费、雨季施工增加费、夜间施工增加费、特殊地区施工增加费、行车干扰工程施工增加费、施工标准化与安全措施费、临时设施费、施工辅助费、工地转移费9项。

计算公式为：

$$其他工程费 = \sum 各类工程的直接工程费 \times 其他工程费综合费率(\%) \quad (4\text{-}16)$$

其他工程费及间接费取费费率需按工程类别来取，取费标准的工程类别划分如图4-3所示。

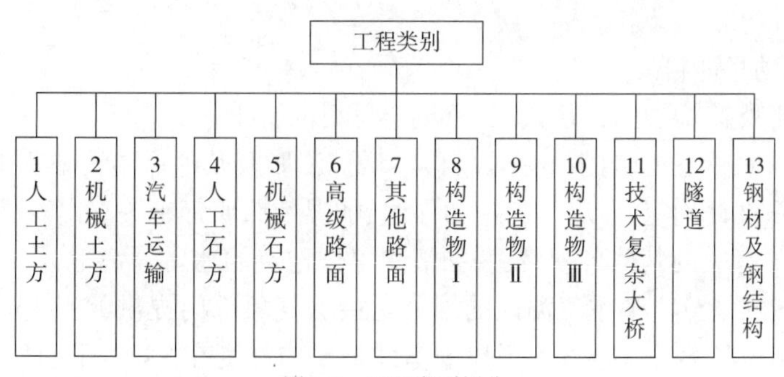

图4-3　工程类别划分

①人工土方。系指人工施工的路基、改河等土方工程，以及人工施工的砍树、挖根、除草、平整场地、挖盖山土等工程项目，并适用于无路面的便道工程。

②机械土方。系指机械施工的路基、改河等土方工程，以及机械施工的砍树、挖根、除草等工程项目。

③汽车运输。系指汽车、拖拉机、机动翻斗车等运送的路基、改河土（石）方、路面基层和面层混合料、水泥混凝土及预制构件、绿化苗木等。

④人工石方。系指人工施工的路基、改河等石方工程以及人工施工的挖盖山石项目。

⑤机械石方。系指机械施工的路基、改河等石方工程（机械打眼即属机械施工）。

⑥高级路面。系指沥青混凝土路面、厂拌沥青碎石路面和水泥混凝土路面的面层。

⑦其他路面。系指除高级路面以外的其他路面面层，各等级路面的基层、底基层、垫层、透层、黏层、封层，采用结合料稳定的路基和软土等特殊路基处理等工程，以及有路面的便道工程。

⑧构造物Ⅰ。系指无夜间施工的桥梁、涵洞、防护（包括绿化）及其他工程，交通工程及沿线设施工程［设备安装及金属标志牌、防撞钢护栏、防眩板（网）、隔离栅、防护网除外］，以及临时工程中的便桥、电力电信线路、轨道铺设等工程项目。

⑨构造物Ⅱ。系指有夜间施工的桥梁工程。

⑩构造物Ⅲ。系指商品混凝土（包括沥青混凝土和水泥混凝土）的浇筑和外购构件及设备的安装工程。商品混凝土和外购构件及设备的费用不作为其他工程费和间接费的计算基数。

⑪技术复杂大桥。系指单孔跨径在120m以上（含120m）和基础水深在10m以上（含10m）的大桥主桥部分的基础、下部和上部工程。

⑫隧道。系指隧道工程的洞门及洞内土建工程。

⑬钢材及钢结构。系指钢桥及钢索吊桥上部构造，钢沉井、钢围堰、钢套箱及钢护筒等基础工程，钢索塔、钢锚箱，钢筋及预应力钢材，模数式及橡胶板式伸缩缝，钢盆式橡胶支座，四氟板式橡胶支座，金属标志牌、防撞钢护栏、防眩板（网）、隔离栅、防护网等工程项目。

知识链接

购买路基填料的费用不作为其他工程费和间接费的计算基数。其他工程费及间接费费率计算在04表中完成。其他工程费计算在08-2表中完成。

(1)冬季施工增加费

①定义。冬季施工增加费系指按照公路工程施工及验收规范所规定的冬季施工要求,为保证工程质量和安全生产所需采取的防寒保温设施、工效降低和机械作业率降低以及技术操作过程的改变等所增加的费用。

②冬季施工增加费内容:

a. 因冬季施工所需增加的一切人工、机械与材料的支出;

b. 施工机具所需修建的暖棚(包括拆、移),增加油脂及其他保温设备费用;

c. 因施工组织设计确定,需增加的一切保温、加温及照明等有关支出。

d. 与冬季施工有关的其他各项费用,如清除工作地点的冰雪等费用。

③冬季气温区的划分。冬季气温区的划分是根据气象部门提供的满15年以上的气温资料确定的。自每年秋冬第一次连续5天出现室外日平均温度在5℃以下、日最低温度在-3℃以下第一天算起,至第二年春夏最后一次连续5天出现同样温度的最末1d为冬季期。冬季期内平均气温在-1℃以上者为冬一区,-1~-4℃者为冬二区,-4~-7℃者为冬三区,-7~-10℃者为冬四区,-10~-14℃者为冬五区,-14℃以下者为冬六区。冬一区内平均气温低于0℃的连续天数在70d以内的为Ⅰ副区,70d以上的为Ⅱ副区;冬二区平均气温低于0℃的连续天数在100d以内的为Ⅰ副区,100d以上为Ⅱ副区。

气温高于冬一区,但砖石混凝土工程施工须采取一定措施的地区为准冬季区。准冬季区分两个副区,简称准一区和准二区。凡一年内日最低气温在0℃以下的天数多于20d的,日平均气温在0℃以下的天数少于15d的为准一区,多于15d的为准二区。全国各地的冬季区划分见附录三。若当地气温与表中划定的冬季气温区有较大出入时,可按当地气温资料及上述划分标准确定工程所在地的冬季气温区。

④费率和计算。冬季施工增加费的计算方法,是根据各类工程的特点,规定各气温区的取费标准。为了简化计算手续,采用全年平均摊销的方法,即不论是否在冬季施工,均按规定的取费标准计取冬季施工增加费。一条路线穿过两个以上的气温区时,可分段计算或按各区的工程量比例求得全线的平均增加率,计算冬季施工增加费。

冬季施工增加费以各类工程的直接工程费之和为基数,按工程所在地的气温区选用表4-5的费率计算。

$$冬季施工增加费 = \sum 各类工程的直接工程费 \times 冬季施工增加费费率(\%) \quad (4\text{-}17)$$

冬季施工增加费费率表(单位:%) 表4-5

工程类别 \ 气温区	冬季期平均气温(℃)								准一区	准二区
	-1以上		-1~-4		-4~-7	-7~-10	-10~-14	-14以下		
	冬一区		冬二区		冬三区	冬四区	冬五区	冬六区		
	Ⅰ	Ⅱ	Ⅰ	Ⅱ						
人工土方	0.28	0.44	0.59	0.76	1.44	2.05	3.07	4.61	—	—
机械土方	0.43	0.67	0.93	1.17	2.21	3.14	4.71	7.07	—	—
汽车运输	0.08	0.12	0.17	0.21	0.40	0.56	0.84	1.27	—	—

续上表

气温区 工程类别	冬季期平均气温(℃)								准一区	准二区
	-1 以上		-1 ~ -4		-4 ~ -7	-7 ~ -10	-10 ~ -14	-14 以下		
	冬一区		冬二区		冬三区	冬四区	冬五区	冬六区		
	Ⅰ	Ⅱ	Ⅰ	Ⅱ						
人工石方	0.06	0.10	0.13	0.15	0.30	0.44	0.65	0.98	—	—
机械石方	0.08	0.13	0.18	0.21	0.42	0.61	0.91	1.37	—	—
高级路面	0.37	0.52	0.72	0.81	1.48	2.00	3.00	4.50	0.06	0.16
其他路面	0.11	0.20	0.29	0.37	0.62	0.80	1.20	1.80	—	—
构造物Ⅰ	0.34	0.49	0.66	0.75	1.36	1.84	2.76	4.14	0.06	0.15
构造物Ⅱ	0.42	0.60	0.81	0.92	1.67	2.27	3.40	5.10	0.08	0.19
构造物Ⅲ	0.83	1.18	1.6	1.81	3.29	4.46	6.69	10.03	0.15	0.37
技术复杂大桥	0.48	0.68	0.93	1.05	1.91	2.58	3.87	5.81	0.08	0.21
隧道	0.10	0.19	0.27	0.35	0.58	0.75	1.12	1.69	—	—
钢材及钢结构	0.02	0.05	0.07	0.09	0.15	0.19	0.29	0.43	—	—

(2)雨季施工增加费

①定义。雨季施工增加费系指雨季期间施工为保证工程质量和安全生产所需采取的防雨、排水、防潮和防护措施,工效降低和机械作业率降低以及技术作业过程改变等,所需增加的有关费用。

②雨季施工增加费内容:

a. 因雨季施工所需增加的工、料、机费用的支出,包括工作效率的降低及易被雨水冲毁的工程所增加的工作内容等(如基坑坍塌和排水沟等堵塞的清理、路基边坡冲沟的填补等)。

b. 路基土方工程的开挖和运输,因雨季施工(非土壤中水影响)而引起的黏附工具,降低工效所增加的费用。

c. 因防止雨水必须采取的防护措施的费用,如挖临时排水沟,防止基坑坍塌所需的支撑、挡板等费用。

d. 材料因受潮、受湿的耗损费用。

e. 增加防雨、防潮设备的费用。

f. 其他有关雨季施工所需增加的费用,如因河水高涨致使工作困难而增加的费用等。

③雨量区和雨季期的划分。根据气象部门提供的满 15 年以上的降雨资料确定的。凡月平均降雨天数在 10d 以上,月平均日降雨量在 3.5 ~5mm 者为Ⅰ区,月平均日降雨量在 5mm 以上者为Ⅱ区。全国雨季施工雨量区及雨季期的划分见附录三。若当地气象资料与附录三所划定的雨量区及雨季期出入较大时,可按当地气象资料及上述划分标准确定工程所在地的雨量区及雨季期。

④费率和计算方法。雨季施工增加费的计算方法,是将全国划分为若干雨量区和雨季期,并根据各类工程的特点规定各雨量区和雨季期的取费标准,采用全年平均摊销的方法,即不论是否在雨季施工,均按规定的取费标准计取雨季施工增加费。

一条路线通过不同的雨量区和雨季期时,应分别计算雨季施工增加费或按工程量比例求得平均的增加率,计算全线雨季施工增加费。

雨季施工增加费以各类工程的直接工程费之和为基数,按工程所在地的雨量区、雨季期选用表4-6的费率计算。

$$雨季施工增加费 = \sum 各类工程的直接工程费 \times 雨季施工增加费费率(\%) \quad (4\text{-}18)$$

雨季施工增加费费率表(单位:%) 表4-6

雨季期(月数)	1	1.5	2		2.5		3		3.5		4		4.5		5		6		7	8
工程类别 \ 雨量区	Ⅰ	Ⅰ	Ⅰ	Ⅱ	Ⅰ	Ⅱ	Ⅰ	Ⅱ	Ⅰ	Ⅱ	Ⅰ	Ⅱ	Ⅰ	Ⅱ	Ⅰ	Ⅱ	Ⅰ	Ⅱ	Ⅰ	Ⅱ
人工土方	0.04	0.05	0.07	0.11	0.09	0.13	0.11	0.15	0.13	0.17	0.15	0.20	0.17	0.23	0.19	0.26	0.21	0.31	0.36	0.42
机械土方	0.04	0.05	0.07	0.11	0.09	0.13	0.11	0.15	0.13	0.17	0.15	0.20	0.17	0.23	0.19	0.27	0.22	0.32	0.37	0.43
汽车运土	0.04	0.05	0.07	0.11	0.09	0.13	0.11	0.16	0.13	0.19	0.15	0.22	0.17	0.25	0.19	0.27	0.22	0.32	0.37	0.43
人工石方	0.02	0.03	0.05	0.07	0.06	0.09	0.07	0.11	0.08	0.13	0.09	0.15	0.10	0.17	0.12	0.19	0.15	0.23	0.27	0.32
机械石方	0.03	0.04	0.06	0.10	0.08	0.12	0.10	0.14	0.12	0.16	0.14	0.19	0.16	0.22	0.18	0.25	0.20	0.29	0.34	0.39
高级路面	0.03	0.04	0.06	0.10	0.08	0.13	0.10	0.15	0.12	0.17	0.14	0.19	0.16	0.22	0.18	0.25	0.20	0.29	0.34	0.39
其他路面	0.03	0.04	0.06	0.09	0.08	0.12	0.09	0.14	0.10	0.16	0.12	0.18	0.14	0.21	0.16	0.24	0.19	0.28	0.32	0.37
构造物Ⅰ	0.03	0.04	0.05	0.08	0.06	0.09	0.07	0.11	0.08	0.13	0.10	0.15	0.12	0.17	0.14	0.19	0.16	0.23	0.27	0.31
构造物Ⅱ	0.03	0.04	0.05	0.08	0.07	0.10	0.08	0.12	0.09	0.14	0.11	0.16	0.13	0.18	0.15	0.21	0.17	0.25	0.30	0.34
构造物Ⅲ	0.06	0.08	0.11	0.17	0.14	0.21	0.17	0.25	0.20	0.30	0.23	0.35	0.27	0.40	0.31	0.45	0.35	0.52	0.60	0.69
技术复杂大桥	0.03	0.05	0.07	0.10	0.08	0.12	0.10	0.14	0.12	0.16	0.14	0.19	0.16	0.22	0.18	0.25	0.20	0.29	0.34	0.39
隧道	—	—	—	—	—	—	—	—	—	—	—	—	—	—	—	—	—	—	—	—
钢材及钢结构	—	—	—	—	—	—	—	—	—	—	—	—	—	—	—	—	—	—	—	—

注:室内管道及设备安装工程不计雨季施工增加费。

(3)夜间施工增加费:

①定义。夜间施工增加费系指根据设计、施工的技术要求和合理的施工进度要求,必须在夜间连续施工而发生的工效降低、夜班津贴以及有关照明设施(包括所需照明设施的安拆、摊销、维修及油燃料、电)等增加的费用。

②费率和计算。夜间施工增加费按夜间施工工程项目(如桥梁工程项目包括上、下部构造全部工程)的直接工程费之和为基数,按表4-7的费率计算。

$$夜间施工增加费 = \sum 夜间施工工程项目的直接工程费 \times 夜间施工增加费费率(\%) \quad (4\text{-}19)$$

夜间施工增加费费率表(单位:%) 表4-7

工程类别	费率	工程类别	费率
构造物Ⅱ	0.35	技术复杂大桥	0.35
构造物Ⅲ	0.70	钢材及钢结构	0.35

注:设备安装工程及金属标志牌、防撞钢护栏、防眩板(网)、隔离栅、防护网等不计夜间施工增加费。

(4)特殊地区施工增加费。特殊地区施工增加费包括高原地区施工增加费、风沙地区施工增加费和沿海地区施工增加费3项。

①高原地区施工增加费:

a. 定义。高原地区施工增加费系指在海拔高度 1 500m 以上地区施工，由于受气候、气压的影响，致使人工、机械效率降低而增加的费用。

b. 费率和计算。该费用以各类工程人工费和机械使用费之和为基数，按表 4-8 的费率计算。

$$高原地区施工增加费 = \sum(各类工程的人工费 + 机械使用费) \times 高原地区施工增加费费率(\%) \quad (4\text{-}20)$$

说明：一条路线通过两个以上（含两个）不同的海拔高度分区时，应分别计算高原地区施工增加费或按工程量比例求得平均的增加率，计算全线高原地区施工增加费。

高原地区施工增加费费率表（单位：%） 表 4-8

工程类别	海拔高度(m)							
	1 501 ~ 2 000	2 001 ~ 2 500	2 501 ~ 3 000	3 001 ~ 3 500	3 501 ~ 4 000	4 001 ~ 4 500	4 501 ~ 5 000	5 000 以上
人工土方	7.00	13.25	19.75	29.75	43.25	60.00	80.00	110.00
机械土方	6.56	12.60	18.66	25.60	36.05	49.08	64.72	83.80
汽车运土	6.50	12.50	18.50	25.00	35.00	47.50	62.50	80.00
人工石方	7.00	13.25	19.75	29.75	43.25	60.00	80.00	110.00
机械石方	6.71	12.82	19.03	27.01	38.50	52.80	69.92	92.72
高级路面	6.58	12.61	18.69	25.72	36.26	49.41	65.17	84.58
其他路面	6.73	12.84	19.07	27.15	38.74	53.17	70.44	93.60
构造物Ⅰ	6.87	13.06	19.44	28.56	41.18	56.86	75.61	102.47
构造物Ⅱ	6.77	12.90	19.17	27.54	39.41	54.18	71.85	96.03
构造物Ⅲ	6.73	12.85	19.08	27.19	38.81	52.27	70.57	93.84
技术复杂大桥	6.70	12.81	19.01	26.94	38.37	52.61	69.65	92.27
隧道	6.76	12.90	19.16	27.50	39.35	54.09	71.72	95.81
钢材及钢结构	6.78	12.92	19.20	27.66	39.62	54.50	72.30	96.80

②风沙地区施工增加费：

a. 定义。风沙地区施工增加费系指在沙漠地区施工时，由于受风沙影响，按照施工及验收规范的要求，为保证工程质量和安全生产而增加的有关费用。内容包括防风、防沙及气候影响的措施费，材料费，人工、机械效率降低增加的费用以及积沙、风蚀的清理修复等费用。

b. 风沙地区的划分。根据《公路自然区划标准》、“沙漠地区公路建设成套技术研究报告”的公路自然区划和沙漠公路区划，结合风沙地区的气候状况将风沙地区分为三区九类：半干旱、半湿润沙地为风沙一区，干旱、极干旱寒冷沙漠地区为风沙二区，极干旱炎热沙漠地区为风沙三区；根据覆盖度（沙漠中植被、戈壁等覆盖程度）又将每区分为固定沙漠（覆盖度 > 50%）、半固定沙漠（覆盖度 10% ~50%）、流动沙漠（覆盖度 < 10%）三类，覆盖度由工程勘察设计人员在公路工程勘察设计时确定。

全国风沙地区公路施工区划见附录四。若当地气象资料及自然特征与附录四中的风沙地区划分有较大出入时，由工程所在省、自治区、直辖市公路（交通）工程造价（定额）管理站按当地气象资料和自然特征及上述划分标准确定工程所在地的风沙区划，并抄送交通运输部公路局备案。

一条路线穿过两个以上(含两个)不同风沙区时,按路线长度经过不同的风沙区加权计算项目全线风沙地区施工增加费。

c. 费率和计算。风沙地区施工增加费以各类工程的人工费和机械使用费之和为基数,根据工程所在地的风沙区划及类别,按表4-9的费率计算。

$$风沙地区施工增加费 = \sum(各类工程的人工费 + 机械使用费) \times 风沙地区施工增加费费率(\%) \quad (4\text{-}21)$$

风沙地区施工增加费费率表(单位:%) 表4-9

风沙区划 工程类别	风沙一区			风沙二区			风沙三区		
	沙漠类型								
	固定	半固定	流动	固定	半固定	流动	固定	半固定	流动
人工土方	6.00	11.00	18.00	7.00	17.00	26.00	11.00	24.00	37.00
机械土方	4.00	7.00	12.00	5.00	11.00	17.00	7.00	15.00	24.00
汽车运土	4.00	8.00	13.00	5.00	12.00	18.00	8.00	17.00	26.00
人工石方	—	—	—	—	—	—	—	—	—
机械石方	—	—	—	—	—	—	—	—	—
高级路面	0.50	1.00	2.00	1.00	2.00	3.00	2.00	3.00	5.00
其他路面	2.00	4.00	7.00	3.00	7.00	10.00	4.00	10.00	15.00
构造物Ⅰ	4.00	7.00	12.00	5.00	11.00	17.00	7.00	16.00	24.00
构造物Ⅱ	—	—	—	—	—	—	—	—	—
构造物Ⅲ	—	—	—	—	—	—	—	—	—
技术复杂大桥	—	—	—	—	—	—	—	—	—
隧道	—	—	—	—	—	—	—	—	—
钢材及钢结构	1.00	2.00	4.00	1.00	3.00	5.00	2.00	5.00	7.00

③沿海地区施工增加费:

a. 定义。沿海地区工程施工增加费系指工程项目在沿海地区施工受海风、海浪和潮汐的影响,致使人工、机械效率降低等所需增加的费用。本项费用由沿海各省、自治区、直辖市交通(运输)厅(局)制定具体的适用范围(地区),并抄送交通运输部公路局备案。

b. 费率和计算。沿海地区工程施工增加费以各类工程的直接工程费之和为基数,按表4-10的费率计算。

$$沿海地区施工增加费 = \sum 各类工程的直接工程费 \times 沿海地区施工增加费费率(\%) \quad (4\text{-}22)$$

沿海地区工程施工增加费费率表(%) 表4-10

工程类别	费率	工程类别	费率
构造物Ⅱ	0.15	技术复杂大桥	0.15
构造物Ⅲ	0.15	钢材及钢结构	0.15

(5)行车干扰工程施工增加费:

①定义。行车干扰工程施工增加费系指由于边施工边维持通车,受行车干扰的影响,致使人工、机械效率降低而增加的费用。

②费率和计算。该费用以受行车影响部分的工程项目的人工费和机械使用费之和为基数，按表4-11的费率计算。

$$行车干扰工程施工增加费 = \sum(受行车影响部分的工程项目的人工费 + 机械使用费) \times 行车干扰工程施工增加费费率(\%) \tag{4-23}$$

行车干扰工程施工增加费费率表(单位:%)　　表4-11

工程类别	施工期间平均每昼夜双向行车次数(汽车、畜力车合计)							
	51～100	101～500	501～1 000	1 001～2 000	2 001～3 000	3 001～4 000	4 001～5 000	5 000以上
人工土方	1.64	2.46	3.28	4.10	4.76	5.29	5.86	6.44
机械土方	1.39	2.19	3.00	3.89	4.51	5.02	5.56	6.11
汽车运土	1.36	2.09	2.85	3.75	4.35	4.84	5.36	5.89
人工石方	1.66	2.40	3.33	4.06	4.71	5.24	5.81	6.37
机械石方	1.16	1.71	2.38	3.19	3.70	4.12	4.56	5.01
高级路面	1.24	1.87	2.50	3.11	3.61	4.01	4.45	4.88
其他路面	1.17	1.77	2.36	2.94	3.41	3.79	4.20	4.62
构造物Ⅰ	0.94	1.41	1.89	2.36	2.74	3.04	3.37	3.71
构造物Ⅱ	0.95	1.43	1.90	2.37	2.75	3.06	3.39	3.72
构造物Ⅲ	0.95	1.42	1.90	2.37	2.75	3.05	3.38	3.72
技术复杂大桥	—	—	—	—	—	—	—	—
隧道	—	—	—	—	—	—	—	—
钢材及钢结构	—	—	—	—	—	—	—	—

(6)施工标准化与安全措施费

①定义。施工标准化与安全措施费系指工程施工期间为满足安全生产、施工标准化、规范化、精细化所发生的费用。该费用不包括施工期间为保证交通安全而设置的临时安全设施和标志、标牌的费用，需要时，应根据设计要求计算。该费用也不包括预制场、拌和站、临时便道、临时便桥的施工标准费用，应根据施工组织标准要求单独计算。

②费率和计算。施工标准化与安全措施费以各类工程的直接工程费之和为基数，按表4-12的费率计算。

$$施工标准化与安全措施费 = \sum 各类工程的直接工程费 \times 施工标准化与安全措施费费率(\%) \tag{4-24}$$

施工标准化与安全措施费费率表(单位:%)　　表4-12

工程类别	费率	工程类别	费率
人工土方	0.7	构造物Ⅰ	0.85
机械土方	0.7	构造物Ⅱ	0.92
汽车运输	0.25	构造物Ⅲ	1.85
人工石方	0.7	技术复杂大桥	1.01
机械石方	0.7	隧道	0.86
高级路面	1.18	钢材及钢结构	0.63
其他路面	1.2		

(7)临时设施费：

①定义。临时设施费系指施工企业为进行建筑安装工程施工所必需的生活和生产用的临时建筑物、构筑物和其他临时设施及其他标准化的费用等，但不包括概、预算定额中的临时工程在内。

临时设施包括临时生活及居住房屋（包括职工家属及探亲房屋）、文化福利及公用房屋（如广播室、文体活动室等）和生产、办公房屋（如原材料、半成品、成品存放场及库房、加工厂、钢筋加工场、发电站、变电站、空压机站、停机棚等），工地范围内的各种临时的工作便道（包括汽车、畜力车、人力车道）、人行便道、工地临时用水、用电的水管支线和电线支线，临时构筑物（如水井、水塔等）以及其他小型临时设施。

临时设施费用内容包括：临时设施的搭设、维修、拆除或摊销费。

②费率和计算。临时设施费以各类工程的直接工程费之和为基数，按表4-13的费率计算。

$$临时设施费 = \sum 各类工程的直接工程费 \times 临时设施费费率(\%) \quad (4\text{-}25)$$

临时设施费费率表（单位：%）　　表4-13

工程类别	费率	工程类别	费率
人工土方	1.73	构造物Ⅰ	2.92
机械土方	1.56	构造物Ⅱ	3.45
汽车运输	1.01	构造物Ⅲ	6.39
人工石方	1.76	技术复杂大桥	3.21
机械石方	2.17	隧道	2.83
高级路面	2.11	钢材及钢结构	2.73
其他路面	2.06		

(8)施工辅助费：

①定义。施工辅助费包括生产工具用具使用费、检验试验费和工程定位复测、工程点交、场地清理等费用。

a. 生产工具用具使用费系指施工所需不属于固定资产的生产工具、检验用具、试验用具及仪器、仪表等的购置、摊销和维修费，以及支付给生产工人自备工具的补贴费。

b. 检验试验费系指施工企业对建筑材料、构件和建筑安装工程进行一般鉴定、检查所发生的费用，包括自设试验室进行试验所耗用的材料和化学药品的费用，以及技术革新和研究试验费，但不包括新结构、新材料的试验费和建设单位要求对具有出厂合格证明的材料进行检验、对构件进行破坏性试验及其他特殊要求检验的费用。

②费率和计算。施工辅助费以各类工程的直接工程费之和为基数，按表4-14的费率计算。

$$施工辅助费 = \sum 各类工程的直接工程费 \times 施工辅助费费率(\%) \quad (4\text{-}26)$$

施工辅助费费率表（单位：%）　　表4-14

工程类别	费率	工程类别	费率
人工土方	0.89	构造物Ⅰ	1.30
机械土方	0.49	构造物Ⅱ	1.56
汽车运输	0.16	构造物Ⅲ	3.03

续上表

工程类别	费率	工程类别	费率
人工石方	0.85	技术复杂大桥	1.68
机械石方	0.46	隧道	1.23
高级路面	0.80	钢材及钢结构	0.56
其他路面	0.74		

(9)工地转移费

①定义。工地转移费系指施工企业根据建设任务的需要,由已竣工的工地或后方基地迁至新工地的搬迁费用。

②费用内容包括:

a. 施工单位全体职工及随职工迁移的家属向新工地转移的车费、家具行李运费、途中住宿费、行程补助费、杂费及工资与工资附加费等。

b. 公物、工具、施工设备器材、施工机械的运杂费,以及外租机械的往返费及本工程内部各工地之间施工机械、设备、公物、工具的转移费等。

c. 非固定工人进退场及一条路线中各工地转移的费用。

③费率和计算。工地转移费以各类工程的直接工程费之和为基数,按表4-15的费率计算。

$$工地转移费 = \sum 各类工程的直接工程费 \times 工地转移费费率(\%) \quad (4\text{-}27)$$

说明:转移距离以工程承包单位(如工程处、工程公司等)转移前后驻地距离或两路线中点的距离为准;编制概(预)算时,如施工单位不明确时,高速、一级公路及独立大桥、隧道按省会(自治区首府)至工地的里程,二级及以下公路按地区(市、盟)至工地的里程计算工地转移费;工地转移里程数在表列里程之间时,费率可内插计算。工地转移距离在50km以内的工程不计取本项费用。

工地转移费费率表(单位:%)　　表4-15

工程类别	工地转移距离(km)					
	50	100	300	500	1 000	每增加100
人工土方	0.15	0.21	0.32	0.43	0.56	0.03
机械土方	0.50	0.67	1.05	1.37	1.82	0.08
汽车运输	0.31	0.40	0.62	0.82	1.07	0.05
人工石方	0.16	0.22	0.33	0.45	0.58	0.03
机械石方	0.36	0.43	0.74	0.97	1.28	0.06
高级路面	0.61	0.83	1.30	1.70	2.27	0.12
其他路面	0.56	0.75	1.18	1.54	2.06	0.10
构造物Ⅰ	0.56	0.75	1.18	1.54	2.06	0.11
构造物Ⅱ	0.66	0.89	1.40	1.83	2.45	0.13
构造物Ⅲ	1.31	1.77	2.77	3.62	4.85	0.25
技术复杂大桥	0.75	1.01	1.58	2.06	2.76	0.14
隧道	0.52	0.71	1.11	1.45	1.94	0.10
钢材及钢结构	0.72	0.97	1.51	1.97	2.64	0.13

4.3.2 间接费

间接费由规费和企业管理费两项组成。

1)规费

规费系指法律、法规、规程规定施工企业必须缴纳的费用(简称规费)。内容包括:

(1)养老保险费。系指施工企业按规定标准为职工缴纳的基本养老保险费。

(2)失业保险费。系指施工企业按国家规定标准为职工缴纳的失业保险费。

(3)医疗保险费。系指施工企业按规定标准为职工缴纳的基本医疗保险费和生育保险费。

(4)住房公积金。系指施工企业按规定标准为职工缴纳的住房公积金。

(5)工伤保险费。系指施工企业按规定标准为职工缴纳的工伤保险费。

各项规费以各类工程的人工费之和为基数,按国家或工程所在地法律、法规、规章、规程规定的标准计算。

$$\text{规费} = \text{各类工程的人工费之和} \times \text{规费综合费率}(\%) \tag{4-28}$$

2)企业管理费

企业管理费由基本费用、主副食运费补贴、职工探亲路费、职工取暖补贴和财务费用5项组成。

$$\text{企业管理费} = \sum \text{各类工程的直接费} \times \text{企业管理费综合费率}(\%) \tag{4-29}$$

(1)基本费用。企业管理费基本费用,是指施工企业为组织施工生产和经营管理所需的费用。其内容包括:

①管理人员工资。系指管理人员的基本工资、工资性补贴、职工福利费、劳动保护费以及缴纳的养老、失业、医疗、生育、工伤保险费和住房公积金等。

②办公费。系指企业办公用的文具、纸张、账表、印刷、邮电、书报、会议、水、电、烧水和集体取暖(包括现场临时宿舍取暖)用煤(气)等费用。

③差旅交通费。系指职工因公出差和工作调动(包括随行家属的旅费)的差旅费、住勤补助费,市内交通费和误餐补助费,职工探亲路费,劳动力招募费,职工离退休、退职一次性路费,工伤人员就医路费,以及管理部门使用的交通工具的油料、燃料、养路费及牌照费。

④固定资产使用费。系指管理和试验部门及附属生产单位使用的属于固定资产的房屋、设备、仪器等的折旧、大修、维修或租赁费等。

⑤工具用具使用费。系指管理使用的不属于固定资产的生产工具、器具、家具、交通工具和检验、试验、测绘、消防用具等的购置、维修和摊销费。

⑥劳动保险费。系指企业支付离退休职工的易地安家补助费、职工退职金、6个月以上的病假人员工资、职工死亡丧葬补助费、抚恤费、按规定支付给离休干部的各项经费。

⑦工会经费。系指企业按职工工资总额计提的工会经费。

⑧职工教育经费。系指企业为职工学习先进技术和提高文化水平,按职工工资总额计提的费用。

⑨保险费。系指企业财产保险、管理用车辆等保险费用。

⑩工程保修费。系指工程竣工交付使用后,在规定保修期以内的修理费用。

⑪工程排污费。系指施工现场按规定缴纳的排污费用。

⑫税金。系指企业按规定缴纳的房产税、车船使用税、土地使用税、印花税等。

⑬其他。系指上述项目以外的其他必要的费用支出,包括技术转让费、技术开发费、业务招待费、绿化费、广告费、投标费、公证费、定额测定费、法律顾问费、审计费、咨询费等。

基本费用以各类工程的直接费之和为基数,按表4-16的费率计算。

基本费用费率表(单位:%)　　表4-16

工程类别	费　率	工程类别	费　率
人工土方	3.36	构造物Ⅰ	4.44
机械土方	3.26	构造物Ⅱ	5.53
汽车运输	1.44	构造物Ⅲ	9.79
人工石方	3.45	技术复杂大桥	4.72
机械石方	3.28	隧道	4.22
高级路面	1.91	钢材及钢结构	2.42
其他路面	3.28		

(2)主副食运费补贴。主副食运费补贴系指施工企业在远离城镇及乡村的野外施工购买生活必需品所需增加的费用。该费用以各类工程的直接费之和为基数,按表4-17的费率计算。

主副食运费补贴费率表(单位:%)　　表4-17

工程类别	综合里程(km)											
	1	3	5	8	10	15	20	25	30	40	50	每增加10
人工土方	0.17	0.25	0.31	0.39	0.45	0.56	0.67	0.76	0.89	1.06	1.22	0.16
机械土方	0.13	0.19	0.24	0.30	0.35	0.43	0.52	0.59	0.69	0.81	0.95	0.13
汽车运输	0.14	0.20	0.25	0.32	0.37	0.45	0.55	0.62	0.73	0.86	1.00	0.14
人工石方	0.13	0.19	0.24	0.30	0.34	0.42	0.51	0.58	0.67	0.80	0.92	0.12
机械石方	0.12	0.18	0.22	0.28	0.33	0.41	0.49	0.55	0.65	0.76	0.89	0.12
高级路面	0.08	0.12	0.15	0.20	0.22	0.28	0.33	0.38	0.44	0.52	0.60	0.08
其他路面	0.09	0.12	0.15	0.20	0.22	0.28	0.33	0.38	0.44	0.52	0.61	0.09
构造物Ⅰ	0.13	0.18	0.23	0.28	0.32	0.40	0.49	0.55	0.65	0.76	0.89	0.12
构造物Ⅱ	0.14	0.20	0.25	0.30	0.35	0.43	0.52	0.60	0.70	0.83	0.96	0.13
构造物Ⅲ	0.25	0.36	0.45	0.55	0.64	0.79	0.96	1.09	1.28	1.51	1.76	0.24
技术复杂大桥	0.11	0.16	0.20	0.25	0.29	0.36	0.43	0.49	0.57	0.68	0.79	0.11
隧道	0.11	0.16	0.19	0.24	0.28	0.34	0.42	0.48	0.56	0.66	0.77	0.10
钢材及钢结构	0.11	0.16	0.20	0.26	0.30	0.37	0.44	0.50	0.59	0.69	0.80	0.11

粮食、燃料、蔬菜、水的运距均为全线平均运距;综合里程数在表列里程之间时,费率可内插;综合里程在1km以内的工程不计取本项费用。

综合里程 = 粮食运距 × 0.06 + 燃料运距 × 0.09 + 蔬菜运距 × 0.15 + 水运距 × 0.70

(3)职工探亲路费。职工探亲路费系指按照有关规定施工企业职工在探亲期间发生的往返车船费、市内交通费和途中住宿费等费用。该费用以各类工程的直接费之和为基数，按表4-18的费率计算。

职工探亲路费费率表(单位:%)　　表4-18

工程类别	费率	工程类别	费率
人工土方	0.10	构造物Ⅰ	0.29
机械土方	0.22	构造物Ⅱ	0.34
汽车运输	0.14	构造物Ⅲ	0.55
人工石方	0.10	技术复杂大桥	0.20
机械石方	0.22	隧道	0.27
高级路面	0.14	钢材及钢结构	0.16
其他路面	0.16		

(4)职工取暖补贴。职工取暖补贴系指按规定发放给职工的冬季取暖费或在施工现场设置的临时取暖设施的费用。该费用以各类工程的直接费之和为基数，按工程所在地的气温区(见附录)，选用表4-19的费率计算。

职工取暖补贴费率表(单位:%)　　表4-19

工程类别	气温区						
	准二区	冬一区	冬二区	冬三区	冬四区	冬五区	冬六区
人工土方	0.03	0.06	0.10	0.15	0.17	0.26	0.31
机械土方	0.06	0.13	0.22	0.33	0.44	0.55	0.66
汽车运输	0.06	0.12	0.21	0.31	0.41	0.51	0.62
人工石方	0.03	0.06	0.10	0.15	0.17	0.25	0.31
机械石方	0.05	0.11	0.17	0.26	0.35	0.44	0.53
高级路面	0.04	0.07	0.13	0.19	0.25	0.31	0.38
其他路面	0.04	0.07	0.12	0.18	0.24	0.30	0.36
构造物Ⅰ	0.06	0.12	0.19	0.28	0.36	0.46	0.56
构造物Ⅱ	0.06	0.13	0.20	0.30	0.41	0.51	0.62
构造物Ⅲ	0.11	0.23	0.37	0.56	0.74	0.93	1.13
技术复杂大桥	0.05	0.10	0.17	0.26	0.34	0.42	0.51
隧道	0.04	0.08	0.14	0.22	0.28	0.36	0.43
钢材及钢结构	0.04	0.07	0.12	0.19	0.25	0.31	0.37

(5)财务费用。财务费用系指施工企业为筹集资金而发生的各项费用，包括企业经营期间发生的短期贷款利息净支出、汇兑净损失、调剂外汇手续费、金融机构手续费，以及企业筹集资金发生的其他财务费用。财务费用以各类工程的直接费之和为基数，按表4-20的费率计算。

财务费用费率表(单位:%)　　表4-20

工程类别	费率	工程类别	费率
人工土方	0.23	构造物Ⅰ	0.37
机械土方	0.21	构造物Ⅱ	0.40
汽车运输	0.21	构造物Ⅲ	0.82
人工石方	0.22	技术复杂大桥	0.46
机械石方	0.20	隧道	0.39
高级路面	0.27	钢材及钢结构	0.48
其他路面	0.30		

3)辅助生产间接费

辅助生产间接费系指由施工单位自行开采加工的砂、石等材料及施工单位自办的人工装卸和运输的间接费。

辅助生产间接费按人工费的5%计。该项费用并入材料预算单价内构成材料费,不直接出现在概(预)算中。

高原地区施工单位的辅助生产,可按其他工程费中高原地区施工增加费费率,以直接工程费为基数计算高原地区施工增加费(其中:人工采集、加工材料,人工装卸、运输材料按人工土方费率计算;机械采集、加工材料按机械石方费率计算;机械装、运输材料按汽车运输费率计算)。辅助生产高原地区施工增加费不作为辅助生产间接费的计算基数。

4.3.3 利润

利润系指施工企业完成所承包工程应取得的盈利。利润按直接费与间接费之和扣除规费的7%计算。

$$利润=(直接费+间接费-规费)\times 7\% \tag{4-30}$$

4.3.4 税金

税金系指按国家税法规定应计入建筑安装工程造价内的营业税、城市维护建设税及教育费附加等。

$$综合税金额=(直接费+间接费+利润)\times 综合税率 \tag{4-31}$$

(1)纳税地点在市区的企业,综合税率为:

$$综合税率(\%)=[1/(1-3\%-3\%\times 7\%-3\%\times 3\%)-1]\times 100\%=3.41\%$$

(2)纳税地点在县城、乡镇的企业,综合税率为:

$$综合税率(\%)=[1/(1-3\%-3\%\times 5\%-3\%\times 3\%)-1]\times 100\%=3.35\%$$

(3)纳税地点不在市区、县城、乡镇的企业,综合税率为:

$$综合税率(\%)=[1/(1-3\%-3\%\times 1\%-3\%\times 3\%)-1]\times 100\%=3.22\%$$

【例4.3】 云南省昭通市鲁甸县内鲁地拉电站进场三级公路一合同段,其隧道全长400m,围岩等级分别为Ⅱ类和Ⅳ类,经调查工地转移里程可按500km计,主副食综合里程为12.5km。试确定该项目其他工程费和间接费综合费率。

解:根据题意,由工程类别划分,可知该隧道施工项目属于隧道。按交通运输部公告2011年第83号关于对《编制办法》局部修订的条文,应该计算的内容见例表1和例表2。

其他工程费综合费率计算表(单位:%) 例表1

序号	工程类别	冬季施工增加费	雨季施工增加费	夜间施工增加费	高原地区施工增加费	风沙地区施工增加费	沿海地区施工增加费	行车干扰工程施工增加费	施工标准化及安全施工措施费	临时设施费	施工辅助费	工地转移费	综合费率	
													Ⅰ	Ⅱ
1	2	3	4	5	6	7	8	9	10	11	12	13	14	15
12	隧道	—	—	—	6.76	—	—	—	0.86	2.83	1.23	1.45	6.37	6.76

间接费综合费率计算表(单位:%) 例表2

序号	工程类别	规费						企业管理费					
		养老保险	失业保险	医疗保险	住房公积金	工伤保险	综合费率	基本费用	主副食运费补贴	职工探亲路费	职工取暖补贴	财务费用	综合费率
1	2	3	4	5	6	7	8	9	10	11	12	13	14
12	隧道	20	2	10	6	1	39	4.22	0.31	0.27	—	0.39	5.19

【例4.4】 某公路隧道全长400m,围岩等级分别为Ⅱ类和Ⅳ类,经调查工地转移里程为500km,主副食综合里程为12.5km。洞身设计开挖工程量共计9 526.47m^3,其中Ⅱ类围岩为8 573.8m^3、Ⅳ类围岩952.7m^3。经分析人工费为321 984元、材料费183 667元、机械使用费151 612元。按工程所在地分析得其他工程费综合费率Ⅰ为6.37%、综合费率Ⅱ为6.76%。按当地规定应缴纳的社会保险费等规费为39%,企业管理费费率为5.19%。利润率为7%,税金综合税率为3.41%。试计算其直接费、间接费、利润、税金和建筑安装工程费。

解:(1)直接工程费=人工费+材料费+机械使用费

=321 984+183 667+151 612=657 263(元)

(2)其他工程费=其他工程费Ⅰ+其他工程费Ⅱ

其他工程费Ⅰ=直接工程费×其他工程费综合费率Ⅰ

其他工程费Ⅱ=(人工费+机械使用费)×其他工程费综合费率Ⅱ

其他工程费=657 263×6.37%+(321 984+151 612)×6.76%

=41 868+32 015=73 883(元)

(3)直接费=直接工程费+其他工程费

=657 263+73 883=731 146(元)

(4)间接费=规费+企业管理费

①规费=人工费×规费综合费率(%)=321 984×39%=125 574(元)

②企业管理费=直接费×企业管理费综合费率(%)=731 146×5.19%=37 946(元)

间接费=125 574+37 946=163 520(元)

(5)利润=(直接费+间接费-规费)×利润率(%)

=(731 146+163 520-125 574)×7%=53 836(元)

(6)税金=(直接费+间接费+利润)×综合税率

=(731 146+163 520+53 836)×3.41%=32 344(元)

(7)建筑安装工程费=直接费+间接费+利润+税金

=731 146+163 520+53 836+32 344=980 846(元)

4.4 设备、工具、器具及家具购置费、工程建设其他费用计算

4.4.1 设备购置费

设备购置费是指为满足公路的营运、管理、养护需要，购置的构成固定资产标准的设备和虽低于固定资产标准，但属于设计明确列入设备清单的设备的费用。它包括渡口设备；隧道照明、消防、通风的动力设备；高等级公路的收费、监控、通信供电设备；养护用的机械、设备和工具、器具等的购置费用。

设备购置费应由设计单位列出计划购置的清单（包括设备的规格、型号、数量），以设备原价加综合业务费和运杂费按以下公式计算：

设备购置费 = 设备原价 + 运杂费（运输费 + 装卸费 + 搬运费）+ 运输保险费 + 采购及保管费(4-32)需要安装的设备，应在第一部分建筑安装工程费的有关项目内另计设备的安装工程费。

1）国产设备原价的构成及计算

国产设备的原价一般是指设备制造厂的交货价，即出厂价或订货合同价。内容包括按专业标准规定的在运输过程中不受损失的一般包装费，及按产品设计规定配带的工具、附件和易损件的费用。即

$$设备原价 = 出厂价（或供货地点价）+ 包装费 + 手续费 \quad (4\text{-}32)$$

2）进口设备原价的构成及计算

进口设备的原价是指进口设备的抵岸价，即抵达买方港口或边境车站，且交完关税为止形成的价格。即

$$\begin{aligned}进口设备原价 = &货价 + 国际运费 + 运输保险费 + 银行财务费 + 外贸手续费 + \\ &关税 + 增值税 + 消费税 + 商检费 + 检疫费 + 车辆购置附加费 \quad (4\text{-}33)\end{aligned}$$

（1）货价。一般指装运港船上交货价（FOB，习惯称离岸价）。设备货价分为原币货价和人民币货价。原币货价一律折算为美元表示，人民币货价按原币货价乘以外汇市场美元兑换人民币的中间价确定。进口设备货价按有关生产厂商询价、报价、订货合同价计算。

（2）国际运费：即从装运港（站）到达我国抵达港（站）的运费。即

$$国际运费 = 原币货价（FOB价）\times 运费费率 \quad (4\text{-}34)$$

我国进口设备大多采用海洋运输，小部分采用铁路运输，个别采用航空运输。运费费率参照有关部门或进出口公司的规定执行，海运费费率一般为6%。

（3）运输保险费：对外贸易货物运输保险是由保险人（保险公司）与被保险人（出口人）或进口人订立保险契约，在被保险人交付议定的保险费后，保险人根据保险契约的规定对货物在运输过程中发生的承保责任范围内的损失给予经济上的补偿。这是一种财产保险。计算公式为：

$$运输保险费 = [原币货价（FOB价）+ 国际运费] \div (1 - 保险费费率) \times 保险费费率 \quad (4\text{-}35)$$

保险费费率按保险公司规定的进口货物保险费费率计算，一般为0.35%。

（4）银行财务费：一般指中国银行手续费。其可按下式简化计算：

$$银行财务费 = 人民币货价（FOB价）\times 银行财务费费率 \quad (4\text{-}36)$$

银行财务费费率一般为0.4%～0.5%。

(5)外贸手续费:指按规定计取的外贸手续费。其计算公式为:

外贸手续费=[人民币货价(FOB价)+国际运费+运输保险费]×外贸手续费费率 (4-37)

外贸手续费费率一般为1%~1.5%。

(6)关税:指海关对进出国境或关境的货物和物品征收的一种税。其计算公式为:

关税=[人民币货价(FOB价)+国际运费+运输保险费]×进口关税税率 (4-38)

进口关税税率按我国海关总署发布的进口关税税率计算。

(7)增值税:是对从事进口贸易的单位和个人,在进口商品报关进口后征收的税种。按《中华人民共和国增值税条例》的规定,进口应税产品均按组成计税价格和增值税税率直接计算应纳税额。即:

增值税=[人民币货价(FOB价)+国际运费+运输保险费+关税+消费税]×增值税税率 (4-39)

增值税税率根据规定的税率计算,目前进口设备适用的税率为17%。

(8)消费税:对部分进口设备(如轿车、摩托车等)征收。其计算公式为:

应纳消费税额=[人民币货价(FOB价)+国际运费+运输保险费+关税]÷(1-消费税税率)×消费税税率 (4-40)

消费税税率根据规定的税率计算。

(9)商检费:指进口设备按规定付给商品检查部门的进口设备检验鉴定费。其计算公式为:

商检费=[人民货价(FOB价)+国际运费+运输保险费]×商检费费率 (4-41)

商检费费率一般为0.8%。

(10)检疫费:指进口设备按规定付给商品检疫部门的进口设备检验鉴定费。其计算公式为:

检疫费=[人民币货价(FOB价)+国际运费+运输保险费]×检疫费费率 (4-42)

检疫费费率一般为0.17%。

(11)车辆购置附加费:指进口车辆需缴纳的进口车辆购置附加费。其计算公式为:

进口车辆购置附加费=[人民币货价(FOB价)+国际运费+运输保险费+关税+消费税+增值税]×进口车辆购置附加费费率 (4-43)

在计算进口设备原价时,应注意工程项目的性质,有无按国家有关规定减免进口环节税的可能。

3)设备运杂费的构成及计算

国产设备运杂费指由设备制造厂交货地点起至工地仓库(或施工组织设计指定的需要安装设备的堆放地点)止所发生的运费和装卸费;进口设备运杂费指由我国到岸港口或边境车站起至工地仓库(或施工组织设计指定的需要安装设备的堆放地点)止所发生的运费和装卸费。其计算公式为:

运杂费=设备原价×运杂费费率 (4-44)

设备运杂费费率见表4-21。

设备运杂费费率表(单位:%) 表4-21

运输里程(km)	100以内	101~200	201~300	301~400	401~500	501~750	751~1 000	1 001~1 250	1 251~1 500	1 501~1 750	1 751~2 000	2 000以上每增250
费率(%)	0.8	0.9	1.0	1.1	1.2	1.5	1.7	2.0	2.2	2.4	2.6	0.2

4)设备运输保险费的构成及计算

设备运输保险费指国内运输保险费。其计算公式为:

$$运输保险费=设备原价\times保险费费率 \tag{4-45}$$

设备运输保险费费率一般为1%。

5)设备采购及保管费的构成及计算

设备采购及保管费指采购、验收、保管和收发设备所发生的各种费用,包括设备采购人员、保管人员和管理人员的工资、工资附加费、办公费、差旅交通费,设备供应部门办公仓库所占固定资产使用费、工具用具使用费、劳动保护费、检验试验费等。其计算公式为:

$$采购及保管费=设备原价\times采购及保管费费率 \tag{4-46}$$

需要安装的设备的采购保管费费率为2.4%,不需要安装的设备的采购保管费费率为1.2%。

4.4.2 工器具及生产家具(简称工器具)购置费

工器具购置费系指建设项目交付使用后为满足初期正常营运必须购置的第一套不构成固定资产的设备、仪器、仪表、工卡模具、器具、工作台(框、架、柜)等的费用。该费用不包括构成固定资产的设备、工器具和备品、备件,及已列入设备购置费中的专用工具和备品、备件。

对于工器具购置,应由设计单位列出计划购置的清单(包括规格、型号、数量),购置费的计算方法同设备购置费。

4.4.3 办公和生活用家具购置费

办公和生活用家具购置费系指为保证新建、改建项目初期正常生产、使用和管理所必须购置的办公和生活用家具、用具的费用。

范围包括:行政、生产部门的办公室、会议室、资料档案室、阅览室、单身宿舍及生活福利设施等的家具、用具。

办公和生活用家具购置费按表4-22的规定计算。

办公和生活用家具购置费标准表 表4-22

工程所在地	路线(元/公路公里)				有看桥房的独立大桥(元/座)	
	高速公路	一级公路	二级公路	三、四级公路	一般大桥	技术复杂大桥
内蒙古、黑龙江、青海、新疆、西藏	21 500	15 600	7 800	4 000	24 000	60 000
其他省、自治区、直辖市	17 500	14 600	5 800	2 900	19 800	49 000

注:改建工程按表列数80%计。

具体规定详见《编制方法》P24~P26。

【例4.5】 某路桥公司拟从国外进口一台沥青摊铺机,质量100t,装运港台船上交货价(即离岸价FOB)为200万美元。国外海运运费6%,运输保险费率0.35%,银行财务费率0.5%,外贸手续费率1.5%,关税税率15%,增值税率17%,消费税率10%,商检费率0.8%检疫费率0.17%,车辆购置附加费率8%。试计算进口设备原价(当时美元的牌价为6.8元人民币)。

解:根据《编制办法》关于进口设备的各项费用的计算公式,则有:

(1)进口设备货价(FOB) = 200 × 6.8 = 1 360(万元)

(2)国际运费 = FOB × 运费费率 = 1 360 × 6% = 81.6(万元)

(3)运输保险费 $=\dfrac{(\text{FOB}+\text{国际运费})}{(1-\text{保险费率})}\times$保险费费率 $=\dfrac{(1\ 360+81.6)}{(1-0.35\%)}\times 0.35\%=5.06$(万元)

(4)银行财务费 = FOB × 银行财务费率 = 1 360 × 0.5% = 6.8(万元)

(5)外贸手续费 = (FOB + 国际运费 + 运输保险费) × 外贸手续费费率

= (1360 + 81.6 + 5.06) × 1.5% = 21.7(万元)

(6)关税 = (FOB + 国际运费 + 运输保险费) × 进口关税税率

= (1 360 + 81.6 + 5.08) × 15% = 217.000(万元)

(7)消费税 $=\dfrac{[\text{FOB}+\text{国际运费}+\text{运输保险费}+\text{关税}]}{1-\text{消费税率}}\times$消费税率

$=\dfrac{[1\ 360+81.6+5.06+217.000]}{1-10\%}\times 10\%=184.851$(万元)

(8)增值税 = (FOB + 国际运费 + 运输保险费 + 关税 + 消费税) × 增值税税率

= (1 360 + 81.6 + 5.06 + 217.000 + 184.851) × 17% = 314.247(万元)

(9)商检费 = (FOB + 国际运费 + 运输保险费) × 检疫费费率

= (1 360 + 81.6 + 5.06) × 0.8 % = 11.573(万元)

(10)检疫费 = (FOB + 国际运费 + 运输保险费) × 检疫费费率

= (1 360 + 81.6 + 5.06) × 0.17% = 2.459(万元)

(11)车辆购置附加费 = (FOB + 国际运费 + 运输保险费 + 关税 + 消费税 + 增值税) × 车辆购置附加费费率 = (1 360 + 81.6 + 5.06 + 217.00 + 184.851 + 314.247) × 8% = 173.021(万元)

(12)进口设备原价 = 货价 + 国际运费 + 运输保险费 + 银行财务费 + 外贸手续费 + 关税 + 消费税 + 增值税 + 工商检费 + 检疫费 + 车辆购置附加费

= 1 360 + 81.6 + 5.06 + 6.8 + 21.7 + 217.000 + 184.851 + 314.247 + 11.573 + 2.459 + 173.021

= 2 378.311(万元)

【例 4.6】 按例 4.5 题,若该设备到达我国某港口后,再运输 800km 到工地,求设备的运杂费和设备的购置费总价。

解:根据《编制办法》所列的表 3-19,国内设备运杂费费率为 1.7% ;国内设备运输保险费率为 1%;不需要安装的设备采购保管费费率为 1.2%。

则有:

(1)国内运杂费 = 设备原价 × 运杂费率 = 2 378.311 × 1.7% = 40.431(万元)

(2)设备国内运输保险费 = 2 378.311 × 1.0% = 23.783(万元)

(3)采购及保管费 = 2 378.311 × 1.2% = 28.540(万元)

(4)设备的购置费总价 = 2 378.311 + 40.431 + 23.783 + 28.540 = 2 471.065(万元)

4.4.4 工程建设其他费用

1)土地征用及拆迁补偿费

土地征用及拆迁补偿费系指按照《中华人民共和国土地管理法》及《中华人民共和国土地

管理法实施条例》、《中华人民共和国基本农田保护条例》等法律、法规的规定，为进行公路建设需征用土地所支付的土地征用及拆迁补偿费等费用。

(1)费用内容包括：

①土地补偿费是指被征用土地地上、地下附着物及青苗补偿费，征用城市郊区的菜地等缴纳的菜地开发建设基金，租用土地费，耕地占用税，地图编制费及勘界费，征地管理费等。

②征用耕地安置补助费是指征用耕地需要安置农业人口的补助费。

③拆迁补偿费是指被征用或占用土地上的房屋及附属构筑物、城市公用设施等拆除、迁建补偿费，拆迁管理费等。

④复耕费是指临时占用的耕地、鱼塘等，待工程竣工后将其恢复到原有标准所发生的费用。

⑤耕地开垦费是指公路建设项目占用耕地的，应由建设项目法人(业主)负责补充耕地所发生的费用；没有条件开垦或者开垦的耕地不符合要求的，按规定缴纳的耕地开垦费。

⑥森林植被恢复费是指公路建设项目需要占用、征用或者临时占用林地的，经县级以上林业主管部门审核同意或批准，建设项目法人(业主)单位按照有关规定向县级以上林业主管部门预缴的森林植被恢复费。

(2)计算方法。土地征用及拆迁补偿费，应根据审批单位批准的建设工程用地和临时用地面积及其附着物的情况，以及实际发生的费用项目，按国家有关规定及工程所在地的省(自治区、直辖市)人民政府颁发的有关规定和标准计算。

森林植被恢复费应根据审批单位批准的建设工程占用林地的类型及面积，按国家有关规定及工程所在地的省(自治区、直辖市)人民政府颁发的有关规定和标准计算。

当与原有的电力电信设施、水利工程、铁路及铁路设施互相干扰时，应与有关部门联系，商定合理的解决方案和补偿金额，也可由这些部门按规定编制费用以确定补偿金额。

【例4.7】 试计算某路线工程经过市郊某乡，占用其土地、青苗补偿的费用。已知的调查资料：该乡现有人口5 294人，耕地面积17 065亩*，旱田前3年平均产量755kg/亩，旱田玉米征收价0.64元/kg；菜田前3年平均亩产值960元/亩。公路永久占地为旱田507亩，菜田78亩。

解：(1)计算前3年平均产值。

旱田：755×0.64=496(元/亩)

菜田：960元

(2)土地补偿费。按国家土地管理条例及有关规定，取旱田被征收前3年平均年产值5倍，菜田被征用前3年平均年产值8倍计算补偿费。即：

$$507\times496\times5+78\times960\times8=1\ 856\ 400(\text{元})$$

(3)安置补偿费。按国家土地管理法的有关规定，每个安置人口的安置补助费为该地被征用前年平均每亩年产值的5倍计算安置补助费。

①占旱田须安置的人口数为：

$$\frac{5\ 294}{17\ 065}\times507=157.3(\text{人})$$

②占菜田须安置的人口数为：

$$\frac{5\ 294}{17\ 056}\times78=24.2(\text{人})$$

* 1亩=666.6m^2。

③安置补助费金额：

$$157.3 \times 496 \times 5 + 24.2 \times 960 \times 5 = 506\ 264(元)$$

(4)新菜田开发建设基金。按土地管理条例的有关规定，为该地被征用前3年平均年产值的8倍计算。即：

$$78 \times 960 \times 8 = 599\ 040(元)$$

(5)土地管理费。按国家有关文件规定，每平方米土地，一次性征收0.6元，即：

$$(507 + 78) \times 6\ 667 \times 0.6 = 234\ 117(元)$$

(6)占地补偿费总计：

$$占地补偿费总计 = 1\ 856\ 400 + 506\ 264 + 599\ 040 + 234\ 117 = 3\ 195\ 821(元)$$

【例4.8】 某一公路工程建设项目，需要征用耕地150亩，被征用前第一年平均每亩产值1 200元，征用前第二年平均每亩产值1 100元，征用前第三年平均每亩产值1 000元，该乡镇人均耕地2.5亩，地上附着物共有树木3 000棵，按照50元/棵补偿，青苗补偿按照200元/亩计取，试对该土地费用进行估价。

解：根据国家有关规定，取被征用前3年平均产值的8倍计算土地补偿费，则有：

$$土地补偿费 = \frac{1\ 200 + 1\ 100 + 1\ 000}{3} \times 150 \times 8 = 132(万元)$$

取该耕地被征用前3年平均产值的5倍计算安置补助费，则需要安置的农业人口数为：

$$人均安置补助费 = \frac{1\ 200 + 1\ 100 + 1\ 000}{3} \times 2.5 \times 5 = 1.375(万元)$$

安置补助费 $= 1.375 \times 60 = 82.5$(万元)

地上附着物补偿费 $= 3\ 000 \times 50 = 15$(万元)

青苗补偿费为：$150 \times 200 = 3$(万元)

则该土地使用费估价为：$132 + 82.5 + 15 + 3 = 232.5$(万元)

2)建设项目管理费

建设项目管理费，包括建设单位(业主)管理费、工程监理费、设计文件审查费和竣工(或交工)验收试验检测费。

(1)建设单位(业主)管理费：

①定义。建设单位(业主)管理费是指建设单位(业主)为建设项目的立项、筹建、建设、竣工(交工)验收、总结等工作所发生的费用。不包括应计入材料预算价格的建设单位采购及保管设备、材料所需的费用。

②费用内容包括：

a. 工作人员的工资、工资性津贴、施工现场津贴、社会保障费用(基本养老保险、基本医疗保险、失业、工伤保险)、住房公积金、职工福利费、工会经费、劳动保护费。

b. 办公费、会议费、差旅交通费、固定资产使用费(包括办公及生活房屋折旧、维修或租赁费。车辆折旧、维修、使用或租赁费，通信设备购置、使用费。测量、试验设备仪器折旧、维修或租赁费，其他设备折旧、维修或租赁费等)，零星固定资产购置费、招募生产工人费。

c. 技术图书资料费、职工教育经费、工程招标费(不含招标文件及标底或造价控制值编制费)。

d. 合同契约公证费、法律顾问费、咨询费。

e. 建设单位的临时设施费、完工清理费、竣(交)工验收费(含其他行业或部门要求的竣工验收费用)、各种税费(包括房产税、车船使用税、印花税等)。

f. 建设项目审计费、境内外融资费用(不含建设期贷款利息)、业务招待费、安全生产管理费和其他管理性开支。

g. 由施工企业代建设单位(业主)办理"土地、青苗等补偿费"的工作人员所发生的费用,应在建设单位(业主)管理费项目中支付。

h. 当建设单位(业主)委托有资质的单位代理招标时,其代理费应在建设单位管理费中支出。

③计算方法。建设单位(业主)管理费以建筑安装工程费总额为基数,按表4-23的费率,以累进办法计算。

建设单位管理费费率表 表4-23

第一部分 建筑安装工程费(万元)	费率(%)	算 例(万元)	
		建筑安装工程费	建设单位(业主)管理费
500以下	3.48	500	500×3.48% = 17.4
501~1 000	2.73	1 000	17.4+500×2.73% = 31.05
1 001~5 000	2.18	5 000	31.05+4 000×2.18% = 118.25
5 001~10 000	1.84	10 000	118.25+5 000×1.84% = 210.25
10 001~30 000	1.52	30 000	210.25+20 000×1.52% = 514.25
30 001~50 000	1.27	50 000	514.25+20 000×1.27% = 768.25
50 001~100 000	0.94	100 000	768.25+50 000×0.94% = 1 238.25
100 001~150 000	0.76	150 000	1238.25+50 000×0.76% = 1 618.25
150 001~200 000	0.59	200 000	1618.25+50 000×0.59% = 1 913.25
200 001~300 000	0.43	300 000	1913.25+100 000×0.43% = 2 343.25
300 000以上	0.32	310 000	2343.25+10 000×0.32% = 2375.25

说明:a. 水深>15m、跨度≥400m的斜拉桥和跨度≥800m的悬索桥等独立特大型桥梁工程的建设单位(业主)管理费岸按表4-23中的费率乘以1.0~1.2的系数计算;

b. 海上工程[指由于风浪影响,工程施工期(不包括封冻期)全年月平均工作日少于15d的工程]的建设单位(业主)管理费按表4-23中的费率乘以1.0~1.3的系数计算。

(2)工程监理费:

①定义。工程监理费是指建设单位(业主)委托具有公路工程监理资格的单位,按施工监理规范进行全面的监督和管理所发生的费用。

②计算方法。工程监理费以建筑安装工程费总额为基数,按《编制办法》表4-24的费率计算。

工程监理费费率表(单位:%) 表4-24

工程类别	高速公路	一级及二级公路	三级及四级公路	桥梁及隧道
费率	2.0	2.5	3.0	2.5

表4-24中的桥梁指水深大于15m、斜拉桥和悬索桥等独立特大型桥梁工程;隧道指水下隧道工程。

(3)设计文件审查费:

①定义。设计文件审查费系指国家和省级交通主管部门在项目审批前,为保证勘察设计工作的质量,组织有关专家或委托有资质的单位,对设计单位提交的建设项目可行性研究报告和勘察设计文件以及对设计变更、调整概算进行审查所需要的相关费用。

②计算方法。其计算公式为：

$$设计文件审查费 = 建筑安装工程费总额 \times 0.10\% \tag{4-47}$$

(4)竣(交)工验收检测费：

①定义。竣(交)工验收检测费系指在公路建设项目交工验收前，由建设单位(业主)或工程质量监督机构委托有资质的公路工程质量检测单位按照有关规定对建设项目的工程质量进行检测，并出具检测意见需要的相关费用。

②计算方法。竣(交)工验收检测费按表4-25的规定计算。

竣(交)工验收试验检测费标准表 表4-25

项目	路线(元/公路公里)				独立大桥(元/座)	
	高速公路	一级公路	二级公路	三、四级公路	一般大桥	技术复杂大桥
试验检测费	15 000	12 000	10 000	5 000	30 000	100 000

说明：竣(交)工验收试验检测费，高速公路、一级公路按四车道计算，二级及以下等级公路按双车道路计算，每增加一条车道，按表4-25的费用增加10%。

【例4.9】 某三级公路隧道，全长400m，建筑安装工程费为8 881 455元。试计算该工程的建设单位管理费、工程监理费、设计文件审查费以及竣工验收试验检测费。

解：(1)建设单位管理费。

由题意知，该项目的建筑安装工程费为8 881 455元

按表4-23的费率累进计算。

建设单位管理费 = 17.4 + 388.145 5 × 2.73% = 27.996 4(万元)

(2)工程监理费。

隧道按2.5%计，即：

工程监理费 = 888.145 5 × 2.5% = 22.20(万元)

(3)设计文件审查费。

设计文件审查费 = 888.145 5 × 0.1% = 0.888 1(万元)

(4)竣(交)工验收试验检测费。

按表4-25的标准规定，三级公路5 000元/公路公里。

即：竣(交)工试验检测费 = 0.4 × 5 000 = 2 000(元)

3)研究试验费

研究试验费系指为本项目提供或验证设计数据、资料进行必要的研究试验和按照设计规定在施工过程中必须进行试验、验证所需的费用，以及支付科技成果、先进技术的一次性技术转让费。但该费用不包括：

(1)应由科技3项费用(新产品试制费、中间试验费和重要科学研究补助费)开支的项目。

(2)应由施工辅助费开支的施工企业对建筑材料、构件和建筑物进行一般鉴定、检查所发生的费用以及技术革新研究试验费。

(3)应由勘察设计费或建筑安装工程费用中开支的项目。

计算方法应按照设计提出的研究试验内容和要求进行编制，不需验证设计基础资料的不计本项费用。

4)建设项目前期工作费

建设项目前期工作费系指委托勘察设计、咨询单位对建设项目进行可行性研究、工程勘察

设计以及设计、监理、施工招标文件及招标标底或造价控制值的文件编制时，按规定应支付的费用。该项费用包括：

(1)编制项目建议书(或预可行性研究报告)、可行性研究报告、投资估算，以及相应勘察、设计、专题研究等所需的费用。

(2)初步设计和施工图设计的勘察费(包括测量、水文调查、地质勘探等)、设计费、概(预)算及调整概算编制费等。

(3)设计、监理、施工招标文件及招标标底(或造价控制值或清单预算)文件编制费等。

计算方法：依据委托合同计列，或按国家颁发的收费标准和有关规定进行编制。

5)专项评价(估)费

专项评价(估)费是指国家法律、法规规定须进行评价(评估)、咨询，按规定应支付的费用。它包括环境影响评价费、水土保持评估费、地震安全性评价费、地质灾害危险性评价费、压覆重要矿床评估费、文物勘察费、通航论证费、行洪论证(评估)费、使用林地可行性研究报告编制费、用地预审报告编制费等费用。

计算方法应按照国家颁发的收费标准和有关规定进行编制。

6)施工机构迁移费

施工机构迁移费是指施工机构根据建设任务的需要，经有关部门决定成建制地(指工程处等)由原驻地迁移到另一地区所发生的一次性搬迁费用。

(1)费用内容不包括：

①应由施工企业自行负担的，在规定距离范围内调动施工力量以及内部平衡施工力量所发生的迁移费用。

②由于违反基建程序，盲目调迁队伍所发生的迁移费。

③因中标而引起施工机构迁移所发生的迁移费。

(2)费用内容包括：职工及随同家属的差旅费，调迁期间的工资、施工机械、设备、工具、用具和周转性材料的搬运费。

(3)计算方法：施工机构迁移应经建设项目的主管部门同意按实计算。但计算施工机构迁移费后，如迁移地点即新工地地点(如独立大桥)，则其他工程费内的工地转移费应不再计算；如施工机构迁移点至新工地地点尚有部分距离，则工地转移费距离，应以施工机构新地点为计算起点。

7)供电贴费

供电贴费是指按国家规定，建设项目应交付的供电工程贴费、施工临时用电贴费。

计算方法：按国家有关规定计列(目前暂停征收)。

8)联合试运转费

联合试运转费是指新建、改(扩)建工程项目，在竣工验收前按照设计规定的工程质量标准，进行动(静)载荷载实验所需的费用，或进行整套设备带负荷联合试运转期间所需的全部费用抵扣试车期间的差额。该费用不包括应由设备安装工程项下开支的调试费的费用。

费用内容包括：联合试运转期间所需的材料、油燃料和动力的消耗，机械和检测设备使用费，工具用具和低值易耗品费，参加联合试运转人员工资及其他费用等。

联合试运转费以建设安装工程费总额为基数，独立特大型桥梁按0.075%、其他工程按0.05%计算。

9)生产人员培训费

生产人员培训费是指新建、改(扩)建公路工程项目，为保证生产的正常运行，在工程竣工验收交付使用前对运营部门生产人员和管理人员进行培训所必需的费用。

费用内容包括:培训人员的工资、工资性津贴、职工福利费、差旅交通费、劳动保护费、培训及教学实习费等。

生产人员培训费按设计定员和2 000元/人的标准计算。

10)固定资产投资方向调节税

固定资产投资方向调节税是指为了贯彻国家产业政策、控制投资规模,引导投资方向、调节投资结构,加强重点建设,促进国民经济持续稳定协调发展,依照《中华人民共和国固定资产投资方向调节税暂行条例》规定,公路建设项目应缴纳的固定资产投资方向调节税。

计算方法:按国家有关规定计算(目前暂停征收)。

11)建设期贷款利息

建设期贷款利息是指建设项目中分年度使用国内或国外贷款部分,在建设期内应归还的贷款利息。费用内容包括:各种金融机构贷款、企业集资、建设债券和外汇贷款等利息。

(1)计算方法:根据不同的资金来源按需付息的分年度投资计算。

(2)计算公式如下:

建设期贷款利息 = Σ(上年末付息贷款本息累计 + 本年度付息贷款额 ÷ 2) × 年利率

即:

$$S=\sum_{n=1}^{N}\left(F_{n-1}+\frac{b_n}{2}\right)\times i \tag{4-48}$$

式中:S——建设期贷款利息,元;

N——项目建设年,年;

n——施工年度;

F_{n-1}——建设期第$(n-1)$年末需付息贷款本息累计,元;

b_n——建设期第n年度付息贷款额,元;

i——建设期贷款年利率,%。

【例4.10】 某省新建高速公路项目,建设期3年,利用国内商业银行贷款3 000万元。计划第一年贷款1 000万元,第二年贷款1 500万元,第三年贷款500万元,贷款年利率6%,试计算该项目的建设期贷款利息。

解:根据式(3-2)计算。

第一年的贷款利息:

$$S_1=1\ 000/2\times6\%=30(\text{万元})$$

第二年贷款利息:

$$S_2=(1\ 000+30+1\ 500/2)\times6\%=106.80(\text{万元})$$

第三年贷款利息:

$$S_3=(1\ 000+30+1\ 500+106.8+500/2)\times6\%=173.208(\text{万元})$$

该项目的建设期贷款利息为:

$$S=S_1+S_2+S_3=30+106.80+173.208=310.008(\text{万元})$$

4.5 预备费、回收金额及相关的一些费用、指标

4.5.1 预备费

预备费由价差预备费及基本预备费两部分组成。在公路工程建设期限内,凡需动用预备

费时，属于公路交通部门投资的项目，需经建设单位提出，按建设项目隶属关系，报交通运输部或交通（运输）厅（局、委）基建主管部门核定批准；属于其他部门投资的建设项目，按其隶属关系报有关部门核定批准。

1）价差预备费

价差预备费是指设计文件编制年至工程竣工年期间，第一部分费用的人工费、材料费、机械使用费、其他工程费、间接费等以及第二、三部分费用由于政策、价格变化可能发生上浮而预留的费用及外资贷款汇率变动部分的费用。

（1）价差预备费的计算方法：价差预备费以概（预）算或修正概算第一部分建筑安装工程费总额为基数，按设计文件编制年始至建设项目竣工年终的年数和年工程造价增长率计算。

计算公式如下：

$$价差预备费 = P \times [(1+i)^{n-1} - 1] \tag{4-49}$$

式中：P——建筑安装工程费总额；

i——年工程造价增长率，%；

n——设计文件编制年至项目开工年 + 建设项目建设期限。

（2）年工程造价增长率：按有关部门公布的工程投资价格指数计算，或由设计单位会同建设单位根据该工程人工费、材料费、施工机械使用费、其他工程费、间接费以及第二、三部分费用可能发生的上浮等因素，以第一部分建安费为基数进行综合分析测定。

（3）设计文件编制年至工程完工在一年以内的工程，不列此项费用。

2）基本预备费

基本预备费是指在初步设计和概算中难以预料的工程和费用。其用途如下：

（1）在进行技术设计、施工图设计和施工过程中，在批准的初步设计和概算范围内所增加的工程费用。

（2）在设备订货时，由于规格、型号改变的价差；材料货源变更、运输距离或方式的改变以及因规格不同而代换使用等原因发生的价差。

（3）由于一般自然灾害所造成的损失和预防自然灾害所采取的措施费用。

（4）在项目主管部门组织竣（交）工验收时，验收委员会（或小组）为鉴定工程质量必须开挖和修复隐蔽工程的费用。

（5）投保的工程根据工程特点和保险合同发生的工程保险费用。

其计算方法是：以第一、二、三部分费用之和（扣除固定资产投资方向调节税和建设期贷款利息两项费用）为基数按下列费率计算：

①设计概算按5%计列；

②修正概算按4%计列；

③施工图预算按3%计列。

采用施工图预算加系数包干承包的工程，包干系数为施工图预算中直接费与间接费之和的3%。施工图预算包干费用由施工单位包干使用。该包干费用的内容为：

a. 在施工过程中，设计单位对分部分项工程修改设计而增加的费用，但不包括因水文地质条件变化造成的基础变更、结构变更、标准提高、工程规模改变而增加的费用。

b. 预算审定后，施工单位负责采购的材料由于货源变更、运输距离或方式的改变以及因规格不同而代换使用等原因发生的价差。

c. 由于一般自然灾害所造成的损失和预防自然灾害所采取的措施的费用（例如一般防台

风、防洪的费用)等。

【例4.11】 某隧道工程,于2007年1月开始设计、于2008年5月开工,2009年10月竣工。隧道的建筑安装工程费为900万元,经测算,年工程造价上涨率为5%,计算该工程的价差预备费。

解:由题意可知,$n=1+2=3$ 年。按式(3-3)计算:

$$价差预备费=900\times[(1+5\%)^{3-1}-1]=92.25(万元)$$

【例4.12】 某高速公路工程,施工图预算第一、二、三部分合计为41.5亿元,其中建设期限贷款利息为3 600万元,固定资产投资方向调节税不计。试计算该项目的施工图预算基本预备费。

解:根据《公路工程概算预算编制办法》计算。则:

$$施工图预算基本预备费=(41.5-0.36)\times3\%=1.23(亿元)$$

4.5.2 回收金额及相关的一些费用、指标

1)回收金额

概、预算定定额所列材料一般不计回收,只对按全部材料计价的一些临时工程项目和由于工程规格或工期限制达不到规定周转次数的拱盔、支架及施工金属设备的材料计算回收金额。

回收率见《编制办法》表3-24。

2)公路交工前养护费指标

公路交工前养护费是指陆续初完工的路段,在路段交工实验时止,以路面为主包括路基、构造物在内的养护费用。该费用按全线里程及平均养护月数,以下列标准计算:

(1)三、四级公路每月养护费按每公里每月60个工日计算。

(2)二级及二级以上公路每月养护费按每公里每月30个工日计算。

(3)另按路面工程类别计算其他工程费和间接费。

3)绿化补助费指标

新建公路的绿化补助费指标如下:

(1)平原微丘区:5 000元/km;

(2)山岭重丘陵区:1 000元/km。

以上费用标准内已包括其他工程费和间接费。

本指标仅适用于无绿化设计的二级以下等级公路建设项目。

4)冬雨季及夜间施工增工百分率、临时设施用工指标

(1)冬雨季及夜间施工增工百分率按表4-26计算。见《编制办法》附录三。

冬雨季及夜间施工增工百分率表　　表4-26

项目	雨季施工（雨量区）		冬季施工							
			冬一区		冬二区		冬三区	冬四区	冬五区	冬六区
	Ⅰ	Ⅱ	Ⅰ	Ⅱ	Ⅰ	Ⅱ				
路线	0.30	0.45	0.70	1.00	1.40	1.80	2.40	3.00	4.50	6.75
独立大中桥	0.30	0.45	0.30	0.40	0.50	0.60	0.80	1.00	1.50	2.25

注:①冬雨季施工增加工以各类工程概、预算工数之和为依据,表中雨季施工增工百分率为每个雨季月的增加率,如雨季期(不是施工期)为两个半月时,表列数值应乘2.5。以此类推。

②夜间施工增加工按夜间施工工程项目概、预算工数的4%计。

(2)临时设施用工指标按表4-27计算。

临时设施用工指标表 表4-27

项　目	路线(1km)					独立大中桥(100m^{3}桥面)
	公路等级					
	高速公路	一级公路	二级公路	三级公路	四级公路	
工日	2 340	1 160	340	160	100	60

上述冬、雨季、夜间及临时设施用工经计算后列入概、预算的02表内。

思考题

1. 什么是施工图预算？其作用是什么？
2. 公路基本建设概(预)算费用由哪些费用组成？
3. 什么是建筑安装工程费，包含哪些费用？
4. 什么是直接工程费，包含哪些费用？
5. 直接费的费用构成有些什么？怎样计算？
6. 间接费的组成内容是什么？怎样计算？
7. 税金计算有哪些规定？如何计算工程应缴纳税金？
8. 利润如何计算？
9. 建设项目管理费计算方法是什么？
10. 自采材料预算单价的计算应注意哪些方面的因素？
11. 材料预算价格的组成内容是什么？如何确定材料运距终点？
12. 如何确定自办运输材料的单位运杂费？
13. 某隧道工程长约500m，围岩为石灰石。隧道洞口地势较平坦，弃渣堆放在洞口附近。距隧道洞口35km处有一碎石料场，2cm碎石供应价为35元/m^3。当地运费标准为0.5元/t·km，人工工资单价45.38元/工日，150mm×250mm电动碎石机台班预算单价：120元/台班，滚筒式筛分机台班预算单价：170元/台班。隧道弃渣经破碎筛分后能满足隧道混凝土工程的需要，请合理确定2cm碎石的预算单价。
14. 某隧道的洞口坡面防护工程，经计算后人工费为127 810元，材料费为164 370元，机械使用费为98 100元。其他工程费中Ⅰ类费率6.27%，Ⅱ类费率为4.67%。间接费中规费39%，企业管理费6.19%。利润率4%，税金3.41%。试确定洞口坡面防护工程编制预算时的建筑安装工程费。
15. 某隧道工程，由国内商业银行贷款修建，贷款总金额为人民币2亿元。第一年贷款8 000万元，第二年贷款7 000万元，第三年贷款5 000万元，并且每次当年都计息，年利率为6%，试计算该建设项目的建设期贷款利息。

工作任务五　公路隧道工程预算文件的编制

知识目标：

(1)掌握概、预算计算体系及文件组成；

(2)掌握概、预算编制的基本要求和编制程序；

(3)掌握公路隧道工程预算编制方法。

能力目标：

(1)能进行隧道工程预算资料调查；

(2)能收集隧道工程预算编制资料；

(3)能按照预算程序编制公路隧道工程的预算。

5.1　概、预算文件组成的认知

5.1.1　概、预算计算体系

公路工程基本建设项目全部费用，以其基本造价表示。编制概算、预算时应分别以《公路工程概算定额》和《公路工程预算定额》为依据，按照其规定的各工程项目的人工、材料、机械台班消耗量和《公路工程基本建设项目概算预算编制办法》规定的工程所在地的人工费工日单价、材料预算单价和机械台班单价，计算出各工程项目工、料、机费用；再按《公路工程基本建设项目概算预算编制办法》的规定计算其他各项费用。概、预算的材料、机械台班单价及各项费用的计算都应通过规定的表格反映出来。各种表格的计算顺序和相互关系见图5-1。

5.1.2　概、预算文件组成

概、预算文件由封面及目录，概、预算编制说明及全部概、预算计算表格组成。

1)封面及目录

概、预算文件的封面和扉页应按《公路工程基本建设项目设计文件编制办法》中的规定制作，扉页的次页应有建设项目名称，编制单位，编制、复核人员姓名并加盖执业(从业)资格印章，编制日期及第几册等内容。目录应按概、预算表的表号顺序编排。

2)概、预算编制说明

概、预算编制完成后，应写出编制说明，文字力求简明扼要。应叙述的内容主要有以下5个方面：

(1)建设项目设计资料的依据及有关文号，如建设项目可行性研究报告批准文号、初步设计概算批准文号以及根据何时的测设资料及比选方案进行编制的说明等。

(2)采用的定额、费用标准,人工、材料、机械台班单价的依据或来源,补充定额及编制依据的详细说明。

(3)与概、预算有关的委托书、协议书、会议纪要的主要内容(或将抄件附后)。

(4)总概、预算金额,人工、钢材、水泥、木料、沥青的总需要量情况,各设计方案的经济比较,以及编制中存在的问题。

(5)其他与概、预算有关但不能在表格中反映的事项。

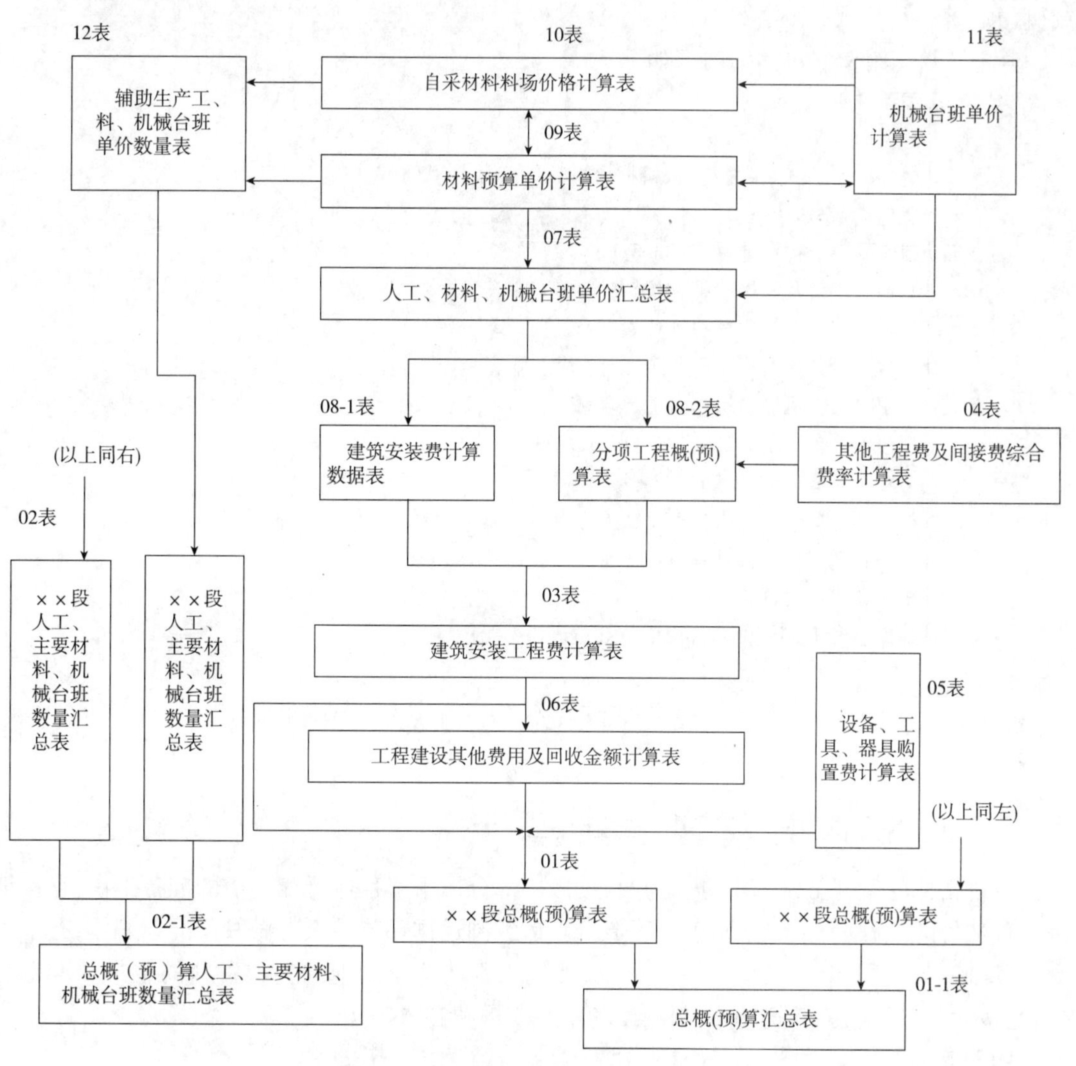

图5-1 各种表格的计算顺序和相互关系

3)概、预算表格

公路工程概、预算应按统一的概、预算表格计算,其中概、预算相同的表式,在印制表格时,应将概算表与预算表分别印制。

4)甲组文件与乙组文件

概、预算文件是设计文件的组成部分,按不同的需要分为两组,甲组文件为各项费用计算表,乙组文件为建筑安装工程费各项基础数据计算表(只供审批作用)。甲、乙组文件应按《公路工程基本建设项目设计文件编制办法》关于设计文件报送份数,随设计文件一并报送。报送乙组文件时,还应提供“建筑安装工程费各项基础数据计算表”的电子文档和编制补充定额的详细资料,并随同概、预算文件一并报送。

乙组文件中的建筑安装工程费计算数据表(08-1表)和分项工程概(预)算表(08-2表)应根据审批部门或建设项目业主单位的要求全部提供或仅提供其中的一种。

概、预算应按一个建设项目(如一条路线或一座独立大中桥、隧道)进行编制。当一个建设项目需要分段或分部编制时,应根据需要分别编制,但必须汇总编制总概(预)算汇总表,编制概(预)算表格样式,见附录一。

其中,甲、乙组文件包括的内容如下:

甲组文件:
- 编制说明
- 总概(预)算汇总表(01-1表)
- 概(预)算人工、主要材料、机械台班数量汇总表(02-1表)
- 概(预)算表(01表)
- 建筑安装工程费计算表(03表)
- 其他工程费及间接费综合费率计算表(04表)
- 设备、工具、器具购置费计算表(05表)
- 工程建设其他费用及回收金额计算表(06表)
- 人工、材料、机械台班单价汇总表(07表)

乙组文件:
- 建筑安装工程费计算数据表(08-1表)
- 分项工程概(预)算表(08-2表)
- 材料预算单价计算表(09表)
- 自采材料料场价格计算表(10表)
- 机械台班单价计算表(11表)
- 辅助生产工、料、机械台班单位数量表(12表)

5.2 概、预算编制的基本要求

5.2.1 编制概算、预算文件的准备工作

造价文件的编制工作内容可分为两部分,一部分属于工程造价编制前的准备工作,它是编制工程造价的基础;另一部分属于工程造价具体编制运作环节。只有做好了准备工作,有了可靠的基础资料,才能编好工程造价。所以,重视工程造价编制前的各项资料的收集和准备工作,是按质、按期完成工程造价编制工作的重要前提和必要条件。

1)拟订编制方案

工程造价的编制是一项烦琐细致的工作,编前制订出可行的工作方案,是保证编制质量,提高编制效率的首要基础工作之一。编制方案的拟订主要包括以下内容:

(1)熟悉了解工程的有关基本情况。如公路建设项目的等级、技术标准,对勘察设计和建设期限的要求,了解投资来源、项目的实施方法、勘察设计合同、委托书以及经批准的前期设计等。

(2)制订出控制工程造价的有效措施。通过参与勘察设计过程中的各种技术、业务研讨会和工作任务安排,了解掌握有关设计意图,以及新技术、新结构、新材料的应用情况,并开展造价分析和技术经济论证活动,注意配合设计人员做好限额设计,加强工程造价的有

效控制。

(3)拟订现场调查提纲。现场调查是确保造价编制准确合理的关键。通过调查可收集到工程所在地的政治、经济、历史等社会条件,地形、地质水文、气象等自然条件,以及材料供应、社会运力,市场行情、当地政府颁发的经济法规等技术经济条件。而这些资料涉及施工方案确定及有关费用、价格的计算,因而应有目的、有计划地做好这项工作。

(4)拟订工作进度计划表。对造价编制中的各项主要工作,应根据工程的实际情况和工作经验做出具体的具有指导意义的时间计划,并以此为目标开展工作。

(5)确定编制人员,建立岗位责任制,明确分工,以保证工程造价编制质量和提高业务水平。

2)确定编制原则

建立和完善社会主义市场经济体制的要求下,由于多渠道筹集公路建设资金和商品化公路的发展,建设项目的决策、投资的审批、工程计价依据、项目的实施方法等,与计划经济时期的工程造价有很多不同之处,受到各种因素的影响更多,涉及的面也更广。因此,公路工程造价的编制,应从建设项目的实际情况出发,遵循以下原则:

(1)要遵循价值规律的客观要求,结合建设项目的实际情况与市场行情,从实际出发,采用先进合理的施工方法,既要把投资打足,也不要宽打窄用,或有意扩大风险因素,以免造成建设资金的积压或浪费等不良现象。

(2)要严格遵守国家的方针、政策、有关制度及行业规定,尤其是对工程造价管理的各项规定和要求。

(3)造价编制要始终做到有依有据,讲求经济效益。要根据国家、行业、地区的有关规定,根据建设资金的筹资方式、项目的实施方法、施工单位的资质要求等,合理采用工程计价依据。同时应客观公正地完成造价编制工作,维护建设各方的合法经济权益。

(4)要认真做好造价分析。自始至终与设计人员配合,开展限额设计和优化设计,坚持技术上的先进和经济上的合理,使设计更加经济合理,从而有效地进行工程造价的控制。

3)熟悉设计图纸资料,核对工程量

由于公路建设工程有其特殊的技术经济特征和设计文件编制的特殊方法。从而决定了核对工程量是工程造价编制的一个关键环节。全面熟悉了解设计图纸资料,是准、快、全地编制工程造价的前提条件。在公路工程中,计价基础资料的各种工程量,在设计资料中基本上都反映在图表上,有些又是隐含在图纸内,如混凝土和砂浆的强度等级,石砌工程的规格种类以及施工要求等,凡难以在图纸上表示的项目内容,往往多在文字说明中加以规定。通常用图形表现的设计图纸和用文字叙述的工程说明书,确定了工程的数量和施工方法。因此熟悉设计图纸资料和文字说明内容,直接影响到工程造价的编制质量。

作为编制工程造价的各种设计工程量,如构造物的挖基防水、排水、拱盔、支架、灌注桩的地表高度,施工方法以及机具的选型配套等,有些需要由造价工程师结合建设工程的实际情况进行计算取定,而其他绝大部分的设计工程量,已由设计人员按照一般工程量计算规则计算并列于图表上。因此,为了使所提供的和搜集的工程计价基础数据合理可靠,以确保工程造价的编制质量,在编制公路工程造价之前,应熟悉设计图纸资料和文字说明,了解设计意图和工程全貌,核对工程量。核对工程量时应注意以下事项:

(1)检查图纸资料是否齐全。公路建设工程技术日趋复杂,新材料、新结构、新工艺日益被广泛应用,而作为指导建设项目实施的各种设计图纸资料,也越来越多,所以要按照《公路工程基本建设项目设计文件编制办法》规定的一个建设项目必有的图表资料，进行清点，确定图纸是否齐全。如有短缺，要查明落实，以免漏项。

(2)检查图纸有无错误。核对各种图纸相互之间、图纸与其文字说明之间是否有矛盾和错误，图与表所反映的工程量是否一致，各部分尺寸、高程等是否有彼此不对口，文字说明是否有含糊不清，凡影响到计价的都要核对清楚，并提请设计人员予以纠正、澄清。

(3)应根据采用的计价定额摘取工程量。各种设计工程量的分部分项工程名称、计量单位、工程量的计算方法和范围，应符合采用的计价定额的要求，不相符时，要进行调整、修正。

(4)对工程造价影响较大的关键部位或量大价高的工程量，应重新进行复核计算，以保证计价基础资料的准确性。

(5)造价人员不应被动地反映工程造价，而应主动地影响、控制造价。在熟悉设计图纸资料和核对工程量的过程中，要结合工程造价历史资料、兴建工程的实际情况及工作经验，重点分析施工的可能性和经济的合理性，据以向设计人员提出建议，使设计更加经济合理。

(6)当个别工程量超出一般常规情况时，如预制矩形板，一般 $1m^3$ 混凝土含钢筋量在 90kg 左右，若图表上所反映的数字出入较大或在工程质量上超出国家施工技术规范规定的要求时，都应进行分析研究，并将情况反馈给设计人员予以确认或处理。

(7)对国家颁发的各种设计图集，也要进行必要的熟悉。标准图集中的一些规定，具体的设计图纸不一定全部表示出来，但往往又是作为计价的依据，同时又可作为比较的参考，便于发现问题。

4)现场调查与资料搜集

在编制工程造价之前，必须进行现场调查，搜集有关资料。实践证明，现场调查时，往往能发现降低工程费用的更佳施工方法和更切合实际的技术组织措施，这是编好工程造价的又一个重要工作环节和必要手段。

应注意的是，熟悉设计图纸资料与现场调查不是截然分开的，并不是在前者完成之后才进行后者，实际上是互相交错进行的。在一般情况下，除在勘察期间，造价人员应随同勘察队调查各种必需基础资料外，还应在熟悉设计内容的基础上，检验现场实施的可能性和经济的合理性，对有关编制工程造价所需的各种基础资料应密切结合设计内容开展调查工作。因此，根据编制公路工程造价的要求，应进行如下各项现场调查并搜集相关的资料。

(1)社会条件。社会条件指建设工程所在地的政治、历史、风俗以及社会、经济的发展情况，对此应进行必要的调查了解，它对建设工程的顺利实施有着极其重要的影响。

(2)自然条件。自然条件包括沿线地形、地质、水文、气候等，是直接影响建设工程实施可能性的重要因素，必须进行充分细致的调查研究。凡遗漏或不全的，均应加以补充和完善，使所搜集的资料真实可靠。

①地形情况。地形情况包括地貌、河流、交通及附近建筑物、构筑物等情况。公路是一种线性型建筑工程，往往要穿越各种各样的地带，如城镇居民地区；地形起伏不定，河流纵横交错的复杂地区；沙漠、草原、原始森林或地质不良的地区等。此外，在实施过程中或建成后，可能遭遇到山洪、冰川、雪崩和塌陷等自然灾害的影响，通过深入调查研究，就能从实际出发，确定合理可靠的设计方案和工程造价，从而避免建设资金的浪费和对人们的生产、生活产生不利的影响。

②土壤地质情况。如土壤的性质和类别,不良地质地区的特征,泥石流、滑坡以及地震级别等。其中土石的类别等,是计价的信息资料,如果不准确,就会使工程造价脱离实际,影响工程的顺利实施。

③水文资料。水文资料包括河流的流量、流速、漂浮物情况,水质、最高洪水位、枯水期水位以及地下水等,这些都是确定编制工程造价及安排施工计划的客观依据。

④气象资料。向沿线气象部门调查搜集所需的资料,如气温,季节风、雨量,积雪,冰冻深度等情况,以及雨季和冬季的期限。若与概、预算编制办法中有关冬雨季的规定要求有较大出入时,可作为调整计算冬雨季费用的依据。

(3)技术经济条件。诸如技术物资、生活资料、劳务、社会运力、市场行情以及当地政府颁布的经济法规等多方面的经济信息,是工程计价极其重要的信息资料。应做到资料准确,某些资料还应取得书面协议。

①运输情况的调查。了解工程所在地可能提供的运输方式、能力、转运情况,过路费、过桥费、各种装卸费等运杂费标准,车船使用税征收标准。工程施工时,沿线可资利用的场地、运输道路和桥梁及在使用前和使用过程中必要的改建加固和维修所需要支付的补偿费等。

②建筑材料。工程所在地的各种建筑材料的供应能力、流通渠道、供应地点,规格、质量是否符合工程设计要求,砂石材料若能自行开采则应探明储存量和开采条件,当地工业废料利用的可能性以及数量、质量、价格等。这些都应调查了解清楚,一般应绘制运距示意图,并作必要的文字说明。

为了建立和完善工程价格信息资料的管理机制,规范工程计价行为,加强宏观调控,近年来,各省、自治区、直辖市的公路(交通)工程定额(造价管理)站,根据国家赋予造价管理的行政职能,都定期发布建筑材料价格信息,故在进行建筑材料价格的调查时,原则上应以此为依据,结合所搜集的建设工程所在地的价格信息资料,征询建设单位的意见,进行必要的分析研究,合理取定。

③劳务。

a. 要调查建设工程所在地可资利用的社会劳动力资源的情况,诸如数量、技术水平、分包的可能件;

b. 要搜集工人工资的资料。人工费的单价也同上述材料价格一样,是由各地的公路(交通)工程定额(造价管理)站统一发布的,但是有些特殊的规定,如地区生活补贴、特殊津贴等,是否已包括在统一的单价内,要注意调查了解有关这些方面的情况和规定,以免遗漏。

④用水、用电及通信调查。调查了解当地供水、供电能力和管线设施情况、收费标准以及提供通信的可能程度,若不能满足施工要求,应采取相应措施,如自发电,设置相应的取水设施等,这些对工程造价有较大的影响,应尽可能做好相关的各项资料的搜集工作。

⑤生活资料。如主副食、日用生活品的可供情况,以及医疗卫生、文化教育、消防治安等社会服务机构的支援能力,并调查主副食的供应地点、供应量及运距,以提供计算主副食运费补贴综合里程的依据。

⑥市场行情。要通过对市场情况的调查,了解其发展趋势,进行综合预测,确定年工程造价增长率,以便计算工程造价增长预留费。

⑦筹资方式。应向工程建设主管部或建设单位了解兴建工程筹集建设资金的方式,若是

贷款项目,则明确所需贷款总额、资金来源、年利率、建设年限、当年是否计息,以及年度贷款的分配比例等,以便计算建设期的贷款利息。

⑧实施方法。要向工程建设主管部门或建设单位了解建设项目选择施工单位的方法,初步选定施工单位的意向,对施工单位应具备的资质等级的要求,以及施工方案、标段的划分和机械化程度等。这些不仅是确定工地转移费用的依据,也是取定其他各项有关计价依据的重要条件。

⑨征地、拆迁。要向沿线当地人民政府的土地管理部门调查了解工程建设征用和租用的土地,被征用土地上青苗的铲除,经济林木的砍伐,房屋、水井等建筑物的拆除等,应予支付补偿的标准以及土地征收管理费、耕地占用税的有关规定。同时,要搜集近 3 年各种农作物的平均年产量、人均占有耕地亩数、农作物的市场价格等资料。

⑩其他

除上述各项现场调查内容外,还有临时工程、研究试验、大型专用机械设备购置等。除研究试验和大型专用机械设备购置应向工程建设主管部门或建设单位了解并商定其内容、数量和费用外,临时工程应调查其设置地点、规格标准、单位和数量等,临时占用土地如需恢复耕种的,要了解分析复耕所需的费用,并计入工程造价。

知识链接:在现场调查和搜集资料的过程中,凡涉及下列事项时,应取得书面协议文件,作为设计和造价文件的必要附件。

(1)与地方政府就砂石料场的开采使用、运输以及取土场、弃土堆的意向协议。

(2)拆迁建筑物、构筑物与物主协商的处理方案。

(3)与原有的电力、电信设施、水利工程、铁路及铁路设施互相干扰的处理方案。

(4)施工中利用电网供电的协议。

(5)当地环境保护对公路建设工程的特殊要求。

5)了解施工方案

施工方案,是指按照科学和经济合理的原则,正确确定工程项目的施工顺序和施工方法,并选择适用的施工机械,结合建设条件,对标段划分、施工期限做出合乎实际的安排。

选择施工方案的基本要求是:切实可行,施工期限满足业主要求;确保工程质量和施工安全;经济合理,工料消耗和施工费用最低。

施工方案包括的内容很多,概括起来主要有 4 项:施工方法的确定、施工机具的选择、施工顺序的安排和流水施工的组织。这些都是编制概、预算不可缺少的基础资料,直接影响着工程进度、工程质量、施工安全和建设工程的成本。因此,应结合现场客观情况,实事求是地编制施工方案,不仅可以保证工期、质量,而且还能使工程造价更加经济、合理。

5.2.2 概、预算编制的基本要求

(1)在编制概、预算时,首先要学习、掌握和执行《公路工程基本建设项目概、预算编制办法》的内容。

(2)对编制办法的适用范围要全面了解。

公路工程基本建设项目概、预算应分别以《概算定额》、《预算定额》为依据。其适用于新建和改建公路工程基本建设项目。但是,各省、自治区、直辖市交通(运输)厅(局)一般都制定和公布了执行《编制办法》的补充规定,都明确规定了可参照执行范围。

编制概、预算时应根据概、预算定额规定的各工程项目的人工、材料机械台班消耗量和按

《编制办法》第三章规定的概、预算编制时根据工程所在地的人工费工日单价、材料预算单价和机械台班单价计算出各工程项目的工、料、机费用,并按《编制办法》的规定计算各项费用。概、预算的材料、机械台班单价及各项费用的计算都应通过规定的表格反映。各种表格的计算顺序和相互关系见图5-1。

(3)根据"干什么工程执行什么定额和取费标准的"原则,公路工程概、预算的工程费中属于非公路专业的工程(如房屋工程),应执行有关部门和工程所在地地区统一的直接费定额和相应的间接定额编制;对于其他费用应按公路工程其他费用项目及计算方法编制。

(4)概、预算的编制必须严格执行党和国家的方针政策和有关制度,符合公路设计、施工技术规范。

(5)概、预算文件应达到的质量要求是:符合规定、结合实际、经济合理、提交及时、不重不漏、计算正确、字迹打印清晰、装订整齐完善。

5.2.3 施工组织设计与施工图预算的编制

施工组织设计和施工图预算是相互依存、相互影响的。确切地说,施工图预算的编制过程是施工组织设计的过程,施工组织设计决定着施工图预算,反过来,施工图预算又制约着施工组织设计,两者是辩证统一的关系,是相辅相成的。

预算费用中与施工组织设计关系最大的是建筑安装工程费,而建筑安装工程费又是由直接费、间接费、利润和税金组成。就费用的计算过程来看,直接费的高低基本决定了建筑安装工程费的高低,只要降低了建筑安装工程的直接费,就能降低整个工程费用。

施工组织设计对预算的影响是多方面的,但主要是对直接工程费的影响。主要因素有以下4个方面:

1)施工现场平面布置对预算的影响

施工现场平面布置是施工组织设计在空间上的综合描述,是施工组织设计的重要组成部分之一。它是在基础资料调查的基础上,结合建设工程的实际情况,按照一定的布置原则和方法,对建设工程在施工过程中的材料供应和运输路线、供电、供水、临时工程、工地仓库、生活设施、管理机械设施、服务区、加油站、道班房、预制场、拌和场以及大型机械设备工作面的布置和安排。平面布置的确定,也就决定了预算中相应的直接工程费,如场内运输的价格、临时工程的费用以及租用土地费、平整场地费用等。在施工组织设计中,应考虑技术上的可行性和经济上的合理性,规划平面布置一般应遵循以下原则:

(1)凡是永久性占用土地或临时性租用土地的工程,应结合地形、地貌,在满足施工的前提下,尽可能选择利用荒山、荒地及场地平整工程量小的地点,并尽量少占农田。

(2)合理确定工地仓库和自采材料堆放点。预制场、拌和站的选择,应避免材料的二次倒运和减短材料的场内运距。

(3)施工平面布置应与施工进度、施工方法等相适应,同时应重视保护生态环境和安全生产。

(4)材料在公路工程建设中占的比重很大,因此,合理选择材料、确定经济运距和运输方案是控制预算造价的重要手段。

2)施工工期对预算的影响

在质量一定的条件下,任何一个建筑产品,都有一定的合理生产周期。合理地确定施工工期，对工程质量和预算造价都会产生极大的影响，公路工程也不例外。在施工组织设计中应按合理的工期，进行劳动力安排、材料的供应和机械设备的配置，使其费用降低。

3）施工方法的选择对预算的影响

在公路工程设计和施工中，施工方法的选择是至关重要的，必须依据工程条件和经济合理的原则进行多方面的比较。随着施工工艺、施工技术的不断发展和更新，完成一个项目其施工方法是多种多样的，而每种施工方法又有其自身的特点和不足，这就要求设计人员根据工程的条件，选择既经济又适用施工方法。

4）运输组织计划对预算的影响

运输组织计划是施工组织设计中的一个重要内容，它不仅直接影响施工进度，而且在很大程度上也影响了工程造价，为了确保施工进度计划的执行，并力求最大限度降低工程造价，运输组织计划应达到下列要求。

（1）运距最短，运输量最小。

（2）减少运转次数，力求直达工地。

（3）装卸迅速和运转方便。

（4）尽量利用原有交通条件，减少临时运输设施的投资。

（5）充分发挥运输工具的载运条件。

5.3 概、预算的编制步骤

5.3.1 概、预算的编制步骤

1）认真掌握相关资料

在编制概、预算之前，应认真阅读设计文件、设计图纸、做好施工组织设计，掌握概、预算调查资料。

2）准备文件、工具书和概、预算表格

在编制概、预算之前，应将设计文件、图表资料收集齐全，同时准备工程定额、编制办法等。

3）工程项目列项（01 表）

根据工程设计内容，参照“概、预算项目表”和结合定额，将工程“项”、“目”、“节”、“细目”列出，经复核后，再一一计算出计价工程量一并列入项目表的相应栏内。

4）初编 08-2 表（分项工程概、预算表）

在 08-2 表中按具体分项工程名称、数量、对应的施工工艺顺序选择工程定额、填写工序工程量，进行子目工、料、机械台班数量分析计算。

5）编制 10 表（自采材料料场价格计算表）

根据初编 08-2 表所发生的自采砂石、土规格名称，结合外业料场调查资料编制自采材料料场价格计算表 10 表。

6）编制 09 表（材料预算单价计算表）

根据初编 08-2 表所出现的各种材料名称、规格及其来源，先在 09 表上按外购、自采加工顺序并按材料代号次序进行登记、填表计算，与 08-2 表的编制交叉进行，单价计算完成后返回到分项工程预算表中计算材料费。

7)编制11表(机械台班单价计算表)

根据编制08-2表、10表所出现的工程机械规格名称,先在11表上按机械的代号次序填写计算机械台班单价,人工、动力、燃料单价由09表转来。

8)编制07表(人工、主要材料、机械台班单价汇总表)

将人工单价及09表材料预算单价、11表机械台班单价汇总于07表,形成人工、主要材料、机械台班单价汇总表。

9)编制04表(其他工程费、间接费综合费率计算表)

根据工程所在地的自然条件、地理环境、工程分类等具体情况,查取其他工程费与间接费综合费各单项费率,计算出综合费率。注意,其他工程费Ⅰ和其他工程费Ⅱ项的计算基数不同,其他工程费Ⅰ的计算基数为:直接工程费;其他工程费Ⅱ的计算基数为:人工费+机械使用费。

10)详细编制08-2表

根据工程项目表、07表、09表、10表、11表、04表、在初编08-2表的过程中经过各表格间的相互关系、补充、交叉完成08-2表分项工程概(预)算表中各项费用计算。

11)编制05表

根据实际需要,按编制办法的规定,编制设备、工具、器具购置费计算表。

12)编制03表(建筑安装工程费计算表)

根据08-2表、04表的计算结果,按分项工程内容把直接工程费、其他工程费、间接费、利润、税金填入03表,并计算建筑安装工程费。

13)编制06表(工程建设其他费用及回收金额计算表)

根据公路用地表、外业调查资料、拆迁协议书等,按实际发生的项目填写该表费用项目名称、并说明标准及计算式,计算出相关费用。

14)编制01表(总概、预算表)及01-1表

根据经过复核的03表、05表、06表可汇编总概(预)算表01表。该表反映一个单项工程或单位工程的各项费用组成、概(预)算金额、技术经济指标等。

01-1表的指一个建设项目分若干单项(单位)工程编制概(预)算时,尚应根据各分段总概(预)算表通过本表汇总全部建设项目概(预)算总金额。

15)编制12表(辅助生产工、料、机械台班单位数量汇总表)

根据10所列的自采砂石材料规格、名称,按所用定额编制辅助生产工、料、机械台班单位数量汇总表。以供02表计算辅助生产工、料、机数量。

16)编制02表(人工、主要材料、机械台班数量汇总表)

02表根据08-2表各分项工程概、预算基础数据表,及12表,经分析计算后统计而来。发生的冬、雨季及夜间施工增工及临时设施用工,按照有关规定计算后列入本表有关项目内。

17)编写"概、预算编制说明"

当概、预算12种表格全部编制完成后,应根据编制过程和内容,按要求写出"编制说明"。

18)复核、印刷、装订、报批

综上所述,公路工程概、预算的编制步骤如图5-2所示。

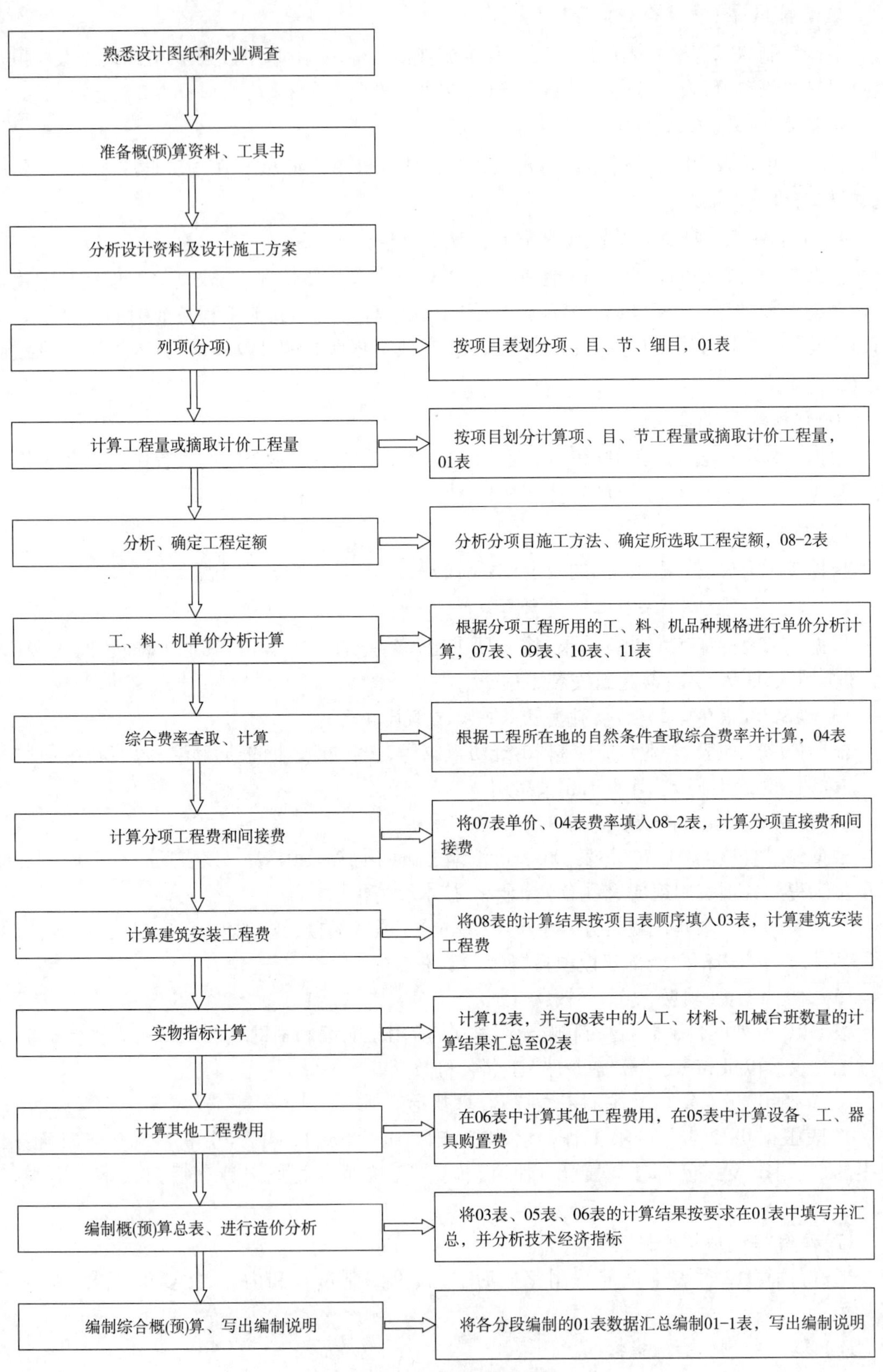

图 5-2　概、预算编制基本步骤

5.3.2 预算编制注意事项

预算编制的注意事项如下：

(1)注意各表格之间的内在联系，理清其交叉关系。概(预)算表格是一个有机的整体，互相联系、相互补充。08表与09表、11表、10表、07表在编制过程中是交叉进行、相互补充的。09表与10表、09表与11表都是相互补充的关系。

(2)对01表中各项、目、节的工程量计算一定要严格按照定额的口径、要求以及工程量计算规则，既不要多算也不要少算，这是编好概、预算至关重要的一环。工程量出错，修改工作费时费力。与设计内容进行对照检查。

(3)08表的“编制范围”要按项目表顺序(01表列项的)填写“细目”的名称，没有“细目”的填“节”的名称，没“节”的填“目”的名称，应将各分项按工艺流程填写在一张表中，不能将不同的“细目”或“节”、或“目”填列于一张表内，以便小计。

(4)注意各工程费用费率类别的适用范围说明。当目、节、细目中的各分项工程年所属的工程类别不同时，费率的取值也随之不同。如平面交叉工程中，土石方与路面工程所取费率就不同。

(5)进行02表编制时，不要忘记汇总那些按费率或指标计算的增工、增料数量。如自办运输、人工装卸用工、公路交工前用工、冬雨夜增工、临时设施用工及辅助生产所需工料、机数量等。为了统计汇总这些工、料、机数量，最主要的是不要忘记在02表的“分项”中列项，特别是对12表单位数量的应用更应注意。

(6)编制概、预算的原始资料均应有据可查。对于06表的计算内容、05表中设备购置内容以及年工程造价增长率等伸缩性较大的项目、数量、指标、费率的确定，应当项项有据。

(7)引用定额要瞻前顾后，注意章节说明和表下方的小注。

(8)要全面地、全过程地遵循编制概、预算的总则以及国家和地方的有关规定；注意各省、市、自治区对人工工日单价计算、各种费率取费标准、运杂费的计算标准的规定和要求均有不同。特别是在每次编制之前都要查询有无新的有关文件或规定下达。

(9)在编制过程中，应注意检查和复核各表工程数据内容。概、预算各项费用的计算如表5-1所示。

公路工程建设各项费用的计算程序及计算方式表 表5-1

代号	项目	说明及计算式
(一)	直接工程费(即工、料、机费)	按编制年工程所在地的预算价格计算
(二)	其他工程费	(一)×其他工程费综合费率Ⅰ或各类工程人工费和机械使用费之和×其他工程费综合费率Ⅱ
(三)	直接费	(一)+(二)
(四)	间接费	各类工程人工费×规费综合费率+(三)×企业管理费综合费率
(五)	利润	[(三)+(四)-规费]×利润率
(六)	税金	[(三)+(四)+(五)]×综合税率
(七)	建筑安装工程费	[(三)+(四)+(五)+(六)]
(八)	设备、工具、器具购置费(包括备品备件)	
(九)	工程建设其他费用	Σ(设备、工具、器具购置数量×单价+运杂费)×(1+采购保管费率)

续上表

代号	项　目	说明及计算式
	土地征用及拆迁补偿费	按有关规定计算
	建设单位(业主)管理费	(七)×费率
	工程质量监督费	(七)×费率
	工程监理费	(七)×费率
	工程定额测定费	(七)×费率
	设计文件审查费	(七)×费率
	竣(交)工验收试验检测费	按有关规定计算
	研究试验费	按批准的计划编制
	前期工作费	按有关规定计算
	专项评(估)价费	按有关规定计算
	施工机构迁移费	按实计算
	供电贴费	按有关规定计算
	联合试运转费	(七)×费率
	生产人员培训费	按有关规定计算
	固定资产投资方向调节	按有关规定计算
	建设期贷款利息	按实际贷款数及利率计算
	预备费	包括价差预备费和基本预备费
		按规定的公式计算
	价差预备费	[(七)+(八)+(九)-固定资本投资方向调节税-建设期贷款利息]×
(十)	基本预备费	费率
	预备费中施工图预算包干	[(三)+(四)]×费率
	系数	(七)+(八)+(九)+(十)
(十一)	建设项目总费用	

5.4　公路隧道工程预算的编制示例

5.4.1　曹家营隧道设计说明、图纸

1)设计技术标准

隧道净宽:1.0+0.5+2×3.5+0.5+1.0=10(m);隧道净高:5.0m;公路等级:二级公路;计算行车速度:60km/h;设计荷载:公路—Ⅱ级;地震烈度:Ⅶ度;路面基本照明亮度:4.5cd/m^2;CO允许浓度:150mg/m^3;烟雾允许浓度:0.0075m^{-1}。

2)隧道概况

曹家营隧道是一座单洞双车道隧道。位于云南省昭阳区境内省道201线昭通至彝良(徐家营至蚂蟥沟段)公路上,起止桩号为:K29+150~K30+130,长980m,属中隧道。曹家营隧道右洞进口位于R=650m的曲线上,出口位于R=450m的曲线上,纵向坡度为1.5%的单向坡。

3)工程地质条件

昭阳区境内河流及地表水体较多,水利资源丰富,河流有秃尾河,利济河等,均属金沙江水系。地表水体有北闸水库,放羊冲水库等。该区为高原性气候,年平均气温11.57℃,最高32.1℃,最低-13.3℃,;霜期越103~193d,平均146.4d,一般为当年10月至次年2月底或3月初;雨季集中在5~10月,占全年降雨量的89.3%,年平均降雨量为738mm。春夏秋三季以西南

风为主,风力二级左右,冬季以北风为主,风力2~3级。盘河属白水江一级支流,常年有水。测区均处在盘河的分支水系末端,水量较小,常年大部分时间都处于干涸状态,仅雨季有少量水渗流。

隧道位于测区范围属云贵高原中低山构造剥蚀溶蚀河谷、丘陵台地地貌,最高点位于石人坪子,高程2 780m;最低点位于白水江河谷,高程520m,相对高差约2 260m。河谷呈对称"V"型,两岸斜坡较陡,坡角40°~60°,斜坡顶部近直立。河谷宽50~80m,切割深约200m,沟床纵坡降20%~30%。区内植被较发育。

通过地表工程地质测绘及钻探成果表明,场地在钻探深度范围内未发现断层、滑坡、软弱夹层,地下采空区等不良地质作用。地表岩溶较发育,主要表现为岩溶洼地、溶沟、溶槽、溶蚀裂隙及孔洞,地面调查及钻探未发现大的岩溶形态。

4)隧道围岩分级

拟建隧道,全长980m,隧道的进口穿过古生界二叠系中统峨眉山组玄武岩地层;隧道的出口穿过古生界二叠系上统灰岩。隧道围岩分级以围岩的岩石单轴饱和抗压强度 R_c、岩体完整性系数 K_v,再结合地质测绘的有关节理、裂隙发育程度、岩体结构类型、水文地质条件等因素进行综合分级见表5-2。

隧道围岩分级一览表

表5-2

围岩	里程桩号	长度(m)	工程地质特征	围岩分级
进口段	K29+150~K29+182	32	围岩主要为强风化玄武岩,表层覆盖有厚度小于6m的亚黏土,节理发育,层间结合差,岩体呈碎石状。饱和 R_c=76.5MPa,K_v=0.42,〔BQ〕为336.60,地基承载值基本容许值取1 500kPa。地下水较一般呈滴状或局部呈线状。该段为浅埋段,开挖后无自稳能力,围岩易坍塌,处理不当会出现大坍塌,浅埋时易出现地表下沉或坍至地表。建议采用管棚短掘进施工,采用锚杆加喷射混凝土加固等支护方法,开挖时,需控制破爆,初期支护应及时;采取逆作法施工,采用先支护后开挖的方案进行施工	Ⅴ
洞身段	K29+182~K29+392	210	围岩为弱风化玄武岩,节理发育,层间结合差,岩体以碎石状为主。饱和 R_c=76.5MPa,K_v=0.42,〔BQ〕为336.60,地基承载值基本容许值取1 500kPa。地下水较一般呈滴状或线状,局部呈小股状流出。开挖后无自稳能力,拱部无支护时,围岩自稳时间短,在隧道洞室的拱部、肩部均易发生松动变形、小塌方,进而发展为中-大塌方,建议边开挖边进行喷锚临时支护,有明显塑性流动变形或挤压破坏,初期支护应及时	Ⅳ
	K29+392~K30+051	659	隧道围岩为弱风化灰岩,节理较发育,层间结合一般~较好,岩体呈以块状为主。饱和 R_c=46.65MPa,K_v=0.65,〔BQ〕为352.45,地基承载值基本容许值取2 500kPa。地下水较一般呈淋雨状或小股状流出,局部可能存在突水、突泥。开挖后可稳定数月,可发生局部块体位移及小至中塌方,初期支护应及时	Ⅲ
出洞口段	K30+051~K30+130	66	隧道围岩主要由强风化及弱风化灰岩组成,局部存在亚黏土,灰岩节理较发育,层间结合一般~较好,岩体呈以块状为主。饱和 R_c=46.65MPa,K_v=0.65,〔BQ〕为352.45,地基承载值基本容许值取2 500kPa。地下水较一般呈滴状或线状流出,该段为浅埋段,开挖后无自稳能力,围岩易坍塌,处理不当会出现大坍塌,浅埋时易出现地表下沉或坍至地表。建议采用管棚短掘进施工,采用锚杆加喷射混凝土加固等支护方法,开挖时,需控制破爆,初期支护应及时;采取逆作法施工,采用先支护后开挖的方案进行施工。 建议早出洞,将出口设置在里程K30+070处	Ⅴ

从表5-2累计可知，隧道围岩岩体基本质量分级均为Ⅲ、Ⅳ、Ⅴ级。Ⅲ级围岩长度669.13m，占隧道总67.1%；Ⅳ级围岩长度200.16m，占隧道总21.4%；Ⅴ级围岩长度110.71m，占隧道总11.5%。

5)隧道主体工程设计

(1)隧道净空断面设计。隧道净宽：$1.0+0.5+2\times3.5+0.5+1.0=10(m)$，隧道洞内最大超高为4%，隧道内人行道沿隧道两侧布设。

(2)洞口、洞门设计。根据地形条件，结合防排水要求，以"早进洞，晚出洞"为原则确定洞口位置。洞门形式，结合环境保护，美观、造价等考虑，采用端墙式洞门。洞口边仰坡防护采用浆砌片石防护。在进行洞口段施工前，应先做好山坡上截水沟，洞口段的边坡防护工程及仰坡防护工程，应从上到下边开挖边喷锚防护，避免暴露时间过长。

(3)隧道衬砌结构设计。本隧道按新奥法原理设计，采用复合式衬砌。初期支护由湿喷混凝土（网喷混土）、锚杆和钢拱架组成。二次衬砌根据围岩类别不同分别采用钢筋混凝土或混凝土衬砌。

(4)隧道防、排水设计。隧道的防、排水遵循了"以排为主，防、排、截、堵相结合，因地制宜，综合治理"的原则，设计中采取了如下措施：

①隧道衬砌的防水措施。全隧道均采用防水混凝土，抗渗标号不低于S8；初期支护和二次衬砌间在拱、墙部范围内满铺一层复合防水板；防水板采用厚1.2mm EVA防水卷材，与$350g/m^2$土工布配合使用；为减轻衬砌背后的水压力，在围岩渗水较大处设置环向弹簧排水管将水引入衬砌底部的纵向排水管；施工缝、沉降缝，设置橡胶止水条、橡胶止水带；大面积渗漏水采用大幅排水板引排。

②隧道排水措施：

a. 进洞施工前，先做好洞口范围的边、仰坡后的截水沟，使地表水从沟中顺畅排出。

b. 在衬砌边墙两侧下部设置110mm的聚氯乙烯排水暗管，引水入排水沟，施工时，如遇地下水成股流的地段，应增设集水孔道将其引入隧道排水沟，如遇到溶洞，应根据具体情况采用相应的防排水措施。

c. 洞内路面设置双侧排水边沟，每25m设一道沉砂井，单独作为排除路面水的通道。

(5)建筑材料：

①复合式衬砌初期支护采用C25喷射混凝土，二次衬砌采用C25防水混凝土或C25防水钢筋混凝土，洞内沟管采用C25混凝土，仰供回填采用C15混凝土。

②直径$d<12$mm自由钢筋采用HPB235钢筋，直径≥12mm钢筋及锚杆采用HRB335钢筋；钢拱架钢拱架采用20a工字钢和$\phi22$钢筋格栅钢架；超前小导管采用外径50mm、壁厚4mm无缝钢管。Ⅴ、Ⅳ、Ⅲ级围岩衬砌段拱部120°采用$\phi25$注浆锚杆，锚杆杆体外径25mm，壁厚5mm，余下部位采用砂浆锚杆，杆体为20MnSi钢材。超前锚杆采用$\phi25$mm螺纹钢筋。

③防水层采用1.2mm厚EVA防水板及$350g/m^2$的土工布，盲沟为软式透水管。

(6)路面。隧道内路面设采用水泥混凝土路面，厚度为26cm，抗折强度≥5MPa，无仰拱基层为15cm厚C15混凝土整平层。

(7)隧道内装饰。隧道本着经济、实用的原则，洞内不作内装饰，衬砌边墙4m内喷涂浅色防火涂料，顶部深浅色防火涂料。

(8)供配电系统。本供电系统提供曹家营隧道、钻沟隧道加强照明、基本照明的照明用电，隧道通风的风机用电，是本项目隧道专用的供电系统。

①供电电源及电压。根据本项目实际情况,本设计采用一路10kV电源架空引入变电所。低压配电采用220V/380V的TN－S系统。

②供电系统。一路10kV架空线可以从交通工程附近供电部门较可靠的线路上“T”接,引入变电所附近,(本次设计中架空高压线含终端杆费用按项来估计),经电缆由终端杆引入箱变高压侧。

③变配电所。在隧道洞口处设一个箱式变电站。

变电所的无功补偿:为节约线材及电能,要求所有照明灯自带补偿电容,要求灯自行补偿后功率因数须大于0.85。在曹家营低压配电柜进行电容器集中自动补偿,补偿后的功率因数达0.9以上。

④供电线路。低压照明供电线路采用三相四线制(保护线采用专线系统)。照明供电线路采用4芯铜芯交联阻燃电缆,沿电缆沟进隧道后在电缆桥架内敷设。隧道内从分线箱分出三芯电缆到灯具,其中一芯用于接地保护,与隧道两头的接地网相连。

⑤变压器的选择。变压器的选择SC10-250kVA。

⑥电力系统继电保护。高压进线及电力变压器采用熔断器保护。低压配电线路采用低压断路器作过负荷及短路保护。

⑦过电压及接地。系统设备采用过电压和防雷接地保护。隧道箱变的接地系统以用扁钢焊接镀锌角钢并与隧道洞口连接起来,成为独立的保护线(PE线)。电力系统电源中性点直接接地,隧道变电所接地电阻不大于4Ω。

(9)隧道运营通风系统:

①通风方式。纵向射流通风具有投资省、施工和安装简单、管理和维护方便等优点。本路段隧道所需风量少,因此隧道营运通风方式按纵向通风考虑。

②风机布置及安装方式。根据《公路隧道通风照明设计规范》,结合隧道自身特点,综合考虑其通风效果后,拟定在隧道每组断面上布设2台射流风机,功率为22kW。为了节约电缆和便于供电,变电所放置在设有风机的隧道端口处。首组风机距洞口200m,两组风机的纵向间距为100m。曹家营隧道风机为8台,每台风机采用一根电缆供电,直接启动。

6)隧道工程数量汇总

(1)隧道洞身工程数量汇总,见表5-3。

(2)隧道洞内路面工程数量,见表5-4。

(3)隧道防排水工程数量,见表5-5。

5.4.2 曹家营公路隧道施工图预算编制说明、预算文件

曹家营隧道是一座单洞双车道隧道。位于云南省昭阳区境内省道201线昭通至彝良(徐家营至蚂蟥沟段)公路上,起止桩号为:K29＋150～K30＋130,长980m,属中隧道。曹家营隧道右洞进口位于$R=650$m的曲线上,出口位于$R=450$m的曲线上,纵向坡度为1.5%的单向坡。

1)编制依据

(1)《编制办法》。

(2)《预算定额》。

(3)《机械台班费用定额》。

表 5-3

隧道洞身工程数量汇总

工程项目			单位	洞门	Ⅴaq3	Ⅳbq3	Ⅳbz	Ⅲbz	Ⅲbq4	Ⅳaq4	合计
衬砌长度			m		37	78.07	131.93	534.78	113.22	85	980
隧道开挖			m^3		3 633.77	7 279.5	12 301.5	40 883.4	8 590.6	8 075.3	80 764.1
洞门工程	开挖	土/软石	m^3	600/2 040							
	C15 混凝土洞门墙		m^3	562							
	M7.5 浆砌片石边坡护面墙		m^3	116							
	C20 混凝土帽石		m^3	13							
	M7.5 浆砌片石水沟		m^3	98.6							
	M7.5 浆砌片石仰坡防护		m	96							
	ϕ50 软式透水管		m^3	316							
	洞门正面开挖临时支护	C20 喷混凝土	m^3	64							
		ϕ22 L＝4m 药卷锚杆	m	3 200							
		ϕ8 钢筋网	kg	3 160							
二次衬砌	拱墙	C25 混凝土	m^3		340.4	553.7	935.6	4 076.0	856.2	692.1	7 454.5
	仰拱	C25 混凝土	m^3		197.54	320.6	541.8	0	0	401.2	1 461.1
	仰拱回填	C15 混凝土	m^3		281.7	593.4	1 358.5	0	0	646.3	2 879.9
	超挖回填	C25 混凝土	m^3		131.72	217.3	367.3	605.9	127.4	238.3	1 687.9
	二次钢筋	HRB335	kg		48 586.2	0	0	0	0	111 066.1	159 652.3
		HPB235	kg		6 296.1	0	0	0	0	12 986.3	19 282.4
初期支护	喷混凝土	C20 混凝土	m^3		319.2	430.5	649.0	959.9	204.0	454.1	3 016.7
	钢筋网	HRB235	kg		3 244.5	5 427.4	9 171.8	38 022.9	8 049.9	5 561.6	69 477.6
	系统锚杆	ϕ25 中空锚杆	根		1 184	1 600	2 705	7 353	1 557	1 743	16 142
			m		4 144	4 800	8 115	18 382.5	3 892.5	5 229	44 563
	超前锚杆	ϕ22	根		0	858	1 452	0	0	924	3 234
			m		0	3 861	6 534	0	0	4 158	14 553

续上表

工程项目			单位	洞门	Ⅴaq3	Ⅳbq3	Ⅳbz	Ⅲbz	Ⅲbq4	Ⅳaq4	合计
初期支护	超强小导管	$\phi42$	根		1 564	0	0	0	0	0	1 564
			m		6 256	0	0	0	0	0	6 256
	支护注浆	水泥砂浆	m^3		115	0	0	0	0	0	115
	Ⅰ20a 工字钢架	Ⅰ20a	kg		42 577. 6	0	0				42 577. 6
		连接板 240×270×15	kg		8 268. 3	0	0				8 268. 3
		螺栓 AM20×60	套		2 208	0	0				2 208
		螺母 AM20	套		2 208	0	0				2 208
		橡胶垫板 240×270×3	个		552	0	0				552
		HRB335	kg		5 107. 8	0	0				5 107. 8
		混凝土垫块 C20 混凝土	m^3		27. 6	0	0				27. 6
	Ⅰ12. 6a 工字钢架	Ⅰ12. 6a	kg		0	25 318. 8	42847. 2			27 591	95 757
		连接板 170×230×15	kg		0	3 588	6 072			3 910	13 570
		螺栓 AM20×60	套		0	1 248	2 122			1 360	4 730
		螺母 AM20	套		0	1 248	2 122			1 360	4 730
		橡胶垫板 170×230×3	个		0	312	528			340	1 180
		HRB335	kg		0	7 119. 8	12 049. 0			7 758. 8	26 927. 6
		混凝土垫块 C20 混凝土	m^3		0	46. 8	79. 2			51	177
隧道内装饰	防火涂料		m^2		715. 2	1 509. 1	2 550. 2	10 337. 3	2 188. 5	1 643. 1	18 943. 4

隧道洞内路面工程数量表

表 5-4

隧道长度	宽度	C15 混凝土混凝土基层（15cm）	C40 混凝土路面（26cm）	水泥混凝土板、沥青混凝土路面接缝钢筋 HRB335	纵向施工缝钢筋 HRB335	胀缝钢筋		横向缩缝钢筋 HRB335	横向施工缝钢筋 HRB335	合计	
						HRB335	HPB235			HRB335	HPB235
m	m	m^2	m^2	kg	kg	kg	kg	kg	kg	kg	kg
980	7. 0	4 620	6 860	207. 02	5 993. 68	381. 92	4. 48	791. 82	1 886. 32	9 260. 76	4. 48

续上表

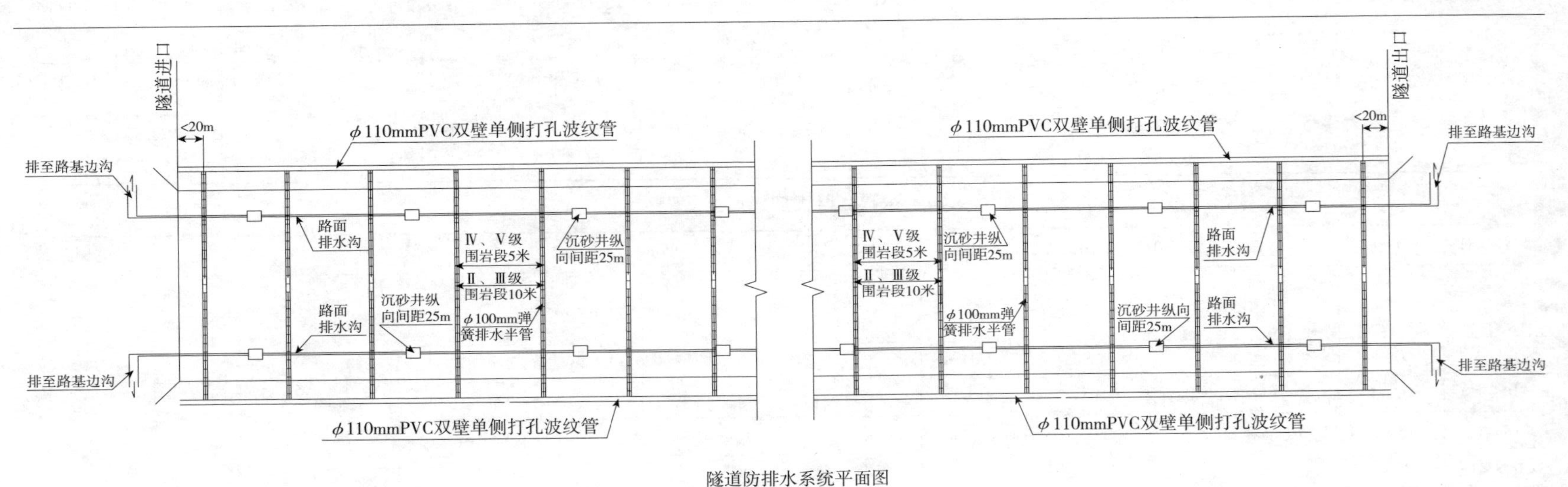

隧道防排水系统平面图

示意

注：

一、隧道衬砌防排水原则：防排结合、因地制宜、综合治理。

二、衬砌内外防排水设计：

1. 洞内行车道路面两侧设纵向 40×45 水沟，纵向坡度与隧道纵坡一致。
2. 洞内边水沟纵向每隔 25m 设沉砂井一处。
3. 洞内行车道路面混凝土层下紧贴岩石横向铺设 MF7 塑料盲沟，纵向间距：有仰拱地段设于变形缝处，无仰拱地段间距 10m，视地下水情况可适当调整。
4. 环向排水半圆管正常段每道一根，为了使半圆管与岩面密贴，围岩开挖后先喷 2 ~ 5cm 厚混凝土，再挂设半圆管，其设置间距为：

(1) Ⅳ、Ⅴ级围岩段按 5 米一道设计，Ⅱ、Ⅲ级围岩段按 10 米一道设计。

(2) 环向排水管的纵向间距，根据开挖后地下水情况可适当调整。

(3) 岩层渗水量大时，环向可 2 根并列一环，大面积淋水地段，应用 ϕ100mm 透水管引水于主裂隙出水处，将水导入环向排水管，在引水面上配合使用铁丝网，喷混凝土覆盖。

5. 环向排水半圆管施工时应注意：

(1)安装时应使环向排水半圆管与初喷面密贴固定；

(2)喷混凝土时不能将环向排水管冲击、损伤或冲掉，并尽可能将其覆盖；

6. 隧道两侧墙脚处横向排水管与环向排水管对应设置。
7. 隧道两侧墙脚处纵向排水管全隧道埋设，纵向坡度与隧道坡度相同；
8. 电缆槽泄水孔沿纵向每20米两侧各设一个；
9. 横向引水管施工时应采取措施对其进行防护，防止施工时引起横向引水管破损。
10. 在初期支护与二次模筑砼之间设置防水层，防水层由1.2mm厚EVA防水板和 $350g/m^2$ 无纺土工布合成。
11. 二次衬砌施工缝设橡胶遇水膨胀止水条，衬砌沉降变形缝设橡胶止水带。

三、本图尺寸除注明者外，其余均以厘米计。

×××交通设计院	曹家营隧道	隧道排水系统平面布置图	设计		复核		审核		图号		日期	

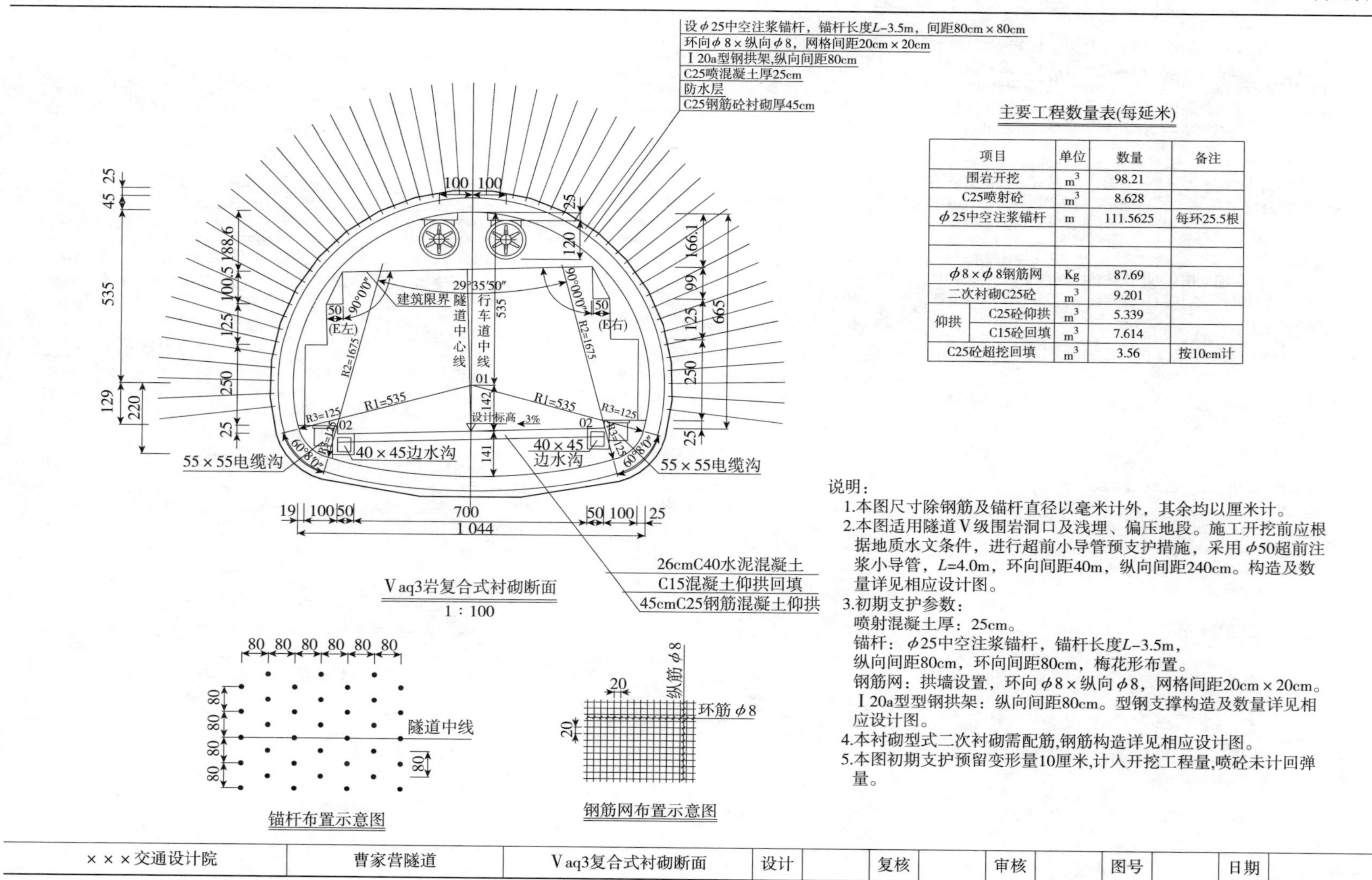

主要工程数量表(每延米)

项目		单位	数量	备注
围岩开挖		m^3	98.21	
C25喷射砼		m^3	8.628	
ϕ25中空注浆锚杆		m	111.5625	每环25.5根
$\phi 8\times\phi 8$钢筋网		Kg	87.69	
二次衬砌C25砼		m^3	9.201	
仰拱	C25砼仰拱	m^3	5.339	
	C15砼回填	m^3	7.614	
C25砼超挖回填		m^3	3.56	按10cm计

说明：

1.本图尺寸除钢筋及锚杆直径以毫米计外，其余均以厘米计。

2.本图适用隧道Ⅴ级围岩洞口及浅埋、偏压地段。施工开挖前应根据地质水文条件，进行超前小导管预支护措施，采用ϕ50超前注浆小导管，L=4.0m，环向间距40m，纵向间距240cm。构造及数量详见相应设计图。

3.初期支护参数：

喷射混凝土厚：25cm。

锚杆：ϕ25中空注浆锚杆，锚杆长度L-3.5m，纵向间距80cm，环向间距80cm，梅花形布置。

钢筋网：拱墙设置，环向ϕ8×纵向ϕ8，网格间距20cm×20cm。

Ⅰ20a型型钢拱架：纵向间距80cm。型钢支撑构造及数量详见相应设计图。

4.本衬砌型式二次衬砌需配筋,钢筋构造详见相应设计图。

5.本图初期支护预留变形量10厘米,计入开挖工程量,喷砼未计回弹量。

×××交通设计院	曹家营隧道	Ⅴaq3复合式衬砌断面	设计		复核		审核		图号		日期	

续上表

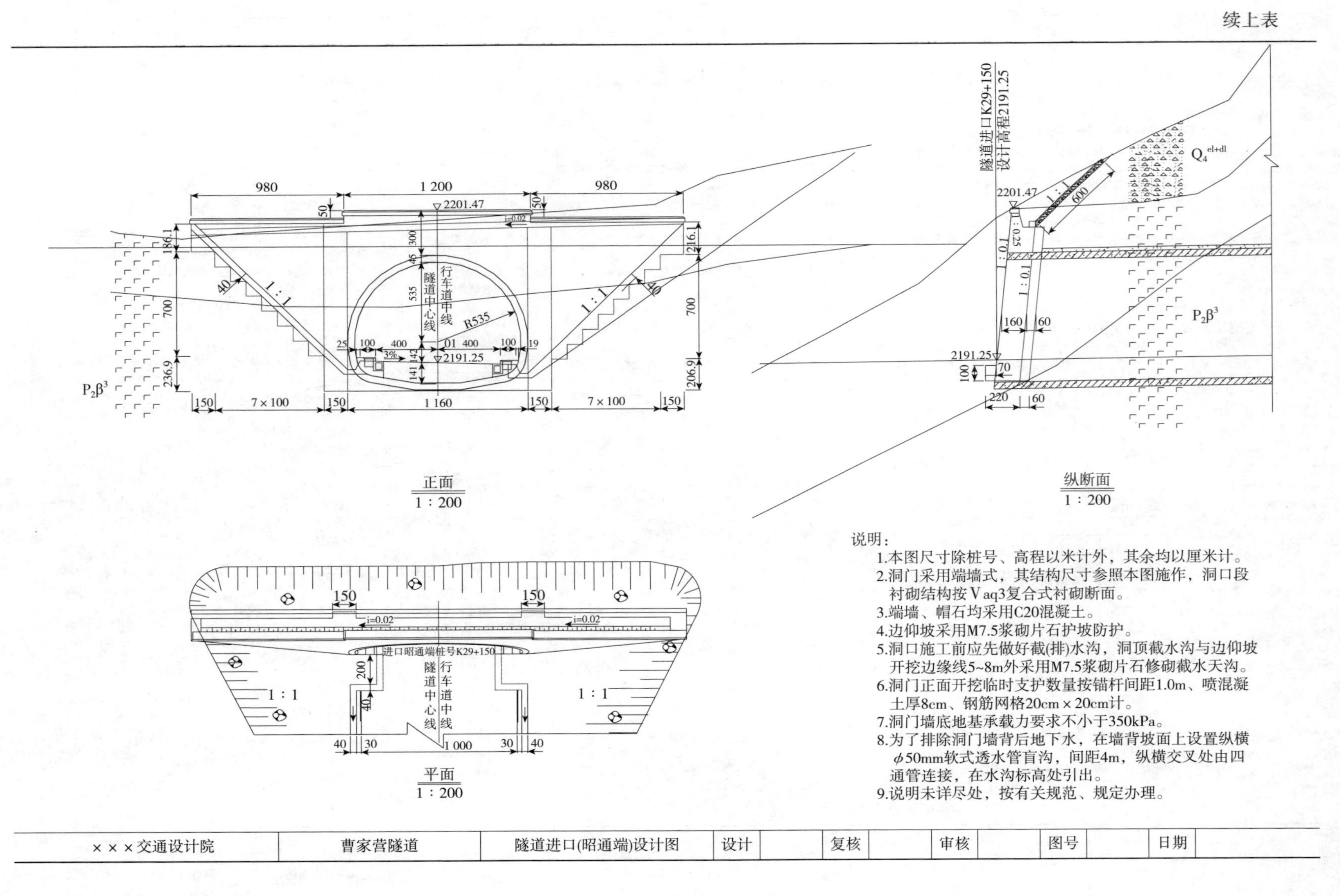

正面
1 : 200

纵断面
1 : 200

平面
1 : 200

说明：

1.本图尺寸除桩号、高程以米计外，其余均以厘米计。
2.洞门采用端墙式，其结构尺寸参照本图施作，洞口段衬砌结构按Ⅴaq3复合式衬砌断面。
3.端墙、帽石均采用C20混凝土。
4.边仰坡采用M7.5浆砌片石护坡防护。
5.洞口施工前应先做好截(排)水沟，洞顶截水沟与边仰坡开挖边缘线5~8m外采用M7.5浆砌片石修砌截水天沟。
6.洞门正面开挖临时支护数量按锚杆间距1.0m、喷混凝土厚8cm、钢筋网格20cm×20cm计。
7.洞门墙底地基承载力要求不小于350kPa。
8.为了排除洞门墙背后地下水，在墙背坡面上设置纵横ϕ50mm软式透水管盲沟，间距4m，纵横交叉处由四通管连接，在水沟标高处引出。
9.说明未详尽处，按有关规范、规定办理。

×××交通设计院	曹家营隧道	隧道进口(昭通端)设计图	设计		复核		审核		图号		日期	

隧道防排水工程数量表

表 5-5

工程项目			单位	Ⅴaq3	Ⅳbq3	Ⅳbz	Ⅲbz	Ⅲbq4	Ⅳaq4	电缆槽	排水边沟	沉砂井	检查井	手孔井	合计
衬砌长度			m	37	78.07	131.93	534.78	113.22	85	980	980	78(个)	40(个)		
防水与排水	土工布	350g/m^2	m^2	1 080	350.6	4 969.4	16 372.8	985.2	2 128						25 886
	EVA 防水板	1.2mm 厚	m^2	1 080	350.6	4 969.4	16 372.8	985.2	2 128						25 886
	环向排水管	ϕ100 弹簧软式半圆管	m	184.8	67.8	836.2	1 382.6	89.2	361.6						2 922.2
	横向引水管	ϕ100PVC 透水管	m	31.2	11.1	136.9	217	14	59.2						469.4
	纵向排水管	ϕ110 双壁单侧打孔波纹管	m	80	26.36	373.64	1 245.08	74.92	160						1 960
	三通管		个	16	6	74	124	8	32						260
	泄水管	ϕ50PVC 管	m	1.2	0.6	54	18.6	1.2	2.4						29.4
	塑料盲沟	MF7 塑料盲沟	m	7.5	7.5	7.5	465	30	7.5						525
	橡胶膨胀止水条	壁厚 10mm	m	92.4	46.2	438.9	1 432.2	92.4	184.8						2 286.9
	橡胶止水带	壁厚 10mm	m	23.1	23.1	23.1	23.1	23.1	23.1						138.6
	衬砌后注浆	水泥砂浆	m^3												490
	开挖石方		m^3										72.8		72.8
	C15 混凝土		m^3							955.0					955.0
	C25 混凝土		m^3							92.1	558.6	22.9	18.4	5.22	697.2
	HPB235 钢筋		kg							4 645.2	21 834.4	905.6	0	600.2	27 985.4
	HRB335 钢筋		kg							12 010.9	34 809.6	2 478.1	492	1 197.2	50 987.8
	铸铁盖板	100×45×2.5	kg									6 844.5			6 844.5
	钢盖板		kg										7 122		7 122

(4)云交基建[2013]3号文《云南省交通运输厅关于印发〈云南省公路工程基本建设项目概算预算编制办法补充规定〉的通知》,以下简称“补充规定”;

(5)施工图设计图纸及相关资料。

2)人工、材料、机械

(1)人工工日单价。根据《云南省交通运输厅关于调整云南省公路工程人工工日单价的通知》(云交基建【2012】413号),人工工日单价为63.46元/工日。

(2)材料单价。主要材料单价按云南省交通运输厅工程造价管理局发布的2012年第3期《云南省交通运输工程材料及设备指导价》计算,主要地材通过市场调查计算材料单价。

(3)机械台班单价。机械台班预算单价按《机械台班费用定额》计算。

3)费率计算

(1)其他直接费的计算,其中:

①冬季施工增加费不计。

②雨季施工增加费按“编制办法”的Ⅰ区5个月计算。

③夜间施工增加费按“编制办法”规定计算。

④特殊地区施工增加费:

a. 高原地区施工增加费不计;

b. 风沙地区施工增加费不计;

c. 沿海地区工程施工增加费不计。

⑤行车干扰工程施工增加费不计。

⑥安全及文明施工措施费按《交通运输部关于公布公路工程基本建设项目概算预算编制办法具备修订的公告》(中华人民共和国交通运输部公告2011年第38号)的规定计算。

(2)间接费的计算,其中:

①规费按照“补充规定”的规定按39%计算。其中养老保险费20%,失业保险费2%,医疗保险费10%,住房公积金6%,工伤保险费1.0%计列。

②企业管理费。综合里程按7.96m计算,工地转移按100km计算。

③辅助生产间接费按“补充规定”的规定计算。

(3)利润。利润按照“补充规定”的4%计算。

(4)税金。税金按照“编制办法”以纳税地点在市区以3.41%计算。

4)设备、工具、器具及家具购置费

(1)设备购置费按“补充规定”计算。

(2)工器具及生产家具购置费、办公和生活用家具购置费按“补充规定”计算。

5)工程建设其他费用

(1)征用土地、青苗补偿费和安置补助费。征用土地、青苗补偿费和安置补助、拆迁补偿费按照云南省国土资源局颁布的《云南省征地统一年产值标准和征地片区综合地价补偿标准》(试行)的通知及《云南省人民政府关于云南省被征地农民基本养老保障试行办法》的通知云政发【2008】226号计算。

(2)建设单位管理费:

①建设单位(业主)管理费按“补充规定”计算;

②工程监理费按“编制办法”的规定计算;

③设计文件审查费按“编制办法”的规定计算;

总 预 算 表

表 5-6

项目名称:曹家营隧道

编制范围:K29 + 150 ~ K30 + 130

第 1 页　共 3 页　01 表

项	目	节	细目	工程或费用名称	单位	数　量	预算金额(元)	技术经济指标	各项费用比例(%)	备注
				第一部分 建筑安装工程费	公路公里	0.980	41 390 276	42 234 975.51	80.05	
六				隧道工程	km/座	980.000	41 390 276	42 234.98	80.05	
	1			曹家营隧道	m	980.000	41 390 276	42 234.98		
		1		洞门及明洞开挖	m^3	2 640.000	72 804	27.58		
			1	挖土方	m^3	600.000	7 464	12.44		
			2	挖石方	m^3	2 040.000	65 339	32.03		
		2		洞门及明洞修筑	m^3	616.480	772 455	1 253.01		
			1	洞门建筑	m^3/座	575.000/2.000	393 817	684.90/196 908.50		
			2	洞口坡面防护及排水	m^3	310.600	119 045	383.27		
			3	洞门正面开挖临时支护	m^3	64.000	259 593	4 056.14		
		3		洞身开挖	m^3	80 764.100	21 102 872	261.29		
			1	挖土石方	m^3	80 764.100	9 360 558	115.90		
			2	超前小导管	m	6 256.000	308 068	49.24		
			3	锚杆	m	59 116.000	3 622 945	61.29		
			4	钢拱架	t	138.335	1 660 563	12 003.93		
			5	喷射混凝土	m^3	3 016.700	3 110 913	1 031.23		
			6	钢筋网	t	69.478	570 293	8 208.25		
			7	支护注浆	m^3	115.000	58 906	512.23		
			8	施工通风、高压风水管、照明、电线路等	m	980.000	2 410 626	2 459.82		
		4		洞身衬砌	m^3	6 268.970	8 759 078	1 397.21		
			1	现浇混凝土	m^3	9 142.400	6 890 302	753.66		
			2	仰拱混凝土	m^3	4 341.000	1 868 776	430.49		
		5		防水与排水	m	980.000	8 041 899	8 206.02		
			1	防水层	m^2	25 886.000	1 487 216	57.45		
			2	止水带、条	m	2 425.500	105 929	43.67		

编制:　　　　复核:

续上表

设项目名称：曹家营隧道

编制范围：K29 + 150 ~ K30 + 130　　　　第 2 页　共 3 页　01 表

项	目	节	细目	工程或费用名称	单位	数　量	预算金额(元)	技术经济指标	各项费用比例(%)	备注
			3	压浆	m^3	490.000	350 700	715.71		
			4	排水管	m	5 381.000	315 444	58.62		
			5	盲沟	m	525.000	15 841	30.17		
			6	其他工程	m^3	702.750	5 766 768	8 206.00		
		6		洞内路面	m^2	6 860.000	1 490 199	217.23		
			1	水泥混凝土路面	m^2	6 860.000	1 490 199	217.23		
		7		通风设施	m	980.000	85 588	87.33		
		8		消防设施	m	980.000	19 437	19.83		
		9		照明设施	m	980.000	738 517	753.59		
		10		其他工程	m	980.000	307 428	313.70		
			1	洞身装饰	m^2	18 943.000	307 428	16.23		
				第二部分 设备及工具、器具购置费	公路公里	0.980	3 083 938	3 146 875.51	5.96	
一				设备购置费	公路公里	0.980	2 989 000	3 050 000.00	5.78	
	1			隧道设备系统	公路公里	0.980	2 940 000	3 000 000.00		
	2			养护设备	公路公里	0.980	49 000	50 000.00		
二				工具、器具购置	公路公里	0.980	92488	94 375.51	0.18	
三				办公及生活用家具购置	公路公里	0.980	2 450	2 500.00	0.00	
				第三部分 工程建设其他费用	公路公里	0.980	5 788 613	5 906 747.96	11.20	
一				土地征用及拆迁补偿费	公路公里	0.980	60 000	61 224.49	0.12	
	1			土地征用及安置补助费	km	0.980	60 000	61 224.49		

编制：　　　　复核：

续上表

建设项目名称:曹家营隧道

编制范围:K29 + 150 ~ K30 + 130

第 3 页　共 3 页　01 表

项	目	节	细目	工程或费用名称	单位	数　量	预算金额(元)	技术经济指标	各项费用比例(%)	备注
二				建设项目管理费	公路公里	0. 980	2 074 875	2 117 219. 39	4. 01	
	1			建设单位管理费	km	0. 980	994 808	1 015 110. 20		
	2			工程监理费	km	0. 980	1 034 757	1 055 874. 49		
	3			设计文件审查费	km	0. 980	41 390	42 234. 69		
	4			竣(交)工验收试验检测费	km	0. 980	3 920	4 000. 00		
三				建设项目前期工作费	公路公里	0. 980	936 556	955 669. 39	1. 81	
四				专项评价(估)费	公路公里	0. 980	400 000	408 163. 27	0. 77	
五				联合试运转费	公路公里	0. 980	20 695	21 117. 35	0. 04	
六				生产人员培训费	公路公里	0. 980	10 000	10 204. 08	0. 02	
七				建设期贷款利息	公路公里	0. 980	2 236 486	2 282 128. 57	4. 33	
八				跟踪审计费	公路公里	0. 980	50 000	51 020. 41	0. 10	
				第一、二、三部分费用合计	公路公里	0. 980	50 262 826	51 288 597. 96	97. 21	
				预备费	元		1 440 790		2. 79	
一				1. 价差预备费	元					
二				2. 基本预备费	元		1 440 790		2. 79	
				预算总金额	元		51 703 616		100. 00	
				公路基本造价	公路公里	0. 980	51 703 616	52 758 791. 84	100. 00	

编制:　　　　　　　　复核:

表 5-7

人工、材料、机械台班数量汇总表

建设项目名称:曹家营隧道

编制范围:K29 + 150 ~ K30 + 130

第 1 页　共 4 页　02 表

序号	规 格 名 称	单位	总数量	分项统计									场外运输损耗	
				隧道工程							辅助生产	其他	%	数量
1	人工	工日	129 032	126 281								2 751		
2	机械工	工日	8 594	8 594										
3	原木	m^3	39	39										
4	锯材木中板 § =19 ~ 35	m^3	53	53										
5	枕木	m^3	12	12										
6	光圆钢筋直径 10 ~ 14mm	t	130	130										
7	带肋钢筋直径 15 ~ 24mm,25mm 以上	t	814	814										
8	型钢	t	138	138										
9	钢板	t	24	24										
10	钢管	t	27	27										
11	钢钎	kg	4	4										
12	空心钢纤	kg	10 604	10 604										
13	ϕ50mm 以内合金钻头	个	5 350	5 350										
14	中空注浆锚杆	m	45 009	45 009										
15	电焊条	kg	2 003	2 003										
16	膨胀螺栓	套	13 962	13 962										
17	法兰	kg	41	41										
18	钢模板	t	48	48										
19	组合钢模板	t	11	11										
20	铁件	kg	7 162	7 162										
21	铁钉	kg	249	249										
22	8 ~ 12 号铁丝	kg	2 404	2 404										
23	20 ~ 22 号铁丝	kg	2 694	2 694										

编制:　　　　　　　　复核:

续上表

建设项目名称:曹家营隧道

编制范围:K29 + 150 ~ K30 + 130

第 2 页　共 4 页　02 表

序号	规格名称	单位	总数量	分项统计									场外运输损耗	
				隧道工程							辅助生产	其他	%	数量
24	铁皮	m^2	6	6										
25	照明灯具	盏	863	863										
26	电缆	m	39	39										
27	电线	m	19 940	19 940										
28	涂料	kg	8 524	8 524										
29	土工布	m^2	28 349	28 349										
30	塑料防水板	m^2	27 439	27 439										
31	塑料板盲沟	m	557	557										
32	PVC 塑料管(ϕ50mm)	m	3 127	3 127										
33	PVC 塑料管(ϕ100mm)	m	528	528										
34	塑料弹簧软管(ϕ50mm)	m	322	322										
35	塑料弹簧软管(ϕ110mm)	m	2 981	2 981										
36	塑料打孔波纹管(ϕ100mm)	m	1 999	1 999										
37	塑料打孔波纹管(ϕ400mm)	m	30	30										
38	橡胶止水带	m	142	142										
39	橡胶止水条	m	2 344	2 344										
40	32.5 级水泥	t	9 404	9 311									1.00	93
41	硝铵炸药	kg	71 388	71 388										
42	导火线	m	684	684										
43	普通雷管	个	547	547										
44	非电毫秒雷管	个	81 145	81 145										
45	导爆索	m	46 312	46 312										
46	石油沥青	t	1	1										

编制:　　　　　　复核:

续上表

建设项目名称：曹家营隧道

编制范围：K29 + 150 ~ K30 + 130

第 3 页　共 4 页　02 表

序号	规格名称	单位	总数量	分项统计										场外运输损耗	
				隧道工程								辅助生产	其他	%	数量
47	汽油	kg	3 985	3 985											
48	柴油	kg	199 353	199 353											
49	煤	t	0	0										0.60	0
50	电	kW·h	1 953 991	1 953 991											
51	水	m^3	50 606	50 606											
52	中(粗)砂	m^3	14 763	14 403										2.50	360
53	黏土	m^3	4	4										3.00	0
54	片石	m^3	358	358											
55	碎石(2cm)	m^3	2 295	2 272										1.00	23
56	碎石(4cm)	m^3	15 375	15 223										1.00	152
57	碎石(8cm)	m^3	4	4										1.00	0
58	其他材料费	元	287 187	287 187											
59	设备摊销费	元	215 761	215 761											
60	75kW 以内履带式推土机	台班	184	184											
61	135kW 以内履带式推土机	台班	6	6											
62	1.0m^3 履带式单斗挖掘机	台班	1	1											
63	2.0m^3 轮胎式装载机	台班	337	337											
64	气腿式风动凿岩机	台班	6 716	6 716											
65	电动混凝土真空吸水机组	台班	50	50											
66	电动混凝土切缝机	台班	49	49											
67	250L 以内强制式混凝土搅拌机	台班	128	128											
68	生产率 4 ~ 6m^3/h 混凝土喷射机	台班	442	442											
69	6m^3 以内混凝土搅拌运输车	台班	288	288											

编制：　　　　　　　　复核：

建设项目名称：曹家营隧道

编制范围：K29 + 150 ~ K30 + 130

序号	规格名称	单位	总数量	分项统计										场外运输损耗	
				隧道工程								辅助生产	其他	%	数量
70	$60m^3/h$ 以内混凝土输送泵	台班	167	167											
71	$25m^3/h$ 以内水泥混凝土搅拌站	台班	214	214											
72	2t 以内载货汽车	台班	11	11											
73	4t 以内载货汽车	台班	80	80											
74	6t 以内载货汽车	台班	10	10											
75	12t 以内自卸汽车	台班	1793	1793											
76	4 000L 以内洒水汽车	台班	21	21											
77	1. 0t 以内机动翻斗车	台班	225	225											
78	5t 以内汽车式起重机	台班	11	11											
79	12t 以内汽车式起重机	台班	19	19											
80	20t 汽车式起重机	台班	0	0											
81	50kN 以内单筒慢动电动卷扬机	台班	2	2											
82	32kV · A 交流电弧焊机	台班	484	484											
83	$10m^3/min$ 以内电动空气压缩机	台班	1 069	1 069											
84	$20m^3/min$ 以内电动空气压缩机	台班	1 039	1 039											
85	$9m^3/min$ 以内机动空气压缩机	台班	457	457											
86	100kW 以内轴流式通风机	台班	1 245	1 245											
87	小型机具使用费	元	224 636	224 636											

编制： 复核：

表 5-8

建筑安装工程费计算表

建设项目名称：曹家营隧道

编制范围：K29 + 150 ~ K30 + 130

第 1 页　共 2 页　03 表

序号	工程名称	单位	工程量	直接费（元）						间接费（元）	利润（元）费率 4.0%	税金（元）综合税率 3.41%	建筑安装工程费	
				直接工程费				其他工程费	合计				合计（元）	单价（元）
				人工费	材料费	机械使用费	合计							
1	2	3	4	5	6	7	8	9	10	11	12	13	14	15
1	挖土方	m^3	600.000	913		5 406	6 319	131	6 450	504	264	246	7 464	12.44
2	挖石方	m^3	2 040.000	7 331	5 587	42 252	55 170	1 352	56 521	4 343	2 320	2 155	65 339	32.03
3	洞门建筑	m^3/座	575.000	69 864	190 599	39 462	309 926	15 179	325 104	42 829	13 227	12 657	393 817	684.90
4	洞口坡面防护及排水	m^3	310.600	37 053	51 594	17	88 665	4 097	92 761	18 486	3 872	3 926	119 045	383.27
5	洞门正面开挖临时支护	m^3	64.000	42 935	96 429	67 438	206 802	9 460	216 263	25 759	9 011	8 560	259 593	4 056.13
6	挖土石方	m^3	80 764.100	2 854 251	1 296 637	2 800 660	6 951 549	335 795	7 287 344	1 459 208	305 336	308 669	9 360 558	115.90
7	超前小导管	m	6 256.000	99 251	98 232	27 805	225 289	11 805	237 094	50 846	9 969	10 159	308 068	49.24
8	锚杆	m	59 116.000	507 050	1 931 882	434 297	2 873 229	150 557	3 023 786	352 546	127 143	119 469	3 622 945	61.29
9	钢拱架	t	138.335	222 200	1 043 854	56 221	1 322 275	68 408	1 390 683	156 693	58 429	54 758	1 660 563	12 003.93
10	喷射混凝土	m^3	3 016.700	603 035	1 304 280	508 647	2 415 962	123 543	2 539 506	362 164	106 659	102 584	3 110 913	1 031.23
11	钢筋网	t	69.478	96 118	345 342	20 607	462 068	19 222	481 290	50 429	19 769	18 806	570 293	8 208.26
12	支护注浆	m^3	115.000	14 304	27 119	3 240	44 662	2 340	47 003	7 985	1 976	1 942	58 906	512.23
13	施工通风、高压风水管、照明、电、线路等	m	980.000	1 021 173	105 926	552 894	1 679 993	88 032	1 768 025	488 768	74 341	79 492	2 410 626	2 459.82
14	现浇混凝土	m^3	9 142.400	492 831	4 638 082	546 621	5 677 534	276 553	5 954 087	460 123	248 880	227 211	6 890 302	753.66
15	仰拱混凝土	m^3	4 341.000	81 851	1 250 365	217 786	1 550 002	77 411	1 627 413	111 461	68 278	61 624	1 868 776	430.49
16	防水层	m^2	25 886.000	137 989	1 047 130	18 120	1 203 239	63 050	1 266 289	118 641	53 245	49 042	1 487 216	57.45
17	止水带、条	m	2 425.500	31 774	46 477	12	78 264	4 101	82 365	16 608	3 463	3 493	105 929	43.67
18	压浆	m^3	490.000	50 729	206 053	21 570	278 352	14 162	292 514	34 339	12 283	11 565	350 700	715.71

编制：　　　　　　　　　　　　复核：

续上表

建设项目名称:曹家营隧道

编制范围:K29 + 150 ~ K30 + 130

第 2 页　共 2 页　03 表

序号	工程名称	单位	工程量	直接费(元)						间接费(元)	利润(元)费率4.0%	税金(元)综合税率3.41%	建筑安装工程费	
				直接工程费				其他工程费	合计				合计(元)	单价(元)
				人工费	材料费	机械使用费	合计							
1	2	3	4	5	6	7	8	9	10	11	12	13	14	15
19	排水管	m	5 381.000	40 270	204 109	547	252 726	12 834	265 560	28 901	10 838	10 145	315 444	58.62
20	盲沟	m	525.000	4 731	7 110	29	11 869	548	12 418	2 383	518	522	15 841	30.17
21	电缆槽	m^3	570.000	193 514	265 459	13 240	472 213	21 662	493 875	95 592	20 560	20 802	630 829	1 106.72
22	排水沟	m^3	1 035.600	398 666	612 580	28 564	1 039 811	48 693	1 088 504	199 847	45 315	45 478	1 379 144	1 331.73
23	沉沙井	m^3	22.900	10 225	47 506	888	58 619	1 566	60 185	5 264	2 458	2 316	70 223	3 066.50
24	检查井	m^3	18.400	488 553	2 523 836	7 192	3 019 581	124 361	3 143 942	274 539	129 118	120 973	3 668 572	199 378.89
25	手孔井	m^3	5.220	3 333	10 866	212	14 411	613	15 024	1 763	619	594	18 001	3 448.38
26	水泥混凝土路面	m^2	6 860.000	290 169	867 396	43 760	1 201 325	49 855	1 251 180	138 806	51 073	49 140	1 490 199	217.23
27	通风设施	m	980.000	17 524	30 995	12 422	60 940	5 780	66 720	13 125	2 920	2 822	85 588	87.33
28	消防设施	m	980.000	8 802	1 788	1 740	12 330	1 170	13 500	4 706	591	641	19 437	19.83
29	照明设施	m	980.000	81 551	505 002	6 531	593 084	31 078	624 162	63 758	26 245	24 353	738 517	753.59
30	洞身装饰	m^2	18 943.000	105 787	116 749		222 536	11 661	234 197	53 246	9 847	10 138	307 428	16.23
	各项费用合计	公路公里	0.980	8 013 779	18 878 986	5 478 180	32 388 745	1 575 019	33 963 764	4 643 662	1 418 570	1 364 279	41 390 276	42 234 975.05

编制:　　　　复核:

其他工程费及间接费综合费率计算表

表 5-9

建设项目名称：曹家营隧道

编制范围：K29 + 150 ~ K30 + 130　　　　第 1 页　共 1 页　04 表

序号	工程类别	其他工程费费率(%)													间接费费率(%)											
													综合费率		规费						企业管理费					
		冬季施工增加费	雨季施工增加费	夜间施工增加费	高原地区施工增加费	风沙地区施工增加费	沿海地区施工增加费	行车干扰工程施工增加费	施工标准化与安全文明措施费	临时设施费	施工辅助费	工地转移费	Ⅰ	Ⅱ	养老保险费	失业保险费	医疗保险费	住房公积金	工伤保险费	综合费率	基本费用	主副食运费补贴	职工探亲路费	职工取暖补贴	财务费用	综合费率
1	2	3	4	5	6	7	8	9	10	11	12	13	14	15	16	17	18	19	20	21	22	23	24	25	26	27
01	人工土方		0.190						0.590	1.180	0.710	0.210	0.880		20.000	2.000	10.000	6.000	1.000	39.000	2.690	0.389	0.070		0.180	3.329
02	机械土方		0.190						0.590	1.070	0.390	0.670	2.910		20.000	2.000	10.000	6.000	1.000	39.000	2.610	0.299	0.150		0.170	3.229
03	汽车运输		0.190						0.210	0.690	0.130	0.400	1.620		20.000	2.000	10.000	6.000	1.000	39.000	1.150	0.319	0.100		0.170	1.739
04	人工石方		0.120						0.590	1.200	0.680	0.220	2.810		20.000	2.000	10.000	6.000	1.000	39.000	2.760	0.299	0.070		0.180	3.309
05	机械石方		0.180						0.590	1.480	0.370	0.430	3.050		20.000	2.000	10.000	6.000	1.000	39.000	2.620	0.279	0.150		0.160	3.209
06	高级路面	0.060	0.180						1.000	1.440	0.640	0.830	4.150		20.000	2.000	10.000	6.000	1.000	39.000	1.530	0.199	0.100		0.220	2.049
07	其他路面		0.160						1.020	1.400	0.590	0.750	3.920		20.000	2.000	10.000	6.000	1.000	39.000	2.620	0.199	0.110		0.240	3.169
08	构造物Ⅰ	0.060	0.140						0.720	1.910	1.040	0.750	4.620		20.000	2.000	10.000	6.000	1.000	39.000	3.550	0.279	0.200		0.300	4.329
09	构造物Ⅱ	0.080	0.150	0.350					0.780	2.340	1.250	0.890	5.840		20.000	2.000	10.000	6.000	1.000	39.000	4.420	0.299	0.240		0.320	5.279
10	构造物Ⅲ(一般)	0.150	0.310	0.700					1.570	4.360	2.420	1.770	11.280		20.000	2.000	10.000	6.000	1.000	39.000	7.830	0.549	0.390		0.660	9.429
10-1	构造物Ⅲ(室内管道)	0.150		0.700					1.570	4.360	2.420	1.770	10.970		20.000	2.000	10.000	6.000	1.000	39.000	7.830	0.549	0.390		0.660	9.429
10-2	构造物Ⅲ(安装工程)	0.150							0.785	4.360	2.420	1.770	9.485		20.000	2.000	10.000	6.000	1.000	39.000	7.830	0.549	0.390		0.660	9.429
11	技术复杂大桥	0.080	0.180	0.350					0.860	2.920	1.680	1.010	7.080		20.000	2.000	10.000	6.000	1.000	39.000	4.720	0.249	0.200		0.460	5.629
12	隧道								0.730	2.570	1.230	0.710	5.240		20.000	2.000	10.000	6.000	1.000	39.000	4.220	0.239	0.270		0.390	5.116
13	钢材及钢结构(一般)			0.350					0.530	1.860	0.450	0.970	4.160		20.000	2.000	10.000	6.000	1.000	39.000	1.940	0.259	0.110		0.380	2.689
13-1	钢材及钢结构(金属标志牌等)								0.530	1.860	0.450	0.970	3.810		20.000	2.000	10.000	6.000	1.000	39.000	1.940	0.259	0.110		0.380	2.689

编制：　　　　复核：

表 5-10

设备、工具、器具购置费计算表

建设项目名称:曹家营隧道

编制范围:K29 + 150 ~ K30 + 130

第 1 页　共 1 页　05 表

编号	设备、工具、器具规格名称	单位	数量	单价(元)	金额(元)	说　明
一	设备购置费	公路公里	0.98	3 050 000.00	2 989 000	
1	隧道设备系统	公路公里	0.98	3 000 000.00	2 940 000	
(1)	隧道设备系统	m	980.00	3 000.00	2 940 000	980.00(m)×3 000
2	养护设备	公路公里	0.98	50 000.00	49 000	
(1)	养护设备	公路公里	0.98	50 000.00	49 000	0.98(公路公里)×50 000
二	工具、器具购置	公路公里	0.98	94 375.00	92 488	
1	变压器	台	1.00	92487.50	92 488	1.00(台)×92 487.5
三	办公及生活用家具购置	公路公里	0.98	2 500.00	2 450	0.98(公路公里)×2 500

编制:　　　　复核:

表 5-11

工程建设其他费用及回收金额计算表

建设项目名称:曹家营隧道

制范围:K29 + 150 ~ K30 + 130

第 1 页　共 1 页　06 表

序号	费用名称及回收金额项目	说明及计算式	金额(元)	备　注
	第三部分 工程建设其他费用		5 788 613	
一	土地征用及拆迁补偿费		60 000	
1	土地征用及安置补助费		60 000	
	征用旱地	2.00(亩)×30 000	60 000	
二	建设项目管理费		2 074 875	
1	建设单位管理费	{建设单位管理费}(建安费)	994 808	994 808.01
2	工程监理费	建安工程费×2.5%	1 034 757	41 390 275.55×2.5%
3	设计文件审查费	建安工程费×0.1%	41 390	41 390 275.55×0.1%

续上表

序号	费用名称及回收金额项目	说明及计算式	金额(元)	备　注
4	竣(交)工验收试验检测费	0.98(km)×4 000	3 920	
三	建设项目前期工作费		936 556	
	编制建议书	120 000	120 000	120 000
	编制可行性研究报告	200 000	200 000	200 000
	勘察设计费(含初步设计、施工图设计、地勘等)	600 000	600 000	600 000
	设计、监理、施工招标文件编制费	建安工程费×0.04%	16 556	41 390 275.55×0.04%
四	专项评价(估)费	400 000	400 000	400 000
五	联合试运转费	建安工程费×0.05%	20 695	41 390 275.55×0.05%
六	生产人员培训费	2 000×5	10 000	
七	建设期贷款利息		2 236 486	
1	第一年贷款利息	(第一、二、三部分费用合计－建设期贷款利息＋预备费)×0.75×0.5×5.94%/2	550 940	(50 262 825.95 － 2 236 486.47 ＋1 440 790.18)×0.75×0.5×5.94%/2
2	第二年贷款利息	(第一、二、三部分费用合计－建设期贷款利息＋预备费)×0.75×0.5＋第一年贷款利息)×5.94%＋(第一、二、三部分费用合计－建设期贷款利息＋预备费)×0.75×0.5/2×5.94%	1685 546	(50 262 825.95 － 2 236 486.47 ＋1 440 790.18)×0.75×0.5＋550 940.16)×5.94%＋(50 262 825.95－2 236 486.47＋1 440 790.18)×0.75×0.5/2×5.94%
八	跟踪审计费	50 000	50 000	50 000
	预备费		1 440 790	
二	2. 基本预备费	(第一、二、三部分费用合计－建设期贷款利息－{P})×3%	1 440 790	(50 262 825.95－2 236 486.47－0)×3%

编制：　　　　复核：

人工、材料、机械台班单价汇总表

表 5-12

建设项目名称：曹家营隧道

编制范围：K29 + 150 ~ K30 + 130

第 1 页　共 2 页　07 表

序号	名　称	单位	代号	预算单价(元)	备注	序号	名　称	单位	代号	预算单价(元)	备注
1	人工	工日	1	63. 46		26	电缆	m	708	45. 39	
2	机械工	工日	2	63. 46		27	电线	m	711	2. 57	
3	原木	m^3	101	1 421. 47		28	涂料	kg	734	12. 51	
4	锯材	m^3	102	1 626. 47		29	土工布	m^2	770	7. 94	
5	枕木	m^3	103	1 646. 97		30	塑料防水板	m^2	776	26. 72	
6	光圆钢筋直径 10 ~ 14mm	t	111	4 803. 97		31	塑料板盲沟	m	778	12. 75	
7	带肋钢筋直径 15 ~ 24mm，25mm 以上	t	112	4 906. 47		32	PVC 塑料管(ϕ50mm)	m	779	8. 00	
8	型钢	t	182	5 111. 47		33	PVC 塑料管(ϕ100mm)	m	780	13. 00	
9	钢板	t	183	5 316. 47		34	塑料弹簧软管(ϕ50mm)	m	783	10. 79	
10	钢管	t	191	5 777. 72		35	塑料弹簧软管(ϕ110mm)	m	785	32. 87	
11	钢钎	kg	211	7. 06		36	塑料打孔波纹管(ϕ100mm)	m	789	16. 03	
12	空心钢纤	kg	212	8. 19		37	塑料打孔波纹管(ϕ400mm)	m	791	98. 00	
13	ϕ50mm 以内合金钻头	个	213	29. 94		38	橡胶止水带	m	794	26. 77	
14	中空注浆锚杆	m	217	34. 56		39	橡胶止水条	m	795	17. 99	
15	电焊条	kg	231	6. 57		40	32. 5 级水泥	t	832	552. 44	
16	膨胀螺栓	套	242	4. 44		41	硝铵炸药	kg	841	9. 21	
17	法兰	kg	244	10. 63		42	导火线	m	842	1. 54	
18	钢模板	t	271	5 743. 67		43	普通雷管	个	845	1. 74	
19	组合钢模板	t	272	6 066. 87		44	非电毫秒雷管	个	847	2. 56	
20	铁件	kg	651	4. 83		45	导爆索	m	848	2. 47	
21	铁钉	kg	653	5. 75		46	石油沥青	t	851	5 213. 97	
22	8 ~ 12 号铁丝	kg	655	5. 32		47	汽油	kg	862	8. 36	
23	20 ~ 22 号铁丝	kg	656	5. 63		48	柴油	kg	863	7. 22	
24	铁皮	m^2	666	26. 97		49	煤	t	864	579. 51	
25	照明灯具	盏	698	466. 39		50	电	kW · h	865	0. 68	

编制：　　　　　　复核：

续上表

建设项目名称:曹家营隧道

编制范围:K29 + 150 ~ K30 + 130

第 2 页　共 2 页　07 表

序号	名　称	单位	代号	预算单价(元)	备注	序号	名　称	单位	代号	预算单价(元)	备注
51	水	m^3	866	1.00		70	$60m^3/h$ 以内混凝土输送泵	台班	1316	1 161.68	
52	中(粗)砂	m^3	899	58.64		71	$25m^3/h$ 以内水泥混凝土搅拌站	台班	1324	845.75	
53	黏土	m^3	911	32.98		72	2t 以内载货汽车	台班	1370	302.74	
54	片石	m^3	931	64.66		73	4t 以内载货汽车	台班	1372	451.35	
55	碎石(2cm)	m^3	951	80.31		74	6t 以内载货汽车	台班	1374	490.35	
56	碎石(4cm)	m^3	952	80.31		75	12t 以内自卸汽车	台班	1387	899.85	
57	碎石(8cm)	m^3	954	80.31		76	4000L 以内洒水汽车	台班	1404	610.53	
58	其他材料费	元	996	1.00		77	1.0t 以内机动翻斗车	台班	1408	165.80	
59	设备摊销费	元	997	1.00		78	5t 以内汽车式起重机	台班	1449	520.68	
60	75kW 以内履带式推土机	台班	1003	768.94		79	12t 以内汽车式起重机	台班	1451	924.97	
61	135kW 以内履带式推土机	台班	1006	1 439.60		80	20t 汽车式起重机	台班	1453	1 333.82	
62	$1.0m^3$ 履带式单斗挖掘机	台班	1035	1 003.98		81	50kN 以内单筒慢动电动卷扬机	台班	1500	121.01	
63	$2.0m^3$ 轮胎式装载机	台班	1050	937.55		82	32kV · A 交流电弧焊机	台班	1726	130.29	
64	气腿式风动凿岩机	台班	1102	18.40		83	$10m^3/min$ 以内电动空气压缩机	台班	1837	418.29	
65	电动混凝土真空吸水机组	台班	1239	98.38		84	$20m^3/min$ 以内电动空气压缩机	台班	1838	655.67	
66	电动混凝土切缝机	台班	1245	158.40		85	$9m^3/min$ 以内机动空气压缩机	台班	1842	702.17	
67	250L 以内强制式混凝土搅拌机	台班	1272	117.90		86	100kW 以内轴流式通风机	台班	1933	407.25	
68	生产率 $4 \sim 6m^3/h$ 混凝土喷射机	台班	1283	214.65		87	小型机具使用费	元	1998	1.00	
69	$6m^3$ 以内混凝土搅拌运输车	台班	1307	1 441.78		88	定额基价	元	1999	1.00	

编制:　　　　　　　　复核:

分 项 工 程 预 算 表

表 5-13

编制范围：K29 + 150 ~ K30 + 130

工程名称：挖土石方

（节选）第 15 页　共 77 页　08-2 表

序号	工程项目			开挖			开挖			开挖			出渣		
	工程细目			正洞开挖Ⅲ级围岩 隧长 1 000m 以内			正洞开挖Ⅳ级围岩 隧长 1 000m 以内			正洞开挖Ⅴ级围岩 隧长 1 000m 以内			正洞开挖Ⅰ~Ⅲ级围岩隧长 1 000m 以内自卸汽车出渣		
	定额单位			$100m^3$ 自然密实土、石			$100m^3$ 自然密实土、石			$100m^3$ 自然密实土、石			$100m^3$ 自然密实土、石		
	工程数量			494.740			276.563			36.338			494.740		
	定额表号			3-1-3-3			3-1-3-4			3-1-3-5			3-1-3-37		
	工料机名称	单位	单价(元)	定额	数量	金额(元)	定额	数量	金额(元)	定额	数量	金额(元)	定额	数量	金额(元)
1	人工	工日	63.46	47.000	23 252.780	1 475 621	55.600	15 376.903	975 818	57.000	2 071.249	131 441	3.900	1 929.486	122 445
2	原木	m^3	1 421.47	0.024	11.874	16 878	0.022	6.084	8 649	0.021	0.763	1 085			
3	锯材	m^3	1 626.47	0.022	10.884	17 703	0.020	5.531	8 996	0.019	0.690	1 123			
4	钢管	t	5 777.72	0.013	6.432	37 160	0.011	3.042	17 577	0.011	0.400	2 309			
5	空心钢纤	kg	8.19	10.800	5 343.192	43 761	6.400	1 770.003	14 496	4.000	145.351	1 190			
6	ϕ50mm 以内合金钻头	个	29.94	5.000	2 473.700	74 063	3.000	829.689	24 841	2.000	72.675	2 176			
7	铁钉	kg	5.75	0.200	98.948	569	0.200	55.313	318	0.200	7.268	42			
8	8 ~ 12 号铁丝	kg	5.32	2.100	1 038.954	5 527	1.900	525.470	2 795	1.800	65.408	348			
9	硝铵炸药	kg	9.21	98.500	48 731.890	448 821	76.700	21 212.382	195 366	30.500	1 108.300	10 207			
10	非电毫秒雷管	个	2.56	113.000	55 905.620	143 118	84.000	23 231.292	59 472	53.000	1 925.898	4 930			
11	导爆索	m	2.47	60.000	29 684.400	73 320	53.000	14 657.839	36 205	53.000	1 925.898	4 757			
12	水	m^3	1.00	25.000	12 368.500	12 369	25.000	6 914.075	6 914	25.000	908.443	908			
13	其他材料费	元	1.00	26.700	13 209.558	13 210	18.500	5 116.416	5 116	8.700	316.138	316			
14	$2.0m^3$ 轮胎式装载机	台班	937.55										0.450	222.633	208 730
15	气腿式风动凿岩机	台班	18.40	6.790	3 359.285	61 811	3.560	984.564	18 116	4.650	168.970	3 109			
16	12t 以内自卸汽车	台班	899.85										1.210	598.635	538 682
17	$10m^3/min$ 以内电动空气压缩机	台班	418.29	0.260	128.632	53 806	0.230	63.609	26 607	0.300	10.901	4 560			
18	$20m^3/min$ 以内电动空气压缩机	台班	655.67	1.300	643.162	421 702	1.130	312.516	204 907	1.480	53.780	35 262			
19	小型机具使用费	元	1.00	108.800	53 827.712	53 828	57.700	15 957.685	15 958	74.400	2 703.525	2 704			
20	定额基价	元	1.00	4 595.000	2 273 330.000	2 273 330	4 508.000	1 246 746.000	1 246 746	4 454.000	161 848.000	161 848	1 263.000	624 857.000	624 857

编制：　　　　复核：

续上表

编制范围:K29+150~K30+130

工程名称:挖土石方

第 16 页　共 77 页　08-2 表

序号	工程项目				开挖			开挖			开挖			出渣		
	工程细目				正洞开挖Ⅲ级围岩隧长1 000m以内			正洞开挖Ⅳ级围岩隧长1 000m以内			正洞开挖Ⅴ级围岩隧长1 000m以内			正洞开挖Ⅰ～Ⅲ级围岩隧长1 000m以内自卸汽车出渣		
	定额单位				$100m^3$ 自然密实土、石			$100m^3$ 自然密实土、石			$100m^3$ 自然密实土、石			$100m^3$ 自然密实土、石		
	工程数量				494.740			276.563			36.338			494.740		
	定额表号				3-1-3-3			3-1-3-4			3-1-3-5			3-1-3-37		
	工料机名称		单位	单价(元)	定额	数量	金额(元)	定额	数量	金额(元)	定额	数量	金额(元)	定额	数量	金额(元)
	直接工程费		元				2 953 266			1 622 153			206 468			869 857
	其他工程费	Ⅰ	元		5.240		154 751	5.240		85 001	5.240		10 819	5.240		45 580
		Ⅱ	元													
	间接费	规费	元		39.000		575 492	39.000		380 569	39.000		51 262	39.000		47 754
		企业管理费	元		5.119		159 109	5.119		87 394	5.119		11 124	5.119		46 864
	利润及税金		元		4.000/3.410		266 175	4.000/3.410		148 401	4.000/3.410		18 985	4.000/3.410		74 248
	建筑安装工程费		元				4 108 793			2 323 518			298 658			1 084 302

编制:　　　　　　　　　　复核:

续上表

编制范围:K29 + 150 ~ K30 + 130

工程名称:挖土石方

序号	工程项目			出渣			自卸汽车运土、石方						合计	
	工程细目			正洞开挖Ⅳ ~ Ⅴ级围岩 隧长 1 000m 以内自卸汽车出渣			12t 以内自卸汽车运石 第一个 1km							
	定额单位			$100m^3$ 自然密实土、石			$100m^3$ 天然密实方							
	工程数量			312.901			80.764							
	定额表号			3-1-3-38			1-1-11-45							
	工料机名称	单位	单价(元)	定额	数量	金额(元)	定额	数量	金额(元)	定额	数量	金额(元)	数量	金额(元)
1	人工	工日	63.46	7.500	2 346.755	148 925							44 977.173	2 854 251
2	原木	m^3	1 421.47										18.721	26 612
3	锯材木中板 § =19 ~ 35	m^3	1 626.47										17.106	27 822
4	钢管	t	5 777.72										9.874	57 046
5	空心钢钎	kg	8.19										7 258.546	59 447
6	ϕ50mm 以内合金钻头	个	29.94										3 376.064	101 079
7	铁钉	kg	5.75										161.528	929
8	8 ~ 12 号铁丝	kg	5.32										1 629.832	8 671
9	硝铵炸药	kg	9.21										71 052.572	654 394
10	非电毫秒雷管	个	2.56										81 062.810	207 521
11	导爆索	m	2.47										46 268.137	114 282
12	水	m^3	1.00										20 191.018	20 191
13	其他材料费	元	1.00										18 642.111	18 642
14	$2.0m^3$ 轮胎式装载机	台班	937.55	0.350	109.515	102 676							332.148	311 406
15	气腿式风动凿岩机	台班	18.40										4512.819	83 036
16	12t 以内自卸汽车	台班	899.85	0.930	290.998	261 854	10.820	873.868	786 350				1 763.501	1 586 886
17	$10m^3/min$ 以内电动空气压缩机	台班	418.29										203.143	84 973
18	$20m^3/min$ 以内电动空气压缩机	台班	655.67										1 009.458	661 871
19	小型机具使用费	元	1.00										72 488.922	72 489
20	定额基价	元	1.00	1 195.00	373 916.00	373 916	6 741.00	544 431.00	544 431				5 225 128.00	5 225 128

编制:　　　　复核:

续上表

编制范围:K29 + 150 ~ K30 + 130

工程名称:挖土石方

第 18 页　共 77 页　08-2 表

序号	工程项目			出渣			自卸汽车运土、石方						合　计	
	工程细目			正洞开挖Ⅳ~Ⅴ级围岩隧长1 000m以内自卸汽车出渣			12t以内自卸汽车运石第一个1km							
	定额单位			$100m^3$ 自然密实土、石			$100m^3$ 天然密实方							
	工程数量			312.901			80.764							
	定额表号			3-1-3-38			1-1-11-45							
	工料机名称	单位	单价(元)	定额	数量	金额(元)	定额	数量	金额(元)	定额	数量	金额(元)	数量	金额(元)
	直接工程费	元				513 455			786 350					6 951 549
	其他工程费 Ⅰ	元		5.240		26 905	1.620		12 739					335 795
	其他工程费 Ⅱ	元												
	间接费 规费	元		39.000		58 081	39.000							1 113 158
	间接费 企业管理费	元		5.119		27 663	1.739		13 897					346 050
	利润及税金	元		4.000/ 3.410		44 846	4.000/ 3.410		61 351					614 005
	建筑安装工程费	元				670 950			874 337					9 360 558

编制:　　　　　　　　复核:

续上表

编制范围:K29+150~K30+130

工程名称:超前小导管

序号	工程项目			管棚、小导管									合计	
	工程细目			超前小导管										
	定额单位			$100m^3$										
	工程数量			62.560										
	定额表号			3-1-7-5										
	工料机名称	单位	单价(元)	定额	数量	金额(元)	定额	数量	金额(元)	定额	数量	金额(元)	数量	金额(元)
1	人工	工日	63.46	25.000	1 564.000	99 251							1 564.000	99 251
2	钢管	t	5 777.72	0.251	15.703	90 725							15.703	90 725
3	空心钢纤	kg	8.19	3.800	237.728	1 947							237.728	1 947
4	ϕ50mm 以内合金钻头	个	29.94	2.000	125.120	3 746							125.120	3 746
5	水	m^3	1.00	9.000	563.040	563							563.040	563
6	其他材料费	元	1.00	20.000	1 251.200	1 251							1 251.200	1 251
7	气腿式风动凿岩机	台班	18.40	3.960	247.738	4 558							247.738	4 558
8	1.0t 以内机动翻斗车	台班	165.80	0.290	18.142	3 008							18.142	3 008
9	$20m^3$/min 以内电动空气压缩机	台班	655.67	0.460	28.778	18 869							28.778	18 869
10	小型机具使用费	元	1.00	21.900	1 370.064	1 370							1 370.064	1 370
11	定额基价	元	1.00	3 134.000	196 063.000	196 063							196 063.000	196 063
	直接工程费	元				225 289								225 289
	其他工程费 Ⅰ	元		5.240		11 805								11 805
	其他工程费 Ⅱ	元												
	间接费 规费	元		39.000		38 708								38 708
	间接费 企业管理费	元		5.119		12 138								12 138
	利润及税金	元		4.000/3.410		20 128								20128
	建筑安装工程费	元				308 068								308 068

编制: 复核:

续上表

编制范围:K29 + 150 ~ K30 + 130

工程名称:锚杆

序号	工程项目			锚杆及金属网			锚杆及金属网						合　计	
	工程细目			中空注浆锚杆			砂浆锚杆							
	定额单位			100m			1t 钢材							
	工程数量			345. 630			43. 459							
	定额表号			3-1-6-2			3-1-6-1							
	工料机名称	单位	单价(元)	定额	数量	金额(元)	定额	数量	金额(元)	定额	数量	金额(元)	数量	金额(元)
1	人工	工日	63. 46	13. 200	5 882. 316	373 292	48. 500	2 107. 762	133 759				7 990. 077	507 050
2	原木	m^3	1 421. 47	0. 007	3. 119	4 434	0. 013	0. 565	803				3. 684	5 237
3	锯材木中板 § =19 ~35	m^3	1 626. 47	0. 013	5. 793	9 422	0. 024	1. 043	1 696				6. 836	11 119
4	带肋钢管直径 15 ~24mm,25mm 以上	t	4 906. 47				1. 025	44. 545	218 561				44. 545	218 561
5	空心钢纤	kg	8. 19	5. 100	2 272. 713	18 614	13. 900	604. 080	4 947				2 876. 793	23 561
6	ϕ50mm 以内合金钻头	个	29. 94	3. 000	1 336. 890	40 026	9. 000	39. 131	11 710				1 728. 021	51 737
7	中空注浆锚杆	m	34. 56	101. 000	45 008. 630	1 555 498							45 008. 630	1 555 498
8	铁钉	kg	5. 75	0. 100	44. 563	256	0. 100	4. 346	25				48. 909	281
9	8 ~12 号铁丝	kg	5. 32	0. 900	401. 067	2 134	1. 800	78. 226	416				479. 293	2 550
10	32. 5 级水泥	t	552. 44	0. 187	83. 333	46 036	0. 347	15. 080	8 331				98. 413	54 367
11	水	m^3	1. 00	5. 000	2 228. 150	2 228	13. 000	564. 967	565				2 793. 117	2 793
12	中(粗)砂	m^3	58. 64	0. 160	71. 301	4 181	0. 240	10. 430	612				81. 731	4 793
13	其他材料费	元	1. 00	2. 200	980. 386	980	9. 300	404. 169	404				1 384. 555	1 385
14	气腿式风动凿岩机	台班	18. 40	3. 150	1 403. 735	25 829	9. 280	403. 300	7 421				1 807. 034	33 249
15	1. 0t 以内机动翻斗车	台班	165. 80	0. 170	75. 757	12 561	0. 550	23. 902	3 963				99. 660	16 524
16	$10m^3$/min 以内电动空气压缩机	台班	418. 29	1. 510	672. 901	281 468	4. 430	192. 523	80 531				865. 425	361 998
17	小型机具使用费	元	1. 00	40. 600	18 092. 578	18 093	102. 000	4 432. 818	4 433				22 525. 396	22 525
18	定额基价	元	1. 00	4 564. 00	2 033 855. 00	2 033 855	8 345. 00	362 665. 00	362 665				2 396 520. 00	2 396 521

编制:　　　　　　　　　　复核:

续上表

编制范围:K29 + 150 ~ K30 + 130

工程名称:锚杆

序号	工程项目			锚杆及金属网			锚杆及金属网						合计	
	工程细目			中空注浆锚杆			砂浆锚杆							
	定额单位			100m			1t 钢材							
	工程数量			345.630			43.459							
	定额表号			3-1-6-2			3-1-6-1							
	工料机名称	单位	单价(元)	定额	数量	金额(元)	定额	数量	金额(元)	定额	数量	金额(元)	数量	金额(元)
	直接工程费	元				2 395 052			478 177					2 873 229
	其他工程费 I	元		5.240		125 501	5.240		25 056					150 557
	其他工程费 Ⅱ	元												
	间接费 规费	元		39.000		145 584	39.000		52 166					197 750
	间接费 企业管理费	元		5.119		129 035	5.119		25 762					154 797
	利润及税金	元		4.000/3.410		204 913	4.000/3.410		41 699					246 612
	建筑安装工程费	元				3 000 084			622 860					3 622 945

编制: 复核:

续上表

编制范围：K29 + 150 ~ K30 + 130

第 22 页　共 77 页　08-2 表

工程名称：钢拱架

序号	工程项目			钢支撑			预制小型构件			混凝土搅拌站拌和			混凝土运输		
	工程细目			制作、安装型钢钢架			预制混凝土块件钢模			混凝土搅拌站拌和(25m^3/h 以内)			1t 机动翻斗车运混凝土第一个 100m		
	定额单位			1t 钢架			10m^3 实体			100m^3			100m^3		
	工程数量			138.335			20.460			2.046			2.046		
	定额表号			3-1-5-1 改			4-7-28-10			4-11-11-10，定额 ×1.010			4-11-11-16，定额 ×1.010		
	工料机名称	单位	单价(元)	定额	数量	金额(元)	定额	数量	金额(元)	定额	数量	金额(元)	定额	数量	金额(元)
1	人工	工日	63.46	18.700	2 586.857	164 162	44.700	914.562	58 038						
2	锯材	m^3	1 626.47				0.085	1.739	2 829						
3	带肋钢筋直径 15 ~24mm，25mm 以上	t	4 906.47	0.232	32.094	157 466									
4	型钢	t	5111.47	0.960	132.801	678 809	0.007	0.143	732						
5	钢板	t	5316.47	0.159	21.995	116 937									
6	电焊条	kg	6.57	4.100	567.172	3 726									
7	组合钢模板	t	6 066.87				0.083	1.698	10 303						
8	铁件	kg	4.83	15.000	2 075.019	10 022	20.400	417.384	2 016						
9	32.5 级水泥	t	552.44				3.434	70.260	38 814						
10	水	m^3	1.00				16.000	327.360	327						
11	中(粗)砂	m^3	58.64				4.950	101.277	5 939						
12	碎石(2cm)	m^3	80.31				8.280	169.409	13 605						
13	其他材料费	元	1.00	15.700	2 171.853	2172	7.600	155.496	155						
14	75kW 以内履带式推土机	台班	768.94							0.848	1.735	1 334			
15	25m^3/h 以内水泥混凝土搅拌站	台班	845.75							0.990	2.026	1713			
16	4t 以内载货汽车	台班	451.35	0.530	73.317	33 092									
17	1.0t 以内机动翻斗车	台班	165.80										2.969	6.075	1 007
18	32kV · A 交流电弧焊机	台班	130.29	1.010	139.718	18 204									
19	小型机具使用费	元	1.00	5.500	760.840	761	5.400	110.484	110						
20	定额基价	元	1.00	6 337.000	876 626.00	876 626	4 776.00	97 717.000	97 717	1 250.00	2 558.00	2 558	373.000	763.000	763

编制：　　　　复核：

编制范围:K29 + 150 ~ K30 + 130

工程名称:钢拱架

序号	工程项目				钢支撑			预制小型构件			混凝土搅拌站拌和			混凝土运输		
	工程细目				制作、安装型钢钢架			预制混凝土块件钢模			混凝土搅拌站拌和(25m³/h 以内)			1t 机动翻斗车运混凝土第一个 100m		
	定额单位				1t 钢架			10m³ 实体			100m³			100m³		
	工程数量				138.335			20.460			2.046			2.046		
	定额表号				3-1-5-1 改			4-7-28-10			4-11-11-10,定额 ×1.010			4-11-11-16,定额 ×1.010		
	工料机名称		单位	单价(元)	定额	数量	金额(元)	定额	数量	金额(元)	定额	数量	金额(元)	定额	数量	金额(元)
	直接工程费		元				1 185 352			132 869			3 047			1 007
	其他工程费	Ⅰ	元		5.240		62 112	4.620		6 139	4.620		141	1.620		16
		Ⅱ	元													
	间接费	规费	元		39.000		64 023	39.000		22 635	39.000			39.000		
		企业管理费	元		5.119		63 861	4.329		6 018	4.329		138	1.739		18
	利润及税金		元		4.000/3.410		101 141	4.000/3.410		11 716	4.000/3.410		251	4.000/3.410		79
	建筑安装工程费		元				1 476 490			179 377			3 577			1 120

编制:　　　　　　复核:

续上表

编制范围:K29 + 150 ~ K30 + 130

工程名称:钢拱架

第 24 页　共 77 页　08-2 表

序号	工程项目											合计	
	工程细目												
	定额单位												
	工程数量												
	定额表号												
	工料机名称	单位	单价(元)	定额	数量	金额(元)	定额	数量	金额(元)	定额	数量	金额(元)	数量	金额(元)
1	人工	工日	63.46										3 501.419	222 200
2	锯材	m^3	1 626.47										1.739	2 829
3	带肋钢筋直径 15 ~ 24mm,25mm 以上	t	4 906.47										32.094	157 466
4	型钢	t	5 111.47										132.944	679 541
5	钢板	t	5 316.47										21.995	116 937
6	电焊条	kg	6.57										567.172	3 726
7	组合钢模板	t	6 066.87										1.698	10 303
8	铁件	kg	4.83										2 492.403	12 038
9	32.5 级水泥	t	552.44										70.260	38 814
10	水	m^3	1.00										327.360	327
11	中(粗)砂	m^3	58.64										101.277	5 939
12	碎石(2cm)	m^3	80.31										169.409	13 605
13	其他材料费	元	1.00										2 327.349	2 327
14	75kW 以内履带式推土机	台班	768.94										1.735	1 334
15	$25m^3/h$ 以内水泥混凝土搅拌站	台班	845.75										2.026	1 713
16	4t 以内载货汽车	台班	451.35										73.317	33 092
17	1.0t 以内机动翻斗车	台班	165.80										6.075	1 007
18	32kV · A 交流电弧焊机	台班	130.29										139.718	18 204
19	小型机具使用费	元	1.00										871.324	871
20	定额基价	元	1.00										977 664.000	977 664

编制:　　　　复核:

续上表

编制范围:K29 + 150 ~ K30 + 130

工程名称:锚拱架

第 25 页　共 77 页　08-2 表

序号	工程项目												合　计	
	工程细目													
	定额单位													
	工程数量													
	定额表号													
	工料机名称		单位	单价(元)	定额	数量	金额(元)	定额	数量	金额(元)	定额	数量	金额(元)	数量	金额(元)
	直接工程费		元											1 322 275
	其他工程费	I	元											68 408
		Ⅱ	元											
	间接费	规费	元											86 658
		企业管理费	元											70 035
	利润及税金		元											113 187
	建筑安装工程费		元											1 660 563

编制:　　　　复核:

续上表

编制范围:K29 + 150 ~ K30 + 130

工程名称:喷射混凝土

第 26 页 共 77 页 08-2 表

序号	工程项目			喷射混凝土			混凝土搅拌站拌和			混凝土运输			混凝土运输		
	工程细目			喷射混凝土			混凝土搅拌站拌和(25m³/h 以内)			6m³ 搅拌运输车运混凝土第一个 1km			6m³ 搅拌运输车运混凝土增运 0.5km		
	定额单位			10m³			100m³			100m³			100m³		
	工程数量			301.670			30.167			30.167			30.167		
	定额表号			3-1-8-1 改			4-11-11-10,定额 ×1.200			4-11-11-20,定额 ×1.200			4-11-11-21,定额 ×1.200,改		
	工料机名称	单位	单价(元)	定额	数量	金额(元)	定额	数量	金额(元)	定额	数量	金额(元)	定额	数量	金额(元)
1	人工	工日	63.46	31.500	9 502.605	603 035									
2	锯材	m³	1 626.47	0.009	2.715	4 416									
3	32.5 级水泥	t	552.44	5.340	1 610.918	889 935									
4	水	m³	1.00	22.000	6 636.740	6 637									
5	中(粗)砂	m³	58.64	7.320	2 208.224	129 490									
6	碎石(2cm)	m³	80.31	6.840	2 063.423	165 713									
7	其他材料费	元	1.00	358.300	108 088.361	108 088									
8	75kW 以内履带式推土机	台班	768.94				1.008	30.408	23 382						
9	生产率 4 ~ 6m³/h 混凝土喷射机	台班	214.65	1.420	428.371	91 950									
10	6m³ 以内混凝土搅拌运输车	台班	1 441.78							1.608	48.509	69 939	0.121	3.650	5 263
11	25m³/h 以内水泥混凝土搅拌站	台班	845.75				1.176	35.476	30 004						
12	9m³/min 以内机动空气压缩机	台班	702.17	1.220	368.037	258 425									
13	小型机具使用费	元	1.00	98.400	29 684.328	29 684									
14	定额基价	元	1.00	5 479.000	1 652 850.000	1 652 850	1 485.000	44 798.000	44 798	1 980.000	59 731.000	59 731	149.000	4 495.000	4 495

编制: 复核:

编制范围:K29 + 150 ~ K30 + 130

工程名称:喷射混凝土

序号	工程项目			喷射混凝土			混凝土搅拌站拌和			混凝土运输			混凝土运输		
	工程细目			喷射混凝土			混凝土搅拌站拌和（$25m^3/h$ 以内）			$6m^3$ 搅拌运输车运混凝土第一个 1km			$6m^3$ 搅拌运输车运混凝土增运 0.5km		
	定额单位			$10m^3$			$100m^3$			$100m^3$			$100m^3$		
	工程数量			301.670			30.167			30.167			30.167		
	定额表号			3-1-8-1 改			4-11-11-10,定额 ×1.200			4-11-11-20,定额 ×1.200			4-11-11-21,定额 ×1.200,改		
	工料机名称	单位	单价(元)	定额	数量	金额(元)	定额	数量	金额(元)	定额	数量	金额(元)	定额	数量	金额(元)
	直接工程费	元				2 287 375			53 386			69 939			5 263
	其他工程费 I	元		5.240		119 858	4.620		2 466	1.620		1 133	1.620		85
	其他工程费 II	元													
	间接费 规费	元		39.000		235 184	39.000			39.000			39.000		
	间接费 企业管理费	元		5.119		123 233	4.329		2 418	1.739		1 236	1.739		93
	利润及税金	元		4.000/3.410		198 979	4.000/3.410		4 397	4.000/3.410		5 457	4.000/3.410		411
	建筑安装工程费	元				2 964 629			62 668			77 764			5 852

编制:　　　　　　　　　　复核:

续上表

编制范围：K29 +150 ~ K30 +130

工程名称：喷射混凝土

第 28 页　共 77 页　08-2 表

序号	工程项目												合　计	
	工程细目													
	定额单位													
	工程数量													
	定额表号													
	工料机名称	单位	单价(元)	定额	数量	金额(元)	定额	数量	金额(元)	定额	数量	金额(元)	数量	金额(元)
1	人工	工日	63.46										9 502.605	603 035
2	锯材	m^3	1 626.47										2.715	4 416
3	32.5 级水泥	t	552.44										1 610.918	889 935
4	水	m^3	1.00										6 636.740	6 637
5	中(粗)砂	m^3	58.64										2 208.224	129 490
6	碎石(2cm)	m^3	80.31										2 063.423	165 713
7	其他材料费	元	1.00										108 088.361	108 088
8	75kW 以内履带式推土机	台班	768.94										30.408	23 382
9	生产率 4 ~ $6m^3/h$ 混凝土喷射机	台班	214.65										428.371	91 950
10	$6m^3$ 以内混凝土搅拌运输车	台班	1 441.78										52.159	75 201
11	$25m^3/h$ 以内水泥混凝土搅拌站	台班	845.75										35.476	30 004
12	$9m^3/min$ 以内机动空气压缩机	台班	702.17										368.037	258 425
13	小型机具使用费	元	1.00										29 684.328	29 684
14	定额基价	元	1.00										1 761 874.000	1 761 873

编制：　　　　复核：

续上表

编制范围:K29 + 150 ~ K30 + 130

工程名称:喷射混凝土

第 28 页　共 77 页　08-2 表

序号	工程项目													合计	
	工程细目														
	定额单位														
	工程数量														
	定额表号														
	工料机名称		单位	单价(元)	定额	数量	金额(元)	定额	数量	金额(元)	定额	数量	金额(元)	数量	金额(元)
	直接工程费		元												2 415 962
	其他工程费	I	元												123 543
		Ⅱ	元												
	间接费	规费	元												235 184
		企业管理费	元												126 981
	利润及税金		元												209 243
	建筑安装工程费		元												3 110 913

编制:　　　　复核:

表 5-14

材料预算单价计算表

建设项目名称:曹家营隧道

编制范围:K29 + 150 ~ K30 + 130

第 1 页　共 3 页　09 表

序号	规格名称	单位	原价(元)	运杂费					原价运费合计(元)	场外运输损耗		采购及保管费		预算单价(元)
				供应地点	运输方式、比重及运距(km)	毛重系数或单位毛重	运杂费构成说明或计算式	单位运费(元)		费率(%)	金额(元)	费率(%)	金额(元)	
1	原木	m^3	1 200.000	昆明—工地	汽车、1.0、280.0	1.000 000	(0.65 × 280.0 + 4.8 × 1.0) × 1 × 1	186.80	1 386.80			2.500	34.670	1 421.470
2	锯材	m^3	1 400.000	昆明—工地	汽车、1.0、280.0	1.000 000	(0.65 × 280.0 + 4.8 × 1.0) × 1 × 1	186.80	1 586.80			2.500	39.670	1 626.470
3	枕木	m^3	1 420.000	昆明—工地	汽车、1.0、280.0	1.000 000	(0.65 × 280.0 + 4.8 × 1.0) × 1 × 1	186.80	1 606.80			2.500	40.170	1 646.970
4	光圆钢筋直径 10 ~ 14mm	t	4 500.000	昆明—工地	汽车、1.0、280.0	1.000 000	(0.65 × 280.0 + 4.8 × 1.0) × 1 × 1	186.80	4 686.80			2.500	117.17	4 803.970
5	带肋钢筋直径 15 ~ 24mm,25mm 以上	t	4 600.000	昆明—工地	汽车、1.0、280.0	1.000 000	(0.65 × 280.0 + 4.8 × 1.0) × 1 × 1	186.80	4 786.80			2.500	119.67	4 906.470
6	型钢	t	4 800.000	昆明—工地	汽车、1.0、280.0	1.000 000	(0.65 × 280.0 + 4.8 × 1.0) × 1 × 1	186.80	4 986.80			2.500	124.67	5 111.470
7	钢板	t	5 000.000	昆明—工地	汽车、1.0、280.0	1.000 000	(0.65 × 280.0 + 4.8 × 1.0) × 1 × 1	186.80	5 186.80			2.500	129.67	5 316.470
8	钢管	t	5 450.000	昆明—工地	汽车、1.0、280.0	1.000 000	(0.65 × 280.0 + 4.8 × 1.0) × 1 × 1	186.80	5 636.80			2.500	140.92	5 777.720
9	钢钎	kg	6.700	昆明—工地	汽车、1.0、280.0	0.001 000	(0.65 × 280.0 + 4.8 × 1.0) × 1 × 0.001	0.190	6.89			2.500	0.172	7.060
10	空心钢纤	kg	7.800	昆明—工地	汽车、1.0、280.0	0.001 000	(0.65 × 280.0 + 4.8 × 1.0) × 1 × 0.001	0.190	7.99			2.500	0.200	8.190

续上表

序号	规格名称	单位	原价(元)	运杂费					原价运费合计(元)	场外运输损耗		采购及保管费		预算单价(元)
				供应地点	运输方式、比重及运距(km)	毛重系数或单位毛重	运杂费构成说明或计算式	单位运费(元)		费率(%)	金额(元)	费率(%)	金额(元)	
11	φ50mm 以内合金钻头	个	29.000	昆明—工地	汽车、1.0、280.0	0.001 100	(0.65×280.0+4.8×1.0)×1×0.001 1	0.210	29.21			2.500	0.730	29.940
12	中空注浆锚杆	m	33.000	昆明—工地	汽车、1.0、280.0	0.003 850	(0.65×280.0+4.8×1.0)×1×0.003 85	0.720	33.72			2.500	0.843	34.560
13	电焊条	kg	6.200	昆明—工地	汽车、1.0、280.0	0.001 100	(0.65×280.0+4.8×1.0)×1×0.001 1	0.210	6.41			2.500	0.160	6.570
14	膨胀螺栓	套	4.300	昆明—工地	汽车、1.0、280.0	0.000 186	(0.65×280.0+4.8×1.0)×1×0.000 186	0.030	4.33			2.500	0.108	4.440
15	钢模板	t	5 500.000	昆明—工地	汽车、1.0、280.0	1.000 000	(0.65×280.0+4.8×1.0)×1×1	186.80	5 686.80			1.000	56.868	5 743.670
16	组合钢模板	t	5 820.000	昆明—工地	汽车、1.0、280.0	1.000 000	(0.65×280.0+4.8×1.0)×1×1	186.80	6 006.80			1.000	60.068	6 066.870
17	铁件	kg	4.500	昆明—工地	汽车、1.0、280.0	0.001 100	(0.65×280.0+4.8×1.0)×1×0.001 1	0.210	4.71			2.500	0.118	4.830
18	铁钉	kg	5.400	昆明—工地	汽车、1.0、280.0	0.001 100	(0.65×280.0+4.8×1.0)×1×0.001 1	0.210	5.61			2.500	0.140	5.750
19	8~12 号铁丝	kg	5.000	昆明—工地	汽车、1.0、280.0	0.001 000	(0.65×280.0+4.8×1.0)×1×0.001	0.190	5.19			2.500	0.130	5.320

编制：　　　　复核：

续上表

建设项目名称:曹家营隧道

编制范围:K29 + 150 ~ K30 + 130

第 2 页　共 3 页　09 表

序号	规格名称	单位	原价(元)	运杂费					原价运费合计(元)	场外运输损耗		采购及保管费		预算单价(元)
				供应地点	运输方式、比重及运距(km)	毛重系数或单位毛重	运杂费构成说明或计算式	单位运费(元)		费率(%)	金额(元)	费率(%)	金额(元)	
20	20 ~ 22 号铁丝	kg	5.300	昆明—工地	汽车、1.0、280.0	0.001 000	(0.65 × 280.0 + 4.8 × 1.0) × 1 × 0.001	0.190	5.49			2.500	0.137	5.630
21	铁皮	m^2	25.500	昆明—工地	汽车、1.0、280.0	0.004 320	(0.65 × 280.0 + 4.8 × 1.0) × 1 × 0.004 32	0.810	26.31			2.500	0.658	26.970
22	照明灯具	盏	460.000	昆明—工地	汽车、1.0、280.0	0.009 500	(0.65 × 280.0 + 4.8 × 1.0) × 1 × 0.009 5	1.770	461.77			1.000	4.618	466.390
23	电缆	m	44.000	昆明—工地	汽车、1.0、280.0	0.001 500	(0.65 × 280.0 + 4.8 × 1.0) × 1 × 0.001 5	0.280	44.28			2.500	1.107	45.390
24	电线	m	2.500	昆明—工地	汽车、1.0、280.0	0.000 060	(0.65 × 280.0 + 4.8 × 1.0) × 1 × 0.000 06	0.010	2.51			2.500	0.063	2.570
25	涂料	kg	12.000	昆明—工地	汽车、1.0、280.0	0.001 000	(0.69 × 280.0 + 5.4 × 1.0) × 1 × 0.001	0.200	12.20			2.500	0.305	12.510
26	土工布	m^2	7.700	昆明—工地	汽车、1.0、280.0	0.000 280	(0.65 × 280.0 + 4.8 × 1.0) × 1 × 0.000 28	0.050	7.75			2.500	0.194	7.940
27	塑料防水板	m^2	25.700	昆明—工地	汽车、1.0、280.0	0.002 000	(0.65 × 280.0 + 4.8 × 1.0) × 1 × 0.002	0.370	26.07			2.500	0.652	26.720

续上表

序号	规格名称	单位	原价(元)	运杂费					原价运费合计(元)	场外运输损耗		采购及保管费		预算单价(元)
				供应地点	运输方式、比重及运距(km)	毛重系数或单位毛重	运杂费构成说明或计算式	单位运费(元)		费率(%)	金额(元)	费率(%)	金额(元)	
28	塑料板盲沟	m	12.200	昆明—工地	汽车、1.0、280.0	0.001 290	(0.65×280.0+4.8×1.0)×1×0.001 29	0.240	12.44			2.500	0.311	12.750
29	塑料弹簧软管(ϕ50mm)	m	10.500	昆明—工地	汽车、1.0、280.0	0.000 160	(0.65×280.0+4.8×1.0)×1×0.000 16	0.030	10.53			2.500	0.263	10.790
30	塑料弹簧软管(ϕ110mm)	m	32.000	昆明—工地	汽车、1.0、280.0	0.000 350	(0.65×280.0+4.8×1.0)×1×0.000 35	0.070	32.07			2.500	0.802	32.870
31	塑料打孔波纹管(ϕ100mm)	m	15.500	昆明—工地	汽车、1.0、280.0	0.000 750	(0.65×280.0+4.8×1.0)×1×0.000 75	0.140	15.64			2.500	0.391	16.030
32	橡胶止水带	m	26.000	昆明—工地	汽车、1.0、280.0	0.000 585	(0.69×280.0+5.4×1.0)×1×0.000 585	0.120	26.12			2.500	0.653	26.770
33	橡胶止水条	m	17.500	昆明—工地	汽车、1.0、280.0	0.000 250	(0.65×280.0+4.8×1.0)×1×0.000 25	0.050	17.55			2.500	0.439	17.990
34	32.5 级水泥	t	450.000	东川水泥厂—工地	汽车、1.0、120.0	1.010 000	(0.65×120.0+4.8×1.0)×1×1.01	83.630	533.63	1.000	5.336	2.500	13.474	552.440
35	硝铵炸药	kg	8.700	昆明—工地	汽车、1.0、280.0	0.001 350	(0.74×280.0+6.6×1.0)×1×0.001 35	0.290	8.99			2.500	0.225	9.210
36	导火线	m	1.500	昆明—工地	汽车、1.0、280.0	0.000 012	(0.65×280.0+4.8×1.0)×1×0.000 012		1.50			2.500	0.038	1.540

编制： 复核：

续上表

建设项目名称:曹家营隧道

编制范围:K29 + 150 ~ K30 + 130

第 3 页　共 3 页　09 表

序号	规格名称	单位	原价(元)	运杂费					原价运费合计(元)	场外运输损耗		采购及保管费		预算单价(元)
				供应地点	运输方式、比重及运距(km)	毛重系数或单位毛重	运杂费构成说明或计算式	单位运费(元)		费率(%)	金额(元)	费率(%)	金额(元)	
37	普通雷管	个	1.700	昆明—工地	汽车、1.0、280.0	0.000 004	(0.74 × 280.0 + 6.6 × 1.0) × 1 × 0.000 004		1.70			2.500	0.043	1.740
38	非电毫秒雷管	个	2.500	昆明—工地	汽车、1.0、280.0	0.000 007	(0.74 × 280.0 + 6.6 × 1.0) × 1 × 0.000 007		2.50			2.500	0.063	2.560
39	导爆索	m	2.400	昆明—工地	汽车、1.0、280.0	0.000 040	(0.74 × 280.0 + 6.6 × 1.0) × 1 × 0.000 04	0.010	2.41			2.500	0.060	2.470
40	石油沥青	t	4 900.000	昆明—工地	汽车、1.0、280.0	1.000 000	(0.65 × 280.0 + 4.8 × 1.0) × 1 × 1	186.800	5 086.80			2.500	127.170	5213.970
41	汽油	kg	8.120	油站—工地	汽车、1.0、49.0	0.001 000	(0.74 × 49.0 + 6.6 × 1.0) × 1 × 0.001	0.040	8.16			2.500	0.204	8.360
42	柴油	kg	7.000	油站—工地	汽车、1.0、49.0	0.001 000	(0.74 × 49.0 + 6.6 × 1.0) × 1 × 0.001	0.040	7.04			2.500	0.176	7.220
43	煤	t	380.000	昆明—工地	汽车、1.0、280.0	1.000 000	0.65 × 280.0 × 1 × 1	182.000	562.00	0.600	3.372	2.500	14.134	579.510
44	中(粗)砂	m^3	50.000	砂场—工地	汽车、1.0、3.0	1.500 000	(0.59 × 3.0 + 2.1 × 1.0) × 1 × 1.5	5.810	55.81	2.500	1.395	2.500	1.430	58.640
45	黏土	m^3	25.000	料场—工地	汽车、1.0、4.0	1.400 000	(0.59 × 4.0 + 2.1 × 1.0) × 1 × 1.4	6.240	31.24	3.000	0.937	2.500	0.804	32.980
46	片石	m^3	55.000	石场—工地	汽车、1.0、5.0	1.600 000	(0.59 × 5.0 + 2.1 × 1.0) × 1 × 1.6	8.080	63.08			2.500	1.577	64.660
47	碎石(2cm)	m^3	70.000	石场—工地	汽车、1.0、5.0	1.500 000	(0.59 × 5.0 + 2.1 × 1.0) × 1 × 1.5	7.580	77.58	1.000	0.776	2.500	1.959	80.310
48	碎石(4cm)	m^3	70.000	石场—工地	汽车、1.0、5.0	1.500 000	(0.59 × 5.0 + 2.1 × 1.0) × 1 × 1.5	7.580	77.58	1.000	0.776	2.500	1.959	80.310
49	碎石(8cm)	m^3	70.000	石场—工地	汽车、1.0、5.0	1.500 000	(0.59 × 5.0 + 2.1 × 1.0) × 1 × 1.5	7.580	77.58	1.000	0.776	2.500	1.959	80.310

编制：　　　　复核：

自采材料料场价格计算表

表 5-15

建设项目名称：

编制范围：

第　页　共　页　10 表

序号	定额号	材料规格名称	单位	料场价格(元)	人工(工日)元/工日		间接费(元)	(　　)单价(元)		(　　)单价(元)		(　　)单价(元)		(　　)单价(元)	
					定额	金额	占人工费(%)	定额	金额	定额	金额	定额	金额	定额	金额

编制：　　　　　　　　复核：

机械台班单价计算表

表 5-16

建设项目名称:曹家营隧道

编制范围:K29 + 150 ~ K30 + 130

第 1 页　共 2 页　11 表

序号	定额号	机械规格名称	台班单价（元）	不变费用(元)		可变费用(元)													
				调整系数		机械工		重油		汽油		柴油		电		水		养路费及车船税	合计
				1.0		63.46 元/工日		0.0 元/kg		8.36 元/kg		7.22 元/kg		0.68 元/(kW·h)		1.0 元/m^3			
				定额	调整值	定额	费用	定额	费用	定额	费用	定额	费用	定额	费用	定额	费用		
1	1003	75kW 以内履带式推土机	768.94	245.140	245.14	2.000	126.92					54.970	396.88						523.80
2	1006	135kW 以内履带式推土机	1439.60	604.690	604.69	2.000	126.92					98.060	707.99						834.91
3	1035	1.0m^3 履带式单斗挖掘机	1003.98	411.150	411.15	2.000	126.92					64.530	465.91						592.83
4	1050	2.0m^3 轮胎式装载机	937.55	200.440	200.44	1.000	63.46					92.860	670.45					3.20	737.11
5	1102	气腿式风动凿岩机	18.40	18.400	18.40														
6	1239	电动混凝土真空吸水机组	98.38	24.430	24.43	1.000	63.46							15.420	10.49				73.95
7	1245	电动混凝土切缝机	158.40	81.230	81.23	1.000	63.46							20.160	13.71				77.17
8	1272	250L 以内强制式混凝土搅拌机	117.90	18.580	18.58	1.000	63.46							52.740	35.86				99.32
9	1283	生产率 4 ~ 6m^3/h 混凝土喷射机	214.65	58.760	58.76	2.000	126.92							42.600	28.97				155.89
10	1307	6m^3 以内混凝土搅拌运输车	1 441.78	909.820	909.82	1.000	63.46					55.540	401.00					67.50	531.96
11	1316	60m^3/h 以内混凝土输送泵	1 161.68	849.950	849.95	1.000	63.46							365.110	248.27				311.73
12	1324	25m^3/h 以内水泥混凝土搅拌站	845.75	334.240	334.24	5.000	317.30							285.600	194.21				511.51
13	1370	2t 以内载货汽车	302.74	53.890	53.89	1.000	63.46			20.080	167.87							17.52	248.85
14	1372	4t 以内载货汽车	451.35	66.380	66.38	1.000	63.46			34.280	286.58							34.93	384.97
15	1374	6t 以内载货汽车	490.35	91.380	91.38	1.000	63.46					39.240	283.31					52.20	398.97
16	1387	12t 以内自卸汽车	899.85	271.930	271.93	1.000	63.46					61.600	444.75					119.71	627.92
17	1404	4000L 以内洒水汽车	610.53	219.160	219.16	1.000	63.46			36.000	300.96							26.95	391.37
18	1408	1.0t 以内机动翻斗车	165.80	32.450	32.45	1.000	63.46					9.000	64.98					4.91	133.35
19	1449	5t 以内汽车式起重机	520.68	199.620	199.62	1.000	63.46			25.710	214.94							42.66	321.06
20	1451	12t 以内汽车式起重机	924.97	387.110	387.11	2.000	126.92					44.950	324.54					86.40	537.86

编制:　　　　　　　　复核:

续上表

建设项目名称:曹家营隧道

编制范围:K29 + 150 ~ K30 + 130

第 2 页　共 2 页　11 表

序号	定额号	机械规格名称	台班单价(元)	不变费用(元)		可变费用(元)												养路费及车船税	合计
				调整系数		机械工		重油		汽油		柴油		电		水			
				1.0		63.46 元/工日		0.0 元/kg		8.36 元/kg		7.22 元/kg		0.68 元/(kW·h)		1.0 元/m^3			
				定额	调整值	定额	费用	定额	费用	定额	费用	定额	费用	定额	费用	定额	费用		
21	1453	20t 汽车式起重机	1 333.82	672.98	672.98	2.00	126.92					56.00	404.32					129.60	660.84
22	1500	50kN 以内单筒慢动电动卷扬机	121.01	20.08	20.08	1.00	63.46							55.11	37.47				100.93
23	1726	32kV·A 交流电弧焊机	130.29	7.24	7.24	1.00	63.46							87.63	59.59				123.05
24	1837	$10m^3$/min 以内电动空气压缩机	418.29	118.96	118.96	1.00	63.46							346.87	235.87				299.33
25	1838	$20m^3$/min 以内电动空气压缩机	655.67	183.37	183.37	1.00	63.46							601.24	408.84				472.30
26	1842	$9m^3$/min 以内机动空气压缩机	702.17	203.06	203.06	1.00	63.46					60.34	435.65						499.11
27	1933	100kW 以内轴流式通风机	407.25	45.95	45.95									531.33	361.30				361.30

编制:　　　　复核:

辅助生产工、料、机械台班单位数量表

表 5-17

建设项目名称：

编制范围：

第　页　共　页　12 表

序　号	规格名称	单　位						

编制：　　　　　　　　复核：

④竣(交)工验收试验检测费按“补充规定”计算。

(3)建设项目前期工作费:

①勘察设计费按照国家计委、建设部关于《工程勘察设计收费管理规定》(计价格【2002】10 号)的通知及合同计列;

②招标文件编制费按照《国家发展和改革委员会办公厅关于招标代理服务费有关问题的通知》(发改办价格【2003】857 号)及合同计算。

(4)专项评价(估)费

按照国家相关规定及合同计算确定。

(5)联合试运转费。联合试运转费按照“编制办法”的规定计算。

(6)生产人员培训费 按照“编制办法”的规定计算。

(7)建设资金来源。本项目采用国内银行贷款及云南省自筹的方式筹集资金。

(8)预留费用:

①物价上涨费。根据原国家发展计划委员会文件计投资[1999]1340 号精神,不计算该项费用;

②预备费按“编制办法”规定以第一、二、三部分费用之和(扣除规定的三项费用)为基数的 3% 计列。

(9)临时工程费用已在路线工程中计算。

(10)本项目设计预算为总金额为 5 170.361 6 万元,平均每公里造价 5 275.879 2 万元。其中,建筑安装工程费为 4 193.027 6 元,设备及工具、器具购置费为 308.393 8 万元,工程建设其他费用 578.861 3 万元,基本预备费 144.079 0 万元。

曹家营公路隧道施工图预算编制说明、预算文件,见表 5-6 ~ 表 5-17(限于篇幅,08-2 表仅列示部分表格见表 5-13)[1]。

思考题

1.03 表与 08 表的关系是什么?

2.08 表和 09 表、10 表、11 表、4 表的关系是什么?

3.02 表和 08 表、12 表的关系是什么?

4.11 表计算的机械种类包括哪些表格所涉及的机械?

5.05 表和 06 表包括哪些费用的计算?

6.08 表编制的应该注意些什么?

7.01 表汇总数据包括哪些表格的费用?

---

[1] 为了便于查找表格内容,预算编制文件中原表号仍然保留。

附录一　封面、目录及概(预)算表格样式

一、扉页的次页格式

××公路初步设计概算

(K××+×××~K××+×××)

第　册　共　册

编制:[签字并加盖执业(从业)资格印章]

复核:[签字并加盖执业(从业)资格印章]

(编制单位)

年　月

二、目录格式

目　　录

（甲组文件）

1. 编制说明

2. 总概（预）算汇总表（01-1 表）

3. 总概（预）算人工、主要材料、机械台班数量汇总表（02-1 表）

4. 总概（预）算表（01 表）

5. 人工、主要材料、机械台班数量汇总表（02 表）

6. 建筑安装工程费计算表（03 表）

7. 其他工程费及间接费综合费率计算表（04 表）

8. 设备、工具、器具购置费计算表（05 表）

9. 工程建设其他费用及回收金额计算表（06 表）

10. 人工、材料、机械台班单价汇总表（07 表）

……

三、概（预）算表格样式

总概（预）算汇总表

建设项目名称：　　　　　　　　　　　　　　　　　　　　第　页　共　页　01-1 表

项次	工程或费用名称	单位	总数量	概（预）算金额（元）				技术经济指标	各项费用比例（%）	备注
							合计			

填表说明：

1. 一个建设项目分若干单项工程编制概（预）算时，应通过本表汇总全部建设项目概（预）算金额。

2. 本表反映一个建设项目的各项费用组成、概（预）算总值和技术经济指标。

3. 本表“项次”、“工程或费用名称”、“单位”、“总数量”、“概（预）算金额”应由各单项或各单位工程总概（预）算表（01 表）转来，“目”、“节”可视需要增减，“项”应保留。

4. “技术经济指标”以各项概（预）算金额汇总合计除以相应总数量计算；“各项费用比例”以汇总的各项目概（预）算金额合计除以总概（预）算合计计算。

编制：　　　　　　　　　　　　　　　　　　　　　　　　复核：

总概(预)算人工、主要材料、机械台班数量汇总表

建设项目名称： 第 页 共 页 02-1表

序号	规格名称	单位	总数量	编制范围							

填表说明：

1. 一个建设项目分若干个单项工程编制概(预)算时，应通过本表汇总全部建设项目的人工、主要材料、机械台班数量。

2. 本表各栏数据均由各单项或单位工程概(预)算中的人工、主要材料、机械台班数量汇总表(02表)转来，“编制范围”指单项或单位工程。

编制： 复核：

总概(预)算表

建设项目名称：

编 制 范 围： 第 页 共 页 01表

项	目	节	细目	工程或费用名称	单位	数量	概(预)算金额(元)	技术经济指标	各项费用比例(%)	备注

填表说明：

1. 本表反映一个单项或单位工程的各项费用组成、概(预)算金额、技术经济指标等。

2. 本表“项”、“目”、“节”、“细目”、“工程或费用名称”、“单位"等应按概(预)算项目表的序列及内容填写。“目”、“节”、“细目”可视需要增减，但“项”应保留。

3. “数量”、概(预算)金额由建筑安装工程费(03表)，设备、工具、器具购置费计算表(05表)，工程建设其他费用及回收金额计算表(06表)转来。

4. “技术经济指标”以各项目概(预)算金额除以相应数量计算；“各项费用比例”以各项概(预)算金额除以总概(预)算金额计算。

编制： 复核：

人工、主要材料、机械台班数量汇总表

建设项目名称：

编 制 范 围：

第 页 共 页 02表

序号	规格名称	单位	总数量	分项统计						场外运输损耗	
										%	数量

填表说明：

1. 本表各栏数据由分项工程概（预）算基础数据表（08 表）及辅助生产工、料、机械台班单位数量表（12 表）经分析计算后统计而来。

2. 发生的冬、雨季及夜间施工增工及临时设施用工，根据有关附录规定计算后列入本表有关项目内。

编制： 复核：

建筑安装工程费计算表

建设项目名称：

编 制 范 围：

第 页 共 页 03表

序号	工程名称	单位	工程量	直接费（元）						间接费（元）	利润（元）费率（%）	税金（元）综合税率（%）	建筑安装工程费	
				直接工程费				其他工程费	合计				合计（元）	单价（元）
				人工费	材料费	机械使用费	合计							
1	2	3	4	5	6	7	8	9	10	11	12	13	14	15

填表说明：

本表各栏数据之间关系，5～7 均由 08 表经计算转来；8 = 5 + 6 + 7；9 = 8 × 9 的费率或（5 + 7）× 9 的费率；10 = 8 + 9；11 = 5 × 规费综合费率 + 10 × 企业管理费综合费率；12 = （10 + 11 − 规费）× 12 的费率；13 = （10 + 11 + 12）× 综合费率；14 = 10 + 11 + 12 + 13；15 = 14 ÷ 4。

编制： 复核：

其他工程费及间接费综合费率计算表

建设项目名称：

编 制 范 围：　　　　　　　　　　　　　　　　　　　　第　页　共　页　04 表

其他工程费费率（%）															间接费费率（%）											
													综合费率		规费						企业管理费					
序号	工程类别	冬季施工增加费	雨季施工增加费	夜间施工增加费	高原地区施工增加费	风沙地区施工增加费	沿海地区施工增加费	行车干扰工程施工增加费	施工标准化及安全措施费	临时设施费	施工辅助费	工地转移费	Ⅰ	Ⅱ	养老保险费	失业保险费	医疗保险费	住房保险费	工伤保险费	综合费率	基本费用	主副食运费补贴	职工探亲路费	职工取暖补贴	财务费用	综合费率
1	2	3	4	5	6	7	8	9	10	11	12	13	14	15	16	17	18	19	20	21	22	23	24	25	26	27

填表说明：

本表应根据建设工程项目具体情况，按《编制办法》有关规定填入数据计算。其中（综合费率 14、15、27 项）：14 = 3 + 4 + 5 + 8 + 10 + 11 + 12 + 13；15 = 6 + 7 + 9；21 = 16 + 17 + 18 + 19 + 20；27 = 22 + 23 + 24 + 25 + 26。

编制：　　　　　　　　　　　　　　　　　　　　　　　　复核：

设备、工具、器具购置费计算表

建设项目名称：

编 制 范 围：　　　　　　　　　　　　　　　　　　　　第　页　共　页　05 表

序号	设备、工具、器具规格名称	单位	数量	单价（元）	金额（元）	说明

填表说明：本表应根据具体的设备、工具、器具购置清单进行计算，包括设备规格、单位、数量、单价以及需要说明的有关问题。

编制：　　　　　　　　　　　　　　　　　　　　　　　　复核：

工程建设其他费用及回收金额计算表

建设项目名称：

编 制 范 围： 第 页 共 页 06表

序号	费用名称及回收金额项目	说明及计算式	金额(元)	备　注

填表说明：

本表应按实际发生的工程建设其他费用项目填写，需要说明和具体计算的费用项目依次相应在说明及计算式栏内填写或具体计算，各项费用具体填写如下：

1. 土地征用及拆迁补偿费应填写土地补偿单价、数量和安置补助费标准、数量等，列式计算所需费用，填入金额栏。

2. 建设项目管理费包括建设单位(业主)管理费、工程监理费、设计文件审查费和竣工(或交工)验收试验检测费。按“建筑安装工程费×费率”或有关规定列式计算。

3. 研究试验费应根据设计需要进行研究试验的项目分别填写项目名称及金额，或列式计算或进行说明。

4. 建设项目前期工作费按国家有关规定填入本表，列式计算。

5. 其余有关工程建设其他费用的填入和计算方法，根据规定依此类推

编制： 复核：

人工、材料、机械台班单价汇总表

建设项目名称：

编 制 范 围： 第 页 共 页 07表

序号	名称	单位	代号	预算单价(元)	备注	序号	名称	单位	代号	预算单价(元)	备注

填表说明：

本表预算单价主要由材料预算单价计算表(09表)和机械台班单价计算表(11表)转来

编制： 复核：

目　录
（乙组文件）

1. 建筑安装工程费用计算表(08-1 表)
2. 分项工程概(预)算表(08-2 表)
3. 材料预算单价计算表(09 表)
4. 自采材料料场价格计算表(10 表)
5. 机械台班单价计算表(11 表)
6. 辅助生产工、料、机械台班单位数量表(12 表)

……

建筑安装工程费用计算表

建设项目名称：　　编制范围：　　数据文件编号：　　公路等级：

路线或桥梁长度(km)：　　路基或桥梁宽度(m)：　　第　页　共　页　08-1 表

项的代号	本项目数	目的代号	本目节数	节的代号	本节细目数	细目的代号	费率编号	定额个数	定额代号	项或目或节或细目或定额的名称	单位	数量		定额调整情况

填表说明：

1. 本表用逐行从左到右横向跨栏填写。
2. “项”、“目”、“节”、“细目”、“定额”等的代号应根据实际需要按《编制办法》附录四“概、预算项目表”及现行《公路工程概算定额》(JTG/T B06—01)、《公路工程预算定额》(JTG/T B06—02)的序列及内容填写。
3. 本表主要是利用计算机软件编制概、预算提供基础数据，具体填表规则由软件用户手册详细制定

编制：　　复核：

分项工程概(预)算表

建设项目名称:

编 制 范 围: 第 页 共 页 08-2表

编号	工程项目									合计	
	工程细目										
	定额单位										
	工程数量										
	定额表号										
	工、料、机名称	单位	单价(元)	定额	数量	金额(元)	定额	数量	金额(元)	数量	金额(元)
1	人工	工日									
2	…										
	定额基价	元									
	直接工程费	元									
	其他工程费 Ⅰ	元									
	其他工程费 Ⅱ	元									
	间接费 规费	元									
	间接费 企业管理费	元									
	利润及税金	元									
	建筑安装工程费	元									

填表说明:

1. 本表按具体分项工程项目数量、对应概(预)算定额子目填写,单价由07表转来。金额=工、料、机各项的单价×定额×数量。
2. 其他工程费按相应项目的直接工程费或人工费与施工机械使用费之和×规定费率计算。
3. 规费按相应项目的人工费×规定费率计算。
4. 企业管理费按相应项目的直接费×规定费率计算。
5. 利润按相应项目的(直接费+间接费-规费)×利润率计算。
6. 税金按相应项目的(直接费+间接费+利润)×税率计算

编制: 复核:

材料预算单价计算表

建设项目名称:

编 制 范 围: 第 页 共 页 09表

序号	规格名称	单位	原价(元)	运杂费					原价运费合计(元)	场外运输损耗		采购及保管费		预算单价(元)
				供应地点	运输方式、比重及运距	毛重系数或单位毛重	运杂费构成说明或计算式	单位运费(元)		费率(%)	金额(元)	费率(%)	金额(元)	

填表说明:

1. 本表计算各种材料自供应地点或料场至工地的全部运杂费与材料原价及其他费用组成预算单价。
2. 运输方式按火车、汽车、船舶等所占运输比重填写。
3. 毛重系数、场外运输损耗、采购及保管费按规定填写。
4. 根据材料供应地点、运输方式、运输单价、毛重系数等,通过运杂费构成说明或计算式,计算得出材料单位运费。
5. 材料原价与单位运费、场外运输损耗、采购及保管费用组成材料预算单价

编制: 复核:

自采材料料场价格计算表

建设项目名称：

编 制 范 围：　　　　　　　　　　　　　　　　　　　　第　页　共　页　10表

序号	定额号	材料规格名称	单位	料场价格（元）	人工（工日）单价（元）		间接费（元）（占人工费%）	（　）单价（元）		（　）单价（元）		（　）单价（元）	
					定额	金额		定额	金额	定额	金额	定额	金额

填表说明：

1. 本表主要用于分析计算自采材料料场价格，应将选用的定额人工、材料、机械台班数量全部列出，包括相应的工、料、机单价。

2. 材料规格用途相同而生产方式（如人工捶碎石、机械轧碎石）不同时，应分别计算单价，再以各种生产方式所占比重根据合计价格加权平均计算料场价格。

3. 定额中机械台班有调整系数时，应在本表内计算

编制：　　　　　　　　　　　　　　　　　　　　　　　复核：

机械台班单价计算表

建设项目名称：

编 制 范 围：　　　　　　　　　　　　　　　　　　　　第　页　共　页　11表

序号	定额号	机械规格名称	台班单价（元）	不变费用（元）		可 变 费 用（元）								
				调整系数：		人工：（元/工日）		汽油：（元/kg）		柴油：（元/kg）		…		合计
				定额	调整值	定额	金额	定额	金额	定额	金额	定额	金额	

填表说明：

1. 本表应根据公路工程机械台班费用定额进行计算。不变费用如有调整系数，应填入调整值；可变费用各栏填入定额数量。

2. 人工、动力燃料的单价由材料预算单价计算表（09表）中转来

编制：　　　　　　　　　　　　　　　　　　　　　　　复核：

辅助生产工、料、机械台班单位数量表

建设项目名称：

编 制 范 围： 第 页 共 页 12表

序号	规格名称	单位	人工(工日)						

填表说明：本表各栏数据由自采材料料场价格计算表(10表)统计而来

编制： 复核：

附录二　冬雨季及夜间施工增工百分率、临时设施用工指标

1. 夜间施工增工百分率按下表计算

项目	雨季施工		冬季施工							
	（雨量区）		冬一区		冬二区		冬三区	冬四区	冬五区	冬六区
	Ⅰ	Ⅱ	Ⅰ	Ⅱ	Ⅰ	Ⅱ				
路线	0.30	0.45	0.70	1.00	1.40	1.80	2.40	3.00	4.50	6.75
独立大中桥	0.30	0.45	0.30	0.30	0.50	0.60	0.80	1.00	1.50	2.25

注：冬雨季施工增加工以各类工程概、预算工数之和为依据，表中雨季施工增工百分率为每个雨季月的增加率，如雨季期（不是施工期）为两个半月时，表列数值应乘2.5，类推。夜间施工增加按夜间施工工程项目概、预算工数的4%计。

2. 临时设施用工指标按下表计算

项目	路线(1km)					独立大中桥（$100m^2$ 桥面）
	公路等级					
	高速公路	一级公路	二级公路	三级公路	四级公路	
工日	2 340	1 160	340	160	100	60

附录三　全国冬季施工气温区划分表

省、自治区、直辖市	地区、市、自治州、盟（县）	气温区	
北京	全境	冬二	Ⅰ
天津	全境	冬二	Ⅰ
河北	石家庄、邢台、邯郸、衡水（冀州市、枣强县、故城县）	冬一	Ⅱ
	廊坊、保定（涞源县及以北除外）、衡水（冀州市、枣强县、故城县除外）、沧州	冬二	Ⅰ
	唐山、秦皇岛		Ⅱ
	承德（围场县除外）、张家口（沽源县、张北县、尚义县、康保县除外）、保定（涞源县及以北）	冬三	
	承德（围场县）、张家口（沽源县、张北县、尚义县、康保县）	冬四	
山西	运城（万荣县、夏县、绛县、新绛县、稷山县、闻喜县除外）	冬一	Ⅱ
	运城（万荣县、夏县、绛县、新绛县、稷山县、闻喜县）、临汾（尧都区、侯马市、曲沃县、翼城县、襄汾县、洪洞县）、阳泉（孟州市除外）、长治（黎城县）、晋城市（城区、泽州县、沁水县、阳城县）	冬二	Ⅰ
	太原（娄烦县除外）、阳泉（盂县）、长治（黎城县除外）、晋城（城区、泽州县、沁水县、阳城县除外），晋中（寿阳县、和顺县、左权县除外）、临汾（尧都区、侯马市、曲沃县、翼城县、襄汾县、洪洞县除外）、吕梁市（孝义市、汾阳市、文水县、交城县、柳林县、石楼县、交口县、中阳县）		Ⅱ
	太原（娄烦县）、大同（左云县除外）、朔州（右玉县除外）、晋中（寿阳县、和顺县、左权县）、忻州、吕梁市（离石区、临县、岚县、方山县、兴县）	冬三	
	大同（左云县）、朔州市（右玉县）	冬四	
内蒙古	乌海、阿拉善盟（阿拉善左旗、阿拉善右旗）	冬二	Ⅰ
	呼和浩特（武川县除外）、包头（固阳县除外）、赤峰、鄂尔多斯、巴彦淖尔、乌兰察布市（察哈尔右翼中旗除外）、阿拉善盟（额济纳旗）	冬三	
	呼和浩特（武川县）、包头（固阳县）、通辽、乌兰察布市（察哈尔右翼中旗）、锡林郭勒（苏尼特右旗、多伦县）、兴安盟（阿尔山市除外）	冬四	
	呼伦贝尔市（海拉尔区、新巴尔虎右旗、阿荣旗）、兴安（阿尔山市）、锡林郭勒盟（冬四区以外各地）	冬五	
	呼伦贝尔市（冬五区以外各地）	冬六	

续上表

省、自治区、直辖市	地区、市、自治州、盟(县)	气温区	
辽宁	大连(瓦房店市、普兰店市、庄河市除外)、葫芦岛(绥中县)	冬二	I
	沈阳(康平县、法库县除外)、大连(瓦房店市、普兰店市、庄河市)、鞍山、本溪(桓仁县除外)、丹东、锦州、阜新、营口、辽阳、朝阳(建平县除外)、葫芦岛(绥中县除外)、盘锦市	冬三	
	沈阳(康平县、法库县)、抚顺、本溪(桓仁县)、朝阳(建平县)、铁岭	冬四	
吉林	长春(榆树市除外)、四平、通化(辉南县除外)、辽源、白山(靖宇县、抚松县、长白县除外)、松原(长岭县)、白城市(通榆县)、延边自治州(敦化市、汪清县、安图县除外)	冬四	
	长春(榆树市)、吉林、通化(辉南县)、白山(靖宇县、抚松县、长白县)、白城(通榆县除外)、松原(长岭县除外)、延边自治州(敦化市、汪清县、安图县)	冬五	
黑龙江	牡丹江(绥芬河市、东宁县)	冬四	
	哈尔滨(依兰县除外)、齐齐哈尔(讷河市、依安县、富裕县、克山县、克东县、拜泉县除外)、绥化(安达市、肇东市、兰西县)、牡丹江(绥芬河市、东宁县除外)、双鸭山(宝清县)、佳木斯(桦南县)、鸡西、七台河、大庆	冬五	
	哈尔滨(依兰县)、佳木斯(桦南县除外)、双鸭山(宝清县除外)、绥化(安达市、肇东市、兰西县除外)、齐齐哈尔(讷河市、依安县、富裕县、克山县、克东县、拜泉县)、黑河、鹤岗、伊春、大兴安岭地区	冬六	
上海	全境	准二	
江苏	徐州、连云港	冬一	I
	南京、无锡、常州、淮安、盐城、宿迁、扬州、泰州、南通、镇江、苏州	准二	
浙江	杭州、嘉兴、绍兴、宁波、湖州、衢州、舟山、金华、温州、台州、丽水	准二	
安徽	亳州	冬一	I
	阜阳、蚌埠、淮南、滁州、合肥、六安、马鞍山、巢湖、芜湖、铜陵、池州、宣城、黄山	准一	
	淮北、宿州	准二	
福建	宁德(寿宁县、周宁县、屏南县)、三明	准一	
江西	南昌、萍乡、景德镇、九江、新余、上饶、抚州、宜春	准一	
山东	全境	冬一	I
河南	安阳、商丘、周口(西华县、淮阳县、鹿邑县、扶沟县、太康县)、新乡、三门峡、洛阳、郑州、开封、鹤壁、焦作、济源、濮阳、许昌	冬一	
	驻马店、信阳、南阳、周口(西华县、淮阳县、鹿邑县、扶沟县、太康县除外)、平顶山、漯河	准二	
湖北	武汉、黄石、荆州、荆门、鄂州、宜昌、咸宁、黄冈、天门、潜江、仙桃、恩施自治州	准一	
	孝感、十堰、襄樊、随州市、神农架林区	准二	

续上表

<table>
<tr><th>省、自治区、直辖市</th><th>地区、市、自治州、盟(县)</th><th colspan="2">气温区</th></tr>
<tr><td>湖南</td><td>全境</td><td colspan="2">准一</td></tr>
<tr><td rowspan="6">四川</td><td>阿坝(黑水县)、甘孜自治州(新龙县、道浮县、泸定县)</td><td>冬一</td><td>Ⅱ</td></tr>
<tr><td>甘孜自治州(甘孜县、康定县、白玉县、炉霍县)</td><td rowspan="2">冬二</td><td>Ⅰ</td></tr>
<tr><td>阿坝(壤塘县、红原县、松潘县)、甘孜自治州(德格县)</td><td>Ⅱ</td></tr>
<tr><td>阿坝(阿坝县、若尔盖县、九寨沟县)、甘孜自治州(石渠县、色达县)</td><td colspan="2">冬三</td></tr>
<tr><td>广元(青川县)、阿坝(汶川县、小金县、茂县、理县)、甘孜(巴塘县、雅江县、得荣县、九龙县、理塘县、乡城县、稻城县)、凉山自治州(盐源县、木里县)</td><td colspan="2">准一</td></tr>
<tr><td>阿坝(马尔康县、金川县)、甘孜自治州(丹巴县)</td><td colspan="2">准二</td></tr>
<tr><td rowspan="2">贵州</td><td>贵阳、遵义(赤水市除外)、安顺市、黔东南、黔南、黔西南自治州</td><td colspan="2">准一</td></tr>
<tr><td>六盘水市、毕节地区</td><td colspan="2">准二</td></tr>
<tr><td rowspan="2">云南</td><td>迪庆自治州(德钦县、香格里拉县)</td><td>冬一</td><td>Ⅱ</td></tr>
<tr><td>曲靖(宣威市、会泽县)、丽江(玉龙县、宁蒗县)、昭通市(昭阳区、大关县、威信县、彝良县、镇雄县、鲁甸县)、迪庆(维西县)、怒江(兰坪县)、大理自治州(剑川县)</td><td colspan="2">准一</td></tr>
<tr><td rowspan="6">西藏</td><td>拉萨(当雄县除外)、日喀则(拉孜县)、山南(浪卡子县、错那县、隆子县除外)、昌都(芒康县、左贡县、类乌齐县、丁青县、洛隆县除外)、林芝地区</td><td rowspan="2">冬一</td><td>Ⅰ</td></tr>
<tr><td>山南(隆子县)、日喀则地区(定日县、聂拉木县、亚东县、拉孜县除外)</td><td>Ⅱ</td></tr>
<tr><td>昌都地区(洛隆县)</td><td rowspan="2">冬二</td><td>Ⅰ</td></tr>
<tr><td>昌都(芒康县、左贡县、类乌齐县、丁青县)、山南(浪卡子县)、日喀则(定日县、聂拉木县)、阿里地区(普兰县)</td><td>Ⅱ</td></tr>
<tr><td>拉萨(当雄县)、那曲(安多县除外)、山南(错那县)、日喀则(亚东县)、阿里地区(普兰县除外)</td><td colspan="2">冬三</td></tr>
<tr><td>那曲地区(安多县)</td><td colspan="2">冬四</td></tr>
<tr><td rowspan="5">陕西</td><td>西安、宝鸡、渭南、咸阳(彬县、旬邑县、长武县除外)、汉中(留坝县、佛坪县)、铜川(耀州区)</td><td rowspan="2">冬一</td><td>Ⅰ</td></tr>
<tr><td>铜川(印台区、王益区)、咸阳市(彬县、旬邑县、长武县)</td><td>Ⅱ</td></tr>
<tr><td>延安(吴起县除外)、榆林(清涧县)、铜川市(宜君县)</td><td>冬二</td><td>Ⅱ</td></tr>
<tr><td>延安(吴起县)、榆林市(清涧县除外)</td><td colspan="2">冬三</td></tr>
<tr><td>商洛、安康、汉中市(留坝县、佛坪县除外)</td><td colspan="2">准二</td></tr>
<tr><td rowspan="5">甘肃</td><td>陇南(两当县、徽县)</td><td>冬一</td><td>Ⅱ</td></tr>
<tr><td>兰州、天水、白银(会宁县、靖远县)、定西、平凉、庆阳、陇南市(西和县、礼县、宕昌县),临夏、甘南自治州(舟曲县)</td><td>冬二</td><td>Ⅱ</td></tr>
<tr><td>嘉峪关、金昌、白银(白银区、平川区、景泰县)、酒泉、张掖、武威市、甘南自治州(舟曲县除外)</td><td colspan="2">冬三</td></tr>
<tr><td>陇南(武都区、文县)</td><td colspan="2">准一</td></tr>
<tr><td>陇南(成县、康县)</td><td colspan="2">准二</td></tr>
</table>

续上表

省、自治区、直辖市	地区、市、自治州、盟(县)	气温区	
青海	海东地区(民和县)	冬二	Ⅱ
	西宁、海东地区(民和县除外)、黄南(泽库县除外)、海南、果洛(班玛县、达日县、久治县)、玉树(囊谦县、杂多县、称多县、玉树县)、海西自治州(德令哈市、格尔木市、都兰县、乌兰县)	冬三	
	海北(野牛沟、托勒除外)、黄南(泽库县)、果洛(玛沁县、甘德县、玛多县)、玉树(曲麻莱县、治多县)、海西自治州(冷湖、茫崖、大柴旦、天峻县)	冬四	
	海北(野牛沟、托勒)、玉树(清水河)、海西自治州(唐古拉山区)	冬五	
宁夏	全境	冬二	Ⅱ
新疆	阿拉尔市、喀什(喀什市、伽师县、巴楚县、英吉沙县、麦盖提县、莎车县、叶城县、泽普县)、哈密(哈密市泌城镇)、阿克苏(沙雅县、阿瓦提县)、和田地区、伊犁(伊宁市、新源县、霍城县霍尔果斯镇)、巴音郭楞(库尔勒市、若羌县、且末县、尉犁县铁干里克)、克孜勒苏自治州(阿图什市、阿克陶县)	冬二	Ⅰ
	喀什地区(岳普湖县)		Ⅱ
	乌鲁木齐(牧业气象试验站、达坂城区、乌鲁木齐县小渠子乡)、塔城(乌苏市、沙湾县、额敏县除外)、阿克苏(沙雅县、阿瓦提县除外)、哈密(哈密布十三间房、哈密市红柳河、伊吾县淖毛湖)、喀什(塔什库尔干县)、吐鲁番地区、克孜勒苏(乌恰县、阿合奇县)、巴音郭楞(和静县、焉耆县、和硕县、轮台县、尉犁县、且末县搭中)、伊犁自治州(伊宁市、霍城县、察布查尔县、尼勒克县、巩留县、昭苏县、特克斯县)	冬三	
	乌鲁木齐(冬三区以外各地区)、塔城(额敏县、乌苏市)、阿勒泰(阿勒泰市、哈巴河县、吉木乃县)、哈密地区(巴里坤县)、昌吉(昌吉市、米泉区、木垒县、奇台县北塔山镇、阜康市天池)、博尔塔拉(温泉县、精河县、阿拉山口口岸)、克孜勒苏自治州(乌恰县吐尔尕特口岸)	冬四	
	克拉玛依、石河子市、塔城(沙湾县)、阿勒泰地区(布尔津县、福海县、富蕴县、青河县),博尔塔拉(博乐市)、昌吉(阜康市、玛纳斯县、呼图壁县、吉木萨尔县、奇台县、米泉区蔡家湖)、巴音郭楞自治州(和静县巴音布鲁克乡)	冬五	

注:表中行政区划以2006年地图出版社出版的《中华人民共和国行政区划简册》为准。为避免烦冗,各民族自治州名称予以简化,如青海省的"海西蒙古族藏族自治州"简化为"海西自治州"。

附录四　全国雨季施工雨量区及雨季期划分表

<table>
<tr><th>省、自治区、直辖市</th><th>地区、市、自治州、盟（县）</th><th>雨量区</th><th>雨季期（月数）</th></tr>
<tr><td>北京</td><td>全境</td><td>Ⅱ</td><td>2</td></tr>
<tr><td>天津</td><td>全境</td><td>Ⅰ</td><td>2</td></tr>
<tr><td rowspan="2">河北</td><td>张家口、承德地区（围场县）</td><td>Ⅰ</td><td>1.5</td></tr>
<tr><td>承德（围场县除外）、保定、沧州、石家庄、廊坊、邢台、衡水、邯郸、唐山、秦皇岛</td><td>Ⅱ</td><td>2</td></tr>
<tr><td>山西</td><td>全境</td><td>Ⅰ</td><td>1.5</td></tr>
<tr><td rowspan="2">内蒙古</td><td>呼和浩特、通辽、呼伦贝尔（海拉尔区、满洲里市、陈巴尔虎旗、鄂温克旗）、鄂尔多斯（东胜区、准格尔旗、伊金堆洛旗、达拉特旗、乌审旗）、赤峰、包头、乌兰察布市（集宁区、化德县、商都县、兴和县、四子王旗、察哈尔右翼中旗、察哈尔右翼后旗、卓资县及以南）、锡林郭勒盟（锡林浩特市、多伦县、太仆寺旗、西乌珠穆沁旗、正蓝旗、正镶白旗）</td><td rowspan="2">Ⅰ</td><td>1</td></tr>
<tr><td>呼伦贝尔（牙克石市、额尔古纳市、鄂伦春旗、扎兰屯市及以东）、兴安盟</td><td>2</td></tr>
<tr><td rowspan="8">辽宁</td><td>大连（长海县、瓦房店市、普兰店市、庄河市除外）、朝阳（建平县）</td><td rowspan="4">Ⅰ</td><td>2</td></tr>
<tr><td>沈阳（康平县）、大连（长海县）、锦州（北镇市除外）、营口（盖州市）、朝阳市（凌源市、建平县除外）</td><td>2.5</td></tr>
<tr><td>沈阳（康平县、辽中县除外）、大连（瓦房店市）、鞍山（海城市、台安县、岫岩县除外）、锦州（北镇市）、阜新、朝阳（凌源市）、盘锦、葫芦岛（建昌县）、铁岭</td><td>3</td></tr>
<tr><td>抚顺（新宾县）、辽阳</td><td>3.5</td></tr>
<tr><td>沈阳（辽中县）、鞍山（海城市、台安县）、营口（盖州市除外）、葫芦岛（兴城市）</td><td rowspan="4">Ⅱ</td><td>2.5</td></tr>
<tr><td>大连（普兰店市）、葫芦岛（兴城市、建昌县除外）</td><td>3</td></tr>
<tr><td>大连（庄河市）、鞍山（岫岩县）、抚顺（新宾县除外）、丹东（凤城市、宽甸县除外）、本溪</td><td>3.5</td></tr>
<tr><td>丹东（凤城市、宽甸县）</td><td>4</td></tr>
<tr><td rowspan="3">吉林</td><td>辽源、四平（双辽市）、白城、松原</td><td>Ⅰ</td><td>2</td></tr>
<tr><td>吉林、长春、四平（双辽除外）、白山市、延边自治州</td><td rowspan="2">Ⅱ</td><td>2</td></tr>
<tr><td>通化</td><td>3</td></tr>
<tr><td>黑龙江</td><td>哈尔滨（市区、呼兰区、五常市、阿城区、双城市）、佳木斯（抚远县）、双鸭山（市区、集贤县除外）、齐齐哈尔（拜泉县、克东县除外）、黑河（五大连池市、嫩江县）、绥化（北林区、海伦市、望奎县、绥棱县、庆安县除外）、牡丹江、大庆、鸡西、七台河市，大兴安岭地区（呼玛县除外）</td><td>Ⅰ</td><td>2</td></tr>
</table>

续上表

省、自治区、直辖市	地区、市、自治州、盟(县)	雨量区	雨季期(月数)
黑龙江	哈尔滨(市区、呼兰区、五常市、阿城区、双城市除外)、佳木斯(抚远县除外)、双鸭山(市区、集贤县)、齐齐哈尔(拜泉县、克东县)、黑河(五大连池市、嫩江县除外)、绥化(北林区、海伦市、望奎县、绥棱县、庆安县)、鹤岗、伊春市、大兴安岭地区(呼玛县)	Ⅱ	2
上海	全境	Ⅱ	4
江苏	徐州、连云港	Ⅱ	2
	盐城		3
	南京、镇江、淮安、南通,宿迁、扬州、常州、泰州		4
	无锡、苏州		4.5
浙江	舟山	Ⅱ	4
	嘉兴、湖州		4.5
	宁波、绍兴		6
	杭州、金华、温州、衢州、台州、丽水		7
安徽	亳州、淮北、宿州、蚌埠、淮南、六安、合肥	Ⅱ	1
	阜阳		2
	滁州、巢湖、马鞍山、芜湖、铜陵、宜城		3
	池州		4
	安庆、黄山		5
福建	泉州市(惠安县崇武)	Ⅰ	4
	福州(平潭县)、泉州(晋江市)、厦门(同安区除外)、漳州市(东山县)	Ⅱ	5
	三明(永安市)、福州(市区、长乐市)、莆田市(仙游县除外)		6
	南平(顺昌县除外)、宁德(福鼎市、霞浦县)、三明(永安市、龙溪县、大田县除外)、福州(市区、长乐市、平潭县除外)、龙岩(长汀县、连城县)、泉州(晋江市、惠安县崇武、德化县除外)、莆田(仙游县)、厦门(同安区)、漳州市(东山县除外)		7
	南平(顺昌县)、宁德(福鼎市、霞浦县除外)、三明(龙溪县、大田县)、龙岩(长汀县、连城县除外)、泉州市(德化县)		8
江西	南昌、九江、吉安	Ⅱ	6
	萍乡、景德镇、新余、鹰潭、上饶、抚州、宜春、赣州		7
山东	济南、潍坊、聊城	Ⅰ	3
	淄博、东营、烟台、济宁、威海、德州、滨洲		4
	枣庄、泰安、莱芜、临沂、菏泽		5
	青岛	Ⅱ	3
	日照		4

续上表

省、自治区、直辖市	地区、市、自治州、盟(县)	雨量区	雨季期(月数)
河南	郑州、许昌、洛阳、济源、新乡、焦作、三门峡、开封、濮阳、鹤壁	Ⅰ	2
	周口、驻马店、漯河、平顶山、安阳、商丘		3
	南阳		4
	信阳	Ⅱ	2
湖北	十堰、襄樊、随州市、神农架林区	Ⅰ	3
	宜昌(秭归县、远安县、兴山县)、荆门市(钟祥市、京山县)	Ⅱ	2
	武汉、黄石、荆州、孝感、黄冈、咸宁、荆门(钟祥市、京山县除外)、天门、潜江、仙桃、鄂州、宜昌市(秭归县、远安县、兴山县除外)、恩施自治州		6
湖南	全境	Ⅱ	6
广东	茂名、中山、汕头、潮州	Ⅰ	5
	广州、江门、肇庆、顺德、湛江、东莞		6
	珠海	Ⅱ	5
	深圳、阳江、汕尾、佛山、河源、梅州、揭阳、惠州、云浮、韶关		6
	清远		7
广西	百色、河池、南宁、崇左	Ⅱ	5
	桂林、玉林、梧州、北海、贵港、钦州、防城港、贺州、柳州、来宾		6
海南	全境	Ⅱ	6
重庆	全境	Ⅱ	4
四川	甘孜自治州(巴塘县)	Ⅰ	1
	阿坝(若尔盖县)、甘孜自治州(石渠县)		2
	乐山(峨边县)、雅安市(汉源县),甘孜自治州(甘孜县、色达县)		3
	雅安(石棉县)、绵阳(平武县)、泸州(古蔺县)、遂宁市、阿坝(若尔盖县、汶川县除外)、甘孜自治州(巴塘县、石渠县、甘孜县、色达县、九龙县、得荣县除外)		4
	南充(高坪区)、资阳市(安岳县)		5
	宜宾市(高县)、凉山自治州(雷波县)	Ⅱ	3
	成都、乐山(峨边县、马边县除外)、德阳、南充(南部县)、绵阳(平武县除外)、资阳(安岳县除外)、广元、自贡、攀枝花、眉山市、凉山(雷波县除外)、甘孜自治州(九龙县)		4
	乐山(马边县)、南充(高坪区、南部县除外)、雅安(汉源县、石棉县除外)、广安(邻水县除外)、巴中、宜宾(高县除外),泸州(古蔺县除外)、内江		5
	广安(邻水县)、达州		6

续上表

省、自治区、直辖市	地区、市、自治州、盟（县）	雨量区	雨季期（月数）
贵州	贵阳、遵义市、毕节地区	Ⅱ	4
	安顺市、铜仁地区、黔东南自治州		5
	黔西南自治州		6
	黔南自治州		7
云南	昆明（市区、嵩明县除外）、玉溪、曲靖（富源县、师宗县、罗平县除外）、丽江（宁蒗县、永胜县）、思茅（墨江县）、昭通市、怒江（兰坪县、泸水县六库镇）、大理（大理市、漾濞县除外）、红河（个旧市、开远市、蒙自县、红河县、石屏县、建水县、弥勒县、泸西县）、迪庆、楚雄自治州	Ⅰ	5
	保山（腾冲县、龙陵县除外）、临沧市（凤庆县、云县、永德县、镇康县）、怒江（福贡县、泸水县）、红河自治州（元阳县）		6
	昆明（市区、嵩明县）、曲靖（富源县、师宗县、罗平县）、丽江（古城区、华坪县）、普洱市（翠云区、景东县、镇沅县、普洱县、景谷县），大理（大理市、漾濞县）、文山自治州	Ⅱ	5
	保山（腾冲县、龙陵县）、临沧（临祥区、双江县、耿马县、沧源县）、普洱市（西盟县、澜沧县、孟连县、江城县）怒江（贡山县）、德宏、红河（绿春县、金平县、屏边县、河口县）、西双版纳自治州		6
西藏	那曲（索县除外）、山南（加查县除外）、日喀则（定日县）、阿里地区	Ⅰ	1
	拉萨市、那曲（索县）、昌都（类乌齐县、丁青县、芒康县除外）日喀则（拉孜县）、林芝地区（察隅县）		2
	昌都（类乌齐县）、林芝地区（米林县）		3
	昌都（丁青县）、林芝地区（米林县、波密县、察隅县除外）		4
	林芝地区（波密县）		5
	山南（加查县）、日喀则地区（定日县、拉孜县除外）	Ⅱ	1
	昌都地区（芒康县）		2
陕西	榆林、延安市	Ⅰ	1.5
	铜川、西安、宝鸡、咸阳、渭南市、杨凌区		2
	商洛、安康、汉中市		3
甘肃	天水（甘谷县、武山县）、陇南县（武都区、文县、礼县），临夏（康乐县、广河县、永靖县）、甘南自治州（夏河县）	Ⅰ	1
	天水（麦积区、秦州区）、定西（渭源县）、庆阳（西蜂区）、陇南市（西和县）、临夏（临夏市）、甘南自治州（临潭县、卓尼县）		1.5
	天水（秦安县）、定西（临洮县、岷县）、平凉（崆峒区）、庆阳（华池县、宁县、环县）、陇南市（宕昌县）、临夏（临夏县、东乡县、积石山县）、甘南自治州（合作市）	Ⅰ	2
	天水（张家川县）、平凉（静宁县、庄浪县）、庆阳（镇原县）、陇南市（两当县）、临夏（和政县）、甘南自治州（玛曲县）		2.5
	天水（清水县）、平凉（泾川县、灵台县、华亭县、崇信县）、庆阳（西峰区、合水县、正宁县）、陇南市（徽县、成县、康县）、甘南自治州（碌曲县、迭部县）		3

续上表

省、自治区、直辖市	地区、市、自治州、盟(县)	雨量区	雨季期(月数)
青海	西宁(湟源县)、海东地区(平安县、乐都县、民和县、化隆县)、海北(海晏县、祁东县、刚察县、拖勒)、海南(同德县、贵南县)、黄南(泽库县、同仁县)、海西自治州(天峻县)	I	1
	西宁(湟源县除外),海东地区(互助县),海北(门源县)、果洛(达日县、久治县、班玛县)、玉树自治州(称多县、杂多县、囊谦县、玉树县)、河南自治县		1.5
宁夏	固原地区(隆德县、泾源县)	I	2
新疆	乌鲁木齐(小渠子乡、牧业气象试验站、大西沟乡)、昌吉地区(阜康市天池)、克孜勒苏(吐尔尕特、托云、巴音库鲁提)、伊犁自治州(昭苏县、霍城县二台、松树头)	I	1
台湾	(资料暂缺)		

注:1. 表中未列的地区除西藏林芝地区墨脱县因无资料未划分外,其余地区均因降雨天数或平均日降雨量未达到计算雨季施工增加费的标准,故未划分雨量区及雨季期。

2. 行政区划依据资料及自治州、市的名称列法同冬季施工气温区划分说明。

附录五　全国风沙地区公路施工区划表

区划	沙漠(地)名称	地理位置	自然特征
风沙一区	呼伦贝尔沙地、嫩江沙地	呼伦贝尔沙地位于内蒙古呼伦贝尔平原,嫩江沙地位于东北平原西北部嫩江下游	属半干旱、半湿润严寒区,年降水量 280～400mm,年蒸发量 1 400～1 900mm,干燥度1.2～1.5
	科尔沁沙地	散布于东北平原西辽河中,下游主干及支流沿岸的冲积平原上	属半湿润温冷区,年降水量 300～450mm,年蒸发量 1 700～2 400mm,干燥度 1.2～2.0
	浑善达克沙地	位于内蒙古锡林郭勒盟南部和昭乌达盟西北部	属半湿润温冷区,年降水量 100～400mm,年蒸发量 2 200～2 700mm,干燥度 1.2～2.0,年平均风速 3.5～5m/s,年大风日数 50～80d
	毛乌素沙地	位于内蒙古鄂尔多斯中南部和陕西北部	属半干旱温热区,年降水量东部 400～440mm,西部仅 250～320mm,年蒸发量 2 100～2 600mm,干燥度 1.6～2.0
	库布齐沙漠	位于内蒙古鄂尔多斯北部、黄河河套平原以南	属半干旱温热区,年降水量 150～400mm,年蒸发量 2 100～2 700mm,干燥度 2.0～4.0,平均风速 3～4m/s
风沙二区	乌兰布和沙漠	位于内蒙古阿拉善东北部、黄河河套平原西南部	属干旱温热区,年降水量 100～145mm,年蒸发量 2 400～2 900mm,干燥度 8.0～16.0,地下水相当丰富,埋深一般为 1.5～3m
	腾格里沙漠	位于内蒙古阿拉善东南部及甘肃武威部分地区	属干旱温热区,沙丘、湖盆、山地、残丘及平原交错分布,年降水量 116～148mm,年蒸发量 3 000～3 600mm,干燥度 4.0～12.0
	巴丹吉林沙漠	位于内蒙古阿拉善西南边缘及甘肃酒泉部分地区	属干旱温热区,沙山高大密集,形态复杂,起伏悬殊,一般高在 200～300m,最高可达 420m,年降水量 40～80mm,年蒸发量 1 720～3 320mm,干燥度 7.0～16.0
	柴达木沙漠	位于青海柴达木盆地	属极干旱寒冷区,风蚀地、沙丘、戈壁、盐湖和盐土平原相互交错分布,盆地东部年均气温 2～4℃,西部为 1.5～2.5℃,年降水量东部为 50～170mm,西部为 10～25mm,年蒸发量 2 500～3 000mm,干燥度 16.0～32.0
	古尔班通古特沙漠	位于新疆北部准噶尔盆地	属干旱温冷区,其中固定、半固定沙丘面积占沙漠面积的 97%,年降水量 70～150mm,年蒸发量 1 700～2 200mm,干燥度 2.0～10.0
风沙三区	塔克拉玛干沙漠	位于新疆南部塔里木盆地	属极干旱炎热区,年降水量东部为 20mm 左右,南部为 30mm 左右,西部 40mm 左右,北部 50mm 以上,年蒸发量 1 500～3 700mm,中部达高限,干燥度 >32.0
	库姆达格沙漠	位于新疆东部、甘肃西部、罗布泊低地南部和阿尔金山北部	属极干旱炎热区,全部为流动沙丘,风蚀严重,年降水量 10～20mm,年蒸发量 2 800～3 000mm,干燥度 >32.0,8 级以上大风天数在 100d 之多

参考文献

[1] 中华人民共和国行业标准. JTG B06—2007 公路工程基本建设项目概算预算编制办法[S]. 北京:人民交通出版社,2007.

[2] 中华人民共和国行业标准. JTG/T B06-01—2007 公路工程概算定额[S]. 北京:人民交通出版社,2007.

[3] 中华人民共和国行业标准. JTG/T B06-02—2007 公路工程预算定额[S]. 北京:人民交通出版社,2007.

[4] 中华人民共和国行业标准. JTG/T B06-03—2007 公路工程机械台班费用定额[S]. 北京:人民交通出版社,2007.

[5] 交通运输部职业资格中心. 公路工程技术与计量(2015 年版)[M]. 北京:人民交通出版社,2014.

[6] 董立. 道路工程计量与计价[M]. 北京:机械工业出版社,2011.

[7] 邢凤岐. 公路工程定额应用与概、预算编制示例[M]. 北京:人民交通出版社,2008.

[8] 刘燕. 公路工程造价编制与管理[M]. 北京:人民交通出版社,2009.

[9] 张国栋. 公路工程预算定额应用实例手册[M]. 北京:人民交通出版社,2010.

[10] 俞素平、丁永灿. 公路工程造价与招投标[M]. 北京:人民交通出版社,2011.